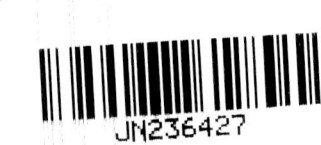

描いて売り込め！
超ビジュアルシンキング

THE BACK OF THE NAPKIN solving problems and selling ideas with pictures

ダン・ローム Dan Roam
小川敏子 訳

講談社

THE BACK OF THE NAPKIN by Dan Roam

This edition published by arrangement with Portfolio, a member of Penguin Group (USA) Inc., through
Tuttle-Mori Agency, Inc., Tokyo

目次

第5章　6つの方法で〈視る〉

第6章　SQVID：想像力を使うための実践的なレッスン

第7章 〈見せる〉ためのフレームワーク

第III部 アイデアを発展させる

カバー写真……………広瀬達郎
ブックデザイン………日下潤一
本文デザイン…………長田年伸+浅妻健司+荒井千文+原田潤

第1部

はじめに

絵を使って問題を解決しよう

第1章
まったく新しいビジネスのとらえかた

ビジネスで直面する最高に手強《てごわ》い問題。あなたにとって、それはどんなものだろうか？　グローバルで規模の大きいもの、それとも規模としては小さく個人的なものだろうか。政治的、技術的、あるいは情緒的な領域の問題だろうか。お金、プロセス、はたまた人間に関係するものだろうか。あなたが所属する会社の日々の業務に根ざしたもの、抽象的でとらえどころのない概念上の問題、しじゅう直面するという場合もあれば、初めて遭遇《そうぐう》するという場合もあるだろう。

いまあげた基準をすべて満たす問題に突き当たる可能性も、おおいにある。なぜそう断言できるのか。それはこのわたしが管理職としてサンフランシスコ、モスクワ、チューリッヒ、ニューヨークでビジネスの現場に身を置き、さまざまな領域にわたる問題に取り組んだ経験者だから。そして、同僚、上司、従業員、クライアントが多岐にわたる問題に直面するのを目《ま》の当たりにしてきたからだ。その経験から、問題解決こそがビジネスの本質であると信じるようになった。

もっとすばやく問題をとらえたい、もっと直感的に理解したい、もっと自信を持ってそれに取り組みたい。そして自分の発見を他者にもっと迅速《じんそく》に伝えたい。ビジネスにおいて発生する問題をもっと効率的に、効果的に、そして誤解をおそれずにいえば、あとほんの少しだけ〈楽しく〉解決したい。そんな願いをかなえてくれる方法が、じつはある。それがビジュアルシンキングであり、これを知ってもらうためにわたしは本書を書いた。ビジュアルシンキングとは、ひらたくいえば絵を使った問題解決法である。

> **わたしたちには見るという能力が備わっている——実際の目と心の目で。その両方を活用してアイデアを見出し、そのアイデアを直感的にすばやく発展させ、自分以外の人々にも直感的に理解してもらえるように伝え、共有する。それがビジュアルシンキングだ。**

おわかりいただけただろうか。さあ、ビジネスのまったく新しい取り組み方にようこそ。

「わたしには絵を描《か》いたり見たりする才能はありません」

本書の内容についてざっと説明する前に、いちばん重要なことを申し上げておこう。絵を使って問題を解決するといっても、これには芸術的な訓練も才能もまったく必要ない。ほんとうに、そういうものはいっさい必要ない。わたしがこの点をとくに強調するのは、必ずといっていいほど誰かがこういい出すからだ。

「ちょっと待ってください。この方法はわたしには合いません。なにしろ絵を描いたり見たりする才能がないので」

そういう場合、わたしはつぎのようにこたえてきた。「わかりました。では、いい方を改めましょう。今朝、この部屋に到着するまで転《ころ》びもせず無事に歩いてこられたのなら、あなたはビジュアルシンキングにぴったりの人です。保証しますよ。いまから話す内容をすべて理解し、吸収して自分のものにするのに、なにひとつ不足はありません」

じつをいうと、開口一番「わたしは絵が描けません、だから……」という人に限って、いつのまにか誰よりも洞察《どうさつ》力のある絵を描くようになる。これについては本書のなかでさまざまな理由を見つけることができる。というわけで、自分には絵を描く才能がないと思っていらっしゃるあなた、どうぞここで本書を閉じたりしないで、いますぐ37ページに飛んでみていただきたい――そこにある四角や矢印など直線だけで描ける図形を見て、これなら描けると安心できるはず。どうぞ、楽々と本書を使いこなしてもらいたい。

ビジュアルシンキングを4部構成で学ぶ

本書は4部構成となっている。「はじめに」「アイデアを発見する」「アイデアを発展させる」「アイデアを売り込む」の4つだ。学ぶために必要なのは、自分の目、心の目、自分の手、ペン、紙を少々。それだけだ（ホワイトボードがあればなおよい）。

「はじめに」では、ビジュアルシンキングで扱う「問題」を定義し（あらゆる問題を扱う）、どんな「絵」を使うのかを定義し（シンプルな絵だけを使う）、ビジュアルシンキングを実行できる人物を定義する（誰でもできる）。さらに、1人ひとりにもともと備わったスキルにちがいがあるにもかかわらず、誰もが同じようにビジュアルシンキングを実行する方法を述べていこう。自分がどんなタイプのビジュアルシンカーかを知るための短いチェックリストも用意した。ビジュアルシンキングのプロセスはシンプルそのもの。ひとつひとつのステップは、じつはすでになじみのあるものであることを述べていきたい。

第 II 部の「アイデアを発見する」では、ビジュアルシンキングを成功させるための基盤づくりについて明らかにする。具体的には〈鋭く見る〉ための方法、〈視る〉ための方法、〈その先を想像する〉方法について。ビジュアルシンキングの基本的なツールキットもご紹介しよう。たとえば SQVID《エスキユービッド》（129 ページ参照）。これはわたしたちの脳をビジュアルな活動に自然に向かわせるためのフレームワークだ。また、自分が見せたいものをわかりやすく見せる際に役立つのが〈6-6〉構造だ（176 ページ参照）。思いついたイメージを絵にする時に便利なのがビジュアルシンキング・コーデックス（185 ページ参照）である。

第 III 部の「アイデアを発展させる」では MBA プログラムの手法を取り入れて、ビジネスのケーススタディに取り組む。もちろん絵を描きながら。ビジネスの難題解決とともに、ビジュアルシンキングの基本的な 6 つの構造についてのロードテストも終了というわけだ。

第 IV 部の「アイデアを売り込む」は、これまでの内容のまとめとしてセールス用のプレゼンテーションを行う。コンピュータもソフトウェアもプロジェクターもカラープリントもお呼びではない。わたしたちと、クライアントと、大きなホワイトボードと、的《まと》を射《い》たアイデアの数々。それでじゅうぶん。

ことの発端――それはイギリスの朝食から

ビジネスで直面する最高に手強い問題。あなたにとって、それはどんなものだろうか。これは本書の冒頭の質問だが、わたしの場合は数年前に直面した困難がちょうどそれにあたる。その一件がきっかけとなってビジュアルシンキングについて考えを深め、こうして本書にまとめたのだ。

おそらく、誰もが似たような状況に陥《おちい》ったことがあるだろう。土壇場《どたんば》になって同僚の代理を頼まれ、了承した後で、どうしようもない悪夢に足を踏み入れてしまったと気づく、というケース。わたしの同僚は急病で勤務を続けられず、翌日行う予定の講演のピンチヒッターとしてわたしに白羽の矢が立った。懇願《こんがん》され、わたしは承諾した。が、講演会場がイギリスのシェフィールドで（わたしたちがいたのはニューヨーク）、聴衆は当時就任したばかりのトニー・ブレア英首相が任命した教育のエキスパートと知ったのは、その後だった。同僚は演題をくわしく教える余裕もなく――なにやらインターネットに関すること、という程度――そのための資料が（もし存在するとしたら）どこに埋もれているのかもわからないまま。

翌朝、わたしはロンドンからシェフィールドに向かう列車の車中にいた。大西洋を横断したせいで完全な時差ボケだった。同行していたのはイギリスの同僚たちだ。初対面の彼らは口々に感謝の言葉を述べた。「売り込みの助っ人」としてわざわざきてくれてありがたい、と。「売り込みの助っ人」？　時差ボケでぼうっとしているこのわたしが？

とその時、最高にすばらしい体験が到来した。英国鉄道のイングリッシュブレックファスト（英国式朝食）だ。イギリスのミッドランド地方を列車が駆け抜けるなか、白いジャケット姿のウェイターの給仕でご馳走《ちそう》をいただいた。スクランブルエッグ、ゆで卵、グリルしたソーセージ、ホワイトソースにタバスコ、トースト、ロールパン、ライ麦パン、ライスプディング。コーヒー、紅茶、ミルク、オレンジジュース、アプリコットジュース、冷たい水。まさに思いがけない体験。

朝食を食べ終えるころには、ようやく一息つける心地になっていた。が、そこでイギリス・チームのリーダー、フレディが、あなたのパワーポイントのプレゼンテーションの内容をひと通り見せてほしいといい出した。ちょっと待て――〈わたしの〉パワーポイントのプレゼンテーションだと？　そんなものはないぞ。わたしは彼に説明した。演題もろくに知らないのだと。

「ええと……アメリカの教育においてインターネットが果たす役割です」フレディが一瞬、パニックの表情を浮かべた。「多少は、くわしいですよね？」訴えるような口調だった。

「じつは……くわしくないんです」そうこたえて、わたしは窓のほうを向いた。列車から飛び降りるには、どういう方法がベストだろうかと熟考した。すると、心の目になにやらアイデアが映り始めたではないか。そこでスーツのポケットからペンを取り出し、テーブルの上にあった紙ナプキンの束をつかんだ。

「わたしは教育についてのウェブサイトに関する知識はありませんが、コミュニケーション指向のウェブサイトづくりにはくわしいのです」そういってから、手に持ったペンを紙ナプキンの上にかざした。「教育のエキスパートたちの関心を引きそうなアイデアがあるんです」

フレディからのこたえを待たずにペンを動かし、円を描いた。そして円のなかに「ブランド」と書き入れた。

「いいですか、有益なウェブサイトをつくりたいと思いながら、考えを絞《しぼ》り切れていないというケースが最近は非常に多い。今日わたしたちを待っている聴衆もそういう状態にあると想定してみましょう。わたしの考えでは、ほんとうに集中して検討すべきことは、わずか3点のみです。第一はブランドそのものについて。残りの2つは内容と機能です」さらに円を2つ描き、それぞれに「内容」「機能」と書き入れた。「この3つの円に入れるものさえ決まれば、それぞれのニーズに応じたサイトを構築することができます。今日話を聴きにきてくれる教育関係者が求めるサイトも、もちろんこれで可能です」

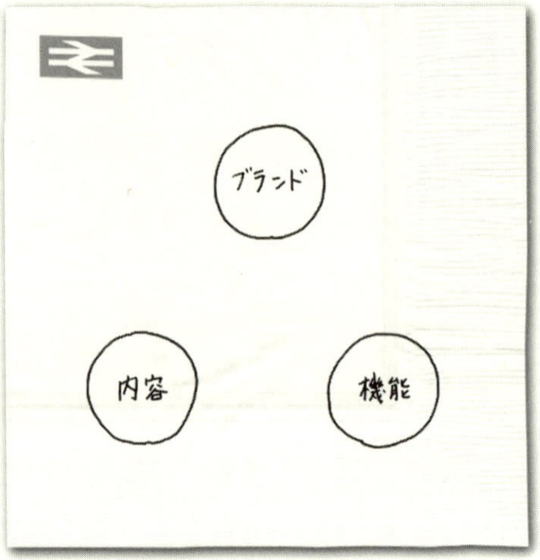

「問題は、この3つの円に入れるものをどうやって決定するか。それに対するこたえはこれです」それぞれの円のそばに小さなニコニコマークを描き、ひとつひとつに説明文を添えた。「人々はなにを『したい』のか（あるいは、わたしたちは彼らになにをしてもらいたいのか）が〈機能〉を決定します。人々はなにを『知りたい』のか（あるいは、わたしたちは彼らになにを知ってもらいたいのか）が〈内容〉を決定します。そして人々になにを『記憶してもらいたい』のかで〈ブランド〉が決まります」

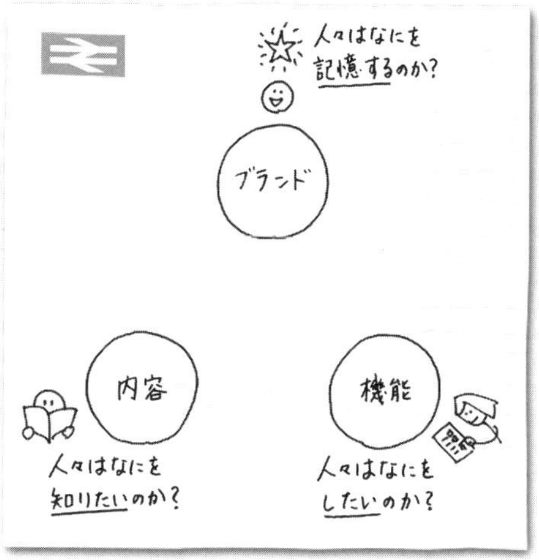

「この３点はどれも、クライアントのビジョン、マーケットの研究、教育に関する基本的なリサーチから決定できます。いまはまだ、この３つになにが入るのか誰にもわかっていません。この絵は、わたしたちが〈誰〉を、そして〈なに〉を探すべきなのかを知るための、よきスタート地点を与えてくれます。それが重要なのです」

　さらに３つのニコニコマークと説明を書き加えた。そして３つの円を結んだ。

「リサーチの結果、この３つの円に〈なに〉を入れるのかがわかれば、当方のウェブサイトのチームがそれを作成します。わが社の技術者が各要素を組み立てます。具体的には、ライターが内容の定義、執筆、編集、デザイナーが印象的な画面の作成を担当します」

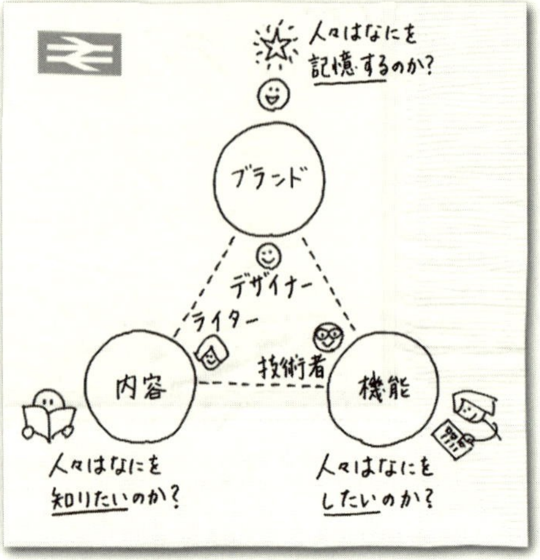

「シンプルでしょう？　そして実際に、シンプルなんです」
　それからわたしは、締《し》めくくりとしてタイトルとキーワードを書いた。

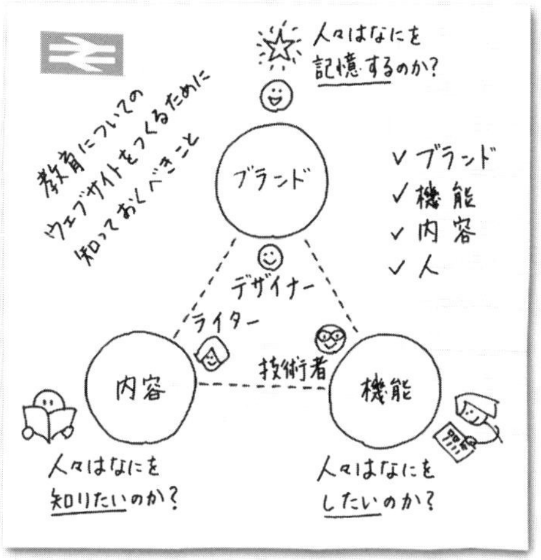

「どうですか、フレディ？　こんな感じでみなさんにお話ししようと思うのですが」手元の紙ナプキンは、お世辞《せじ》にも美しくはなかった。けれど、なんとも明快で、包括的で、わかりやすいではないか。そしてシンプル。この絵をスタート地点として、有用なウェブサイトづくりについてさまざまな切り口で話を発展させていける。

フレディはわたしの手から紙ナプキンを奪い取った。「すばらしい！　これはプレゼンテーションの一部などではありませんよ。すべてがいい尽くされている！今日の聴衆を思えば、なおのこと」フレディが説明を始めた。「聴衆は高度な教育を受けた官僚ですが、インターネットについては全員が白紙の状態です。彼らがつくるオンライン上の教育プロジェクトには多額の公的資金が投入され、プロジェクトには彼らの首がかかっているのです。彼らがもっとも必要としているのは、確かなフレームワーク（考え方の枠組み）の上に立っているという実感、そして前に進むための自信をそのフレームワークから与えられることです。この紙ナプキンは彼らが求めるフレームワークを提供します。完璧ですよ」そこでフレディは椅子の背にもたれ、わたしを見た。「でも、これで45分間もちますか？」
「そのこたえは、じきにわかりますよ」わたしは返事をした。

シェフィールド大学のクラシックな講堂にはこれまで見たこともない巨大な黒板があると判明した。そこで50人の専門家を前に、わたしは紙ナプキンに描いた絵をもう一度、ステップを追って描いてゆき、朝食の席でフレディにやってみせたように段階ごとに説明を加えた。それだけで45分間たっぷり話ができた。しかも、それだけでは終わらなかった。聴衆は絵を使った講演をたいそうよろこび、けっきょく2時間近く話は続いたのである。フレディのチームは契約を獲得し、ロンドン事務所開設以来、最も長期間にわたるプロジェクトが始まった。

それでどうなったか？　大学の大きな講堂でシンプルな紙ナプキンのアイデアを披露《ひろう》することで、わたしは絵のパワーをあらためて理解した。シンプルな紙ナプキンのスケッチがもたらした成果について考えてみた。第一に、絵を描くということだけで、それまで漠然《ばくぜん》としていたアイデアが明確なものとなった。第二に、ほぼ瞬間的に絵をつくり出すことができた。紙とペン以外、どんな技術にも頼る必要はなかった。第三に、オープンな方法で絵を聴衆と共有し、コメントを引き出し、活発なディスカッションをもたらすことができた。最後に、絵を題材にすれば、メモにも箇条書きにも台本にも頼ることなく、どんなトピックにでも的を絞れることがわかった。

つまり、こういうことだ。すぐに描ける、簡単に描けるという絵の利点を生かせば、アイデアを発想してそれを明確にし、その同じ絵を使って他の人々にアイデアを紹介できる。さらに、その過程で相手のなかからも新しい発見が生まれることを促《うなが》す。

英国式朝食がきっかけとなって実現した大成功の後、アメリカに戻ったわたしは絵を活用した問題解決のアプローチ法について意欲的に学ぼうとした。さっそくニューヨークで絵を活用してビジネスのアイデアを発想し、展開し、共有する可能性を探った。ビジネスにおける絵の活用について書かれているものを読破し、ビジネス紙で絵を利用した解説記事をくまなく収集した。

驚いたことが2つある。第一に、ビジュアルシンキングで問題解決を図ろうとしている素材はごくごく少数だった。さらに日々のビジネスの世界で実践できるアドバイスを提供しているものとなると、ほとんど見あたらない。第二に、収集したものを見ると、当初は種々雑多で統一性が感じられなかった。が、じつはある共通のテーマが隠れていたのだ。後者の驚きはとりわけ感動的だった。ビジュアルシンキングを特定のツールの組み合わせとして定義できれば、ビジネス上のあらゆる困難にアプローチする方法として活用できるだろう。アイデアの発想からコンセプトの展開、売り込みのためのコミュニケーションまでカバーできる。

さらに、こうしたツールをテストする最良の方法は、コンサルティングと売り込みの現場で実践することだとわかった。そこでわたしは自分の仕事で絵を活用〈できる〉ところでは活用〈しよう〉と決意した。それでなにが起きたのか、それを綴ったのが本書である。

第2章 なにが問題なのか、どんな絵を描くのか「わたしたち」は何者なのか？

本書から吸収してもらいたいこと

2008年の前半のわずか10週間のあいだに、わたしは4社とともに仕事をした。「グーグル」「イーベイ」「ウェルズ・ファーゴ」「ピーツ・コーヒー・アンド・ティー」……それぞれたいへん異なるビジネス上の困難の解決に協力したのである。ビジネス戦略を定義し、新商品を出し、技術基盤をデザインし、新しい販売戦略を立ち上げた。表面的には、この4社が抱える4つの問題には共通点はない。検索、販売、金融、飲食（コーヒー）、と業種はさまざま。通常であれば、それぞれの問題に対し、異なった問題解決法が求められるはずだ。

が、一見異なる表面のすぐ下で、4社は共通の問題を抱えていた。その問題を見極めることは難しく、解決法はほとんど見えていなかった。ビジュアルシンキングはそこにぴたりとはまったのだ。絵を使えばあらゆる問題が明確になり、ビジュアルシンキングのツールを利用すればどんな絵でも描くことができる。

本書からぜひ吸収してもらいたいのは、問題の新しいとらえかた、そして解決法の新しいとらえかたである。飛行機でアメリカ大陸を横断するあいだに本書を読んで、翌日にはさっそく会議室、講堂、オフィスのブースで絵を使って問題解決に取り組む。そんなふうに使ってもらえればうれしい。

問題？　どんな問題？

「絵を使って問題を解決することができます」という時、わたしの頭のなかには「どんな問題なのか?」「どんな絵を使うか?」「わたしたちは何者なのか?」という3つの問いかけが浮かぶ。

まずは問題についての問いかけを取り上げてみよう。絵で解決できる問題とは、どういうものだろうか？　こたえは、ほぼすべて。絵を使えば複雑な概念をあらわすことも、膨大な情報を集約することもできる。しかもわかりやすく、理解しやすい。だからこそどんな領域でも、問題を明確にして解決するのに活用できる。ビジネスにおける課題、政治の膠着《こうちやく》状態、難解な技術的問題、組織が抱えるジレンマ、計画を作成する上での葛藤《かつとう》、個人的な困難に至るまで。

わたしはビジネスの世界に長く身を置き、さまざまな業務にかかわる人々とともに働いてきたので、取り組んできた問題はビジネスに関するものが多い。複数の人々にシステムを浸透させ、1人ひとりがシステムのどの部分を担《にな》うのかを理解させる、意思決定者が考えを明確にして他者に伝える方法を改善する、市場の理解と商品の変化が市場に与える影響を予測するといったものだ。

どの問題も多額の資金がからみ、非常に多くの人々の仕事に影響するというケースが多い。そしてまた、問題の重要な特徴を理解するには何年にもわたる研究と経験を必要とする場合が多い。だからつい、これはビジネスに固有のものと考えてしまいがちだ。しかし実際にはそうではない。わたしがビジュアルシンキングを紹介したいと考えるのは、こういう問題をビジネスの領域だけに留めておくのではなく、日々、誰もが人生で直面するさまざまな困難を代表するものとしてとらえるだけの意義があると信じているからだ。

まず全体図をとらえ、それをつぎのように基本的な（そして親しみのある）カテゴリーに分解してみよう。

問題を6つに「分解」する（6つのW）

1 〈誰〉whoが、〈なに〉whatが問題なのか。もの、人、役割との関連。

- 自分の周囲でなにが起きているのか、そして自分はどこにあてはまるのか。
- 責任者は誰なのか、他に誰がかかわっているのか。責任の所在はどこにあるのか。

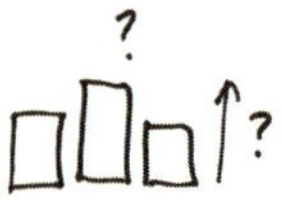

2 〈どれだけの量〉how muchの問題なのか。計測と計算との関連。

- これから必要な「X」を自分は持っているのか。
- 継続するにはどれくらいの「X」が必要なのか。ここでこれを増せば、あそこであれを減らすことはできるのか。

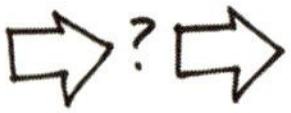

3 〈いつ〉whenの問題なのか。計画とタイミングとの関連。

- 最初になにが起きて、つぎになにが起きるのか。
- やるべきことがたくさんある。そのひとつひとつを、わたしたちはいつやるのか。

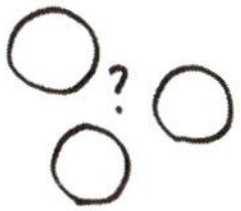

4　〈**どこ**〉**where の問題なのか**。方向、そして複数のものごとのつながりとの関連。

- 自分たちはいまどこに向かっているのか。正しい方向をめざしているのか、それともちがう場所に向かって動いてゆくべきなのか。
- 複数の断片がどのようにつながるのか。いちばん重要なものはどれなのか、あまり重要ではないものはどれなのか。

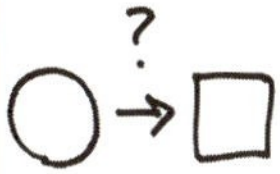

5　〈**どのように**〉**how という問題**。ものごとは互いにどのように影響し合うのか、との関連。

- これをすればなにが起きるのか。あれをすればなにが起きるのか。
- 自分の行動を変えることで、ある状況の結果を変えることができるのか。

6　〈**なぜ**〉**why という問題**。全体図との関連。

- 自分は実際にはなにをしているのか、それはなぜか。それは正しいことなのか、それともなにか他のことをすべきなのか。
- 自分が変わる必要があるとすれば、どんな選択肢があるのか。その選択肢のどれがベストなのかを、どのように決めることができるのか。

わたしは長年、この6つのカテゴリーに問題を分解して解決するお手伝いをしてきた。もちろん絵を見たり描いたりしながら。これまでに取り組んだ問題のほぼすべてをこのシンプルな「6つのW」でカバーすることが可能だった。もちろん本書でもこれはたびたび登場する。「どんな問題でもひとつの絵で解決できる」わたしはことあるごとに呪文のように繰り返したので、同僚は辟易《へきえき》していたようだ。そう、たとえばこれからご紹介するプロジェクトでも。

ダフネと多すぎた情報

冒頭のイギリス出張から2年後のある日、わがコンサルティング会社に仕事の依頼につながりそうな1本の電話がかかってきた。電話してきた相手――仮にダフネと呼ぼう（本書に登場するすべての人物、企業、プロジェクトは現実に存在しているが、個人名の大部分は変更してある）――は大手出版社のコミュニケーション部門の部長を務める人物。ダフネの会社はアイデンティティの危機にさらされていた。同社は世界中のプロフェッショナルにビジネスの情報を提供するコングロマリットである。年商100億ドル規模でありながら、業界に関する最近の調査でおそろしく低い評価を受けた。読者であるプロフェッショナルが低い評価をつけたのではない。これだけの規模の企業であるにもかかわらず、知名度がどうしようもなく低い。それが問題だった。

これは単に知名度の問題ではなかった。それが財政上の大きな問題となっていたのである。同社は2年以内にニューヨーク証券取引所に上場する計画を進めていた。知名度がなければ、同社の株を買ってくれる人は誰もいないではないか。

ダフネが求めていたのは投資家のあいだに同社の知名度をあげる方法だった。それを戦略的に考えるのだ。何百万ドルもかけて企業のブランドを宣伝するとなれば盤石《ばんじゃく》の計画を練り、一点の曇りもないビジョンを据《す》えて置く必要があった。〈いつ〉を確定し（2年）、〈どこ〉を特定し（アメリカ国内、とくにニューヨーク）、〈なぜ〉を明確にした（投資家の注目度を高めるため）。が、ダフネにはまだ、〈誰〉〈なに〉〈どのように〉という問いが残されていた。

投資家とクライアントがダフネの会社とライバル企業についてどれほどの知識を持っているのかをさらに理解するために、彼女はブランド調査会社に依頼して世界中で調査を行った。

調査会社は3ヵ月かけてビジネスの意思決定者数百人を対象として1対1の面談を行い、さらに数百人を対象に電話でインタビューを行った。費用をかけた大規模な取り組みであり、期待通り膨大なデータが届けられた。

問題は、あまりにも量が多すぎたということだ。そこでダフネがわたしたちに電話をかけてきたというわけである。彼女は出版について世界中の〈すべてのこと〉を知ろうとしていたわけではない。自分の計画とビジョンを定めるために〈適切なこと〉を知りたかったのだ。というわけで、集まったデータがなにを意味しているのかをダフネが理解するために、わたしたちは手を貸すことになった。

ダフネは調査結果すべてを電子メールでわたしたちに送ってきた。何十種類もの書類で、読み進むほどにより分厚く、より詳細な内容となっていた。「要旨」というタイトルのファイルですら60ページもあり、ダフネから与えられた2週間という期間内ではとうてい消化し切れない多量の情報が詰まっていた。送られてきた書類のほんの一部をつぎのページでご紹介しよう。

箇条書きと棒グラフの宝庫だった。まずは数日がかりで、いちばん重要なことを見つけようとした。もちろん、詳細な部分も決して見落とさないように細心の注意を払いながら。わたしたちは多くのことを学んだ。が、詳細だけでお腹いっぱいになり、全体図は二の次になってしまった。すばらしい情報と洞察が山盛りであることが悲しかった。ひとつひとつがあまりにも深く埋もれ、あまりにも広く散らばっていたので、誰にも見つけ出すことができないのが悲しかったのだ。

そこで、可能なかぎりすべてを分解して、6つの「問題カテゴリー」のひとつあるいは複数にあてはめ、細かく検討してゆき、発見したことを紙に書いた。

1 **〈誰／なに〉** ライバル企業、その企業の所属する業界、彼らが出している製品のリスト。
2 **〈どれだけの量〉** ライバル各社の規模は年商と業界におけるシェアを基盤とする。
3 **〈いつ〉** 売上と収入について詳細なデータがある2年間。
4 **〈どこ〉** ライバル企業各社が身を置く業界。

さらに、いちばん上につぎのように書き入れた。

5 **〈どのように〉** このような要素とブランド調査の結果（ブランドの知名度）との関係。

こうしてできあがった絵にはすべてのデータが要約され、もっとも重要な洞察が示されていた。

6 **〈なぜ〉** 絵を見たダフネはようやく、自分の会社がなぜクライアントのあいだで無名だったのかを納得し、知名度を上げる可能性があると理解した。

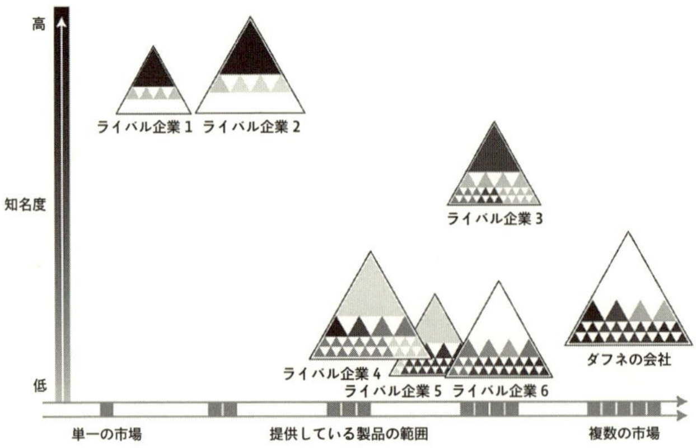

わたしたちがつくった絵は上の通り。

この絵は、何百ページにもわたるデータのすべてを要約したものだ。確かに、ひと目見たとたん、「なるほど」と理解できるような絵とはいえない。が、これは何百ものデータポイントをまとめた要旨を視覚的にあらわしたものであり、数分間の説明を添えることが前提となっているので、ひと目で理解できなくてもいい（なぜ〈いい〉のかは第15章参照）。難攻不落の壁のように積まれた調査データの山と比べて、この絵はおおいにダフネに役立った。この絵は世界中で行った調査結果の要約であり、ダフネが自社のブランドを今後どのように発展させればいいのかを考えるスタート地点なのである。

ダフネはCEO（最高経営責任者）にこの絵を見せた。CEOはそれをもとに30分間ディスカッションをした後、絵のコピーを額に入れて自分のデスクの後ろに掛けようといい出した。この図表をみんなで共有し、市場における自社の現在と未来の地位について考えてゆくために。2年後、同社はニューヨーク証券取引所に上場して成功を収め、例の絵はいまでも CEO の執務室に掛かっている。

絵？ どんな絵を描くのか？

ここでダフネの絵について、2 つの点をつけ加えておきたい。第一に、あの絵はコンピュータの高価なソフトウェアを利用して描いたものだ。つまり、すべての線がまっすぐで、色の濃淡の度合いが一定で、形にはまったく歪《ゆが》みがなく、文字はきれいで読みやすい。第二に、これは本書に登場するコンピュータで描かれた絵としては最初で最後のものだ。しょっぱなでこの絵を出した理由は、ビジュアルシンキングの基本を飲み込めば、なにができるのかをこの絵が示しているからだ。それさえわかってもらえれば、この絵は使命を果たしたことになる。ビジュアルシンキングの基本は、コンピュータで図表を作成することとはなにも関係ない。ビジュアルシンキングは自分の目を使って考えることを学ぶものであり、先端技術はいっさい必要ない。

絵を使って問題を解決する達人となるために必要なのは、わずか 3 つのツ

ールだけ。自分の目、心の目、手の目。この３つを調和させてゆく。わたしにいわせれば、これは誰にも「搭載ずみ」のビジュアルシンキングのツールだ。

スタートするに当たり、この３つがあれば完璧だ。さらにいくつかの付属品があれば、なお便利だ。

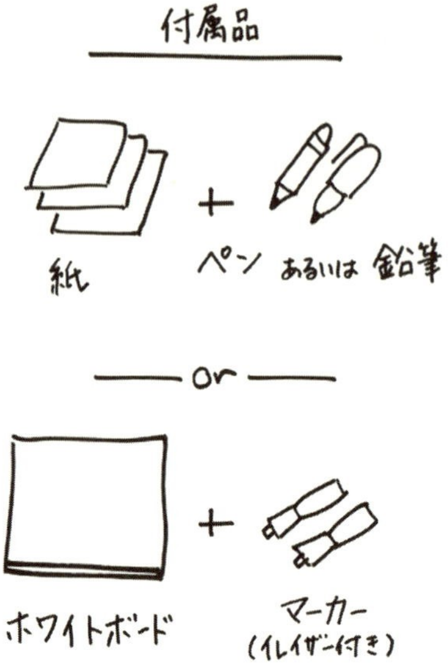

なぜコンピュータのソフトも、データを図表にする高度なプログラムも必要ではないのか。それはこれから描く絵はすべて、シンプルなパーツの組み合わせで構成されているからだ。シンプルなパーツはどれも、誰にでも描けるものばかり。つぎの形をささっと描くことができれば（自分としてはどれほどぶざまな出来であったとしても）、優秀なビジュアルシンカーになれることまちがいなし。このわたしが請け合おう。

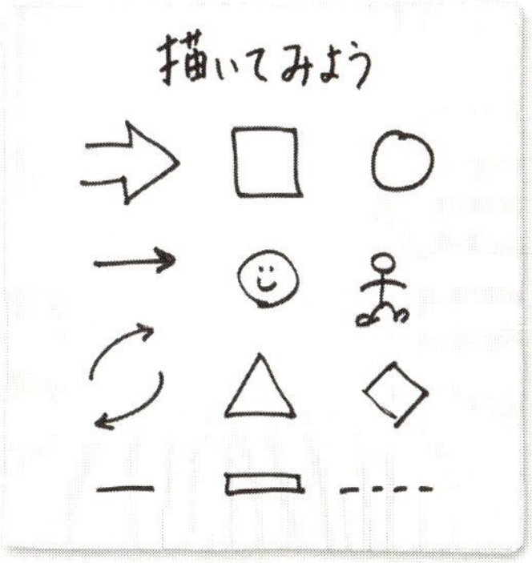

本書ではチャート、ダイアグラム、回路図、フローチャート、表、マップ、x軸とy軸のあるグラフ、コンセプトモデル、ネットワークモデルなどが登場するが、どれもいまあげたパーツを描く技量があればじゅうぶん描けるものばかり。

ウォームアップとして、ペンと紙を用意して基本的なパーツを描いてみよう。

プレゼンテーション用のソフトウェア（パワーポイント、キーノート、スタースイートなど）を使ったことがある方は、いまご紹介したものは「ツール・パレット」の一部だと理解してもらえるだろう。このパーツはたびたび登場する。これはビジュアルシンキングの核心となるアルファベットといってもいい。アルファベットが限られた数の記号で無数の音と言葉をあらわすのと同様、限られた数のパーツを組み合わせれば、何百万通りものパワフルな絵をつくることができる。

本書にも登場する絵をつぎに並べてみるので、よく見ていただきたい。絵のひとつひとつは異なったストーリーを語っているが、どれも基本のパーツからできあがっている。ひとつひとつのパーツを苦もなく描ければ、つぎのページの絵も楽々描ける。

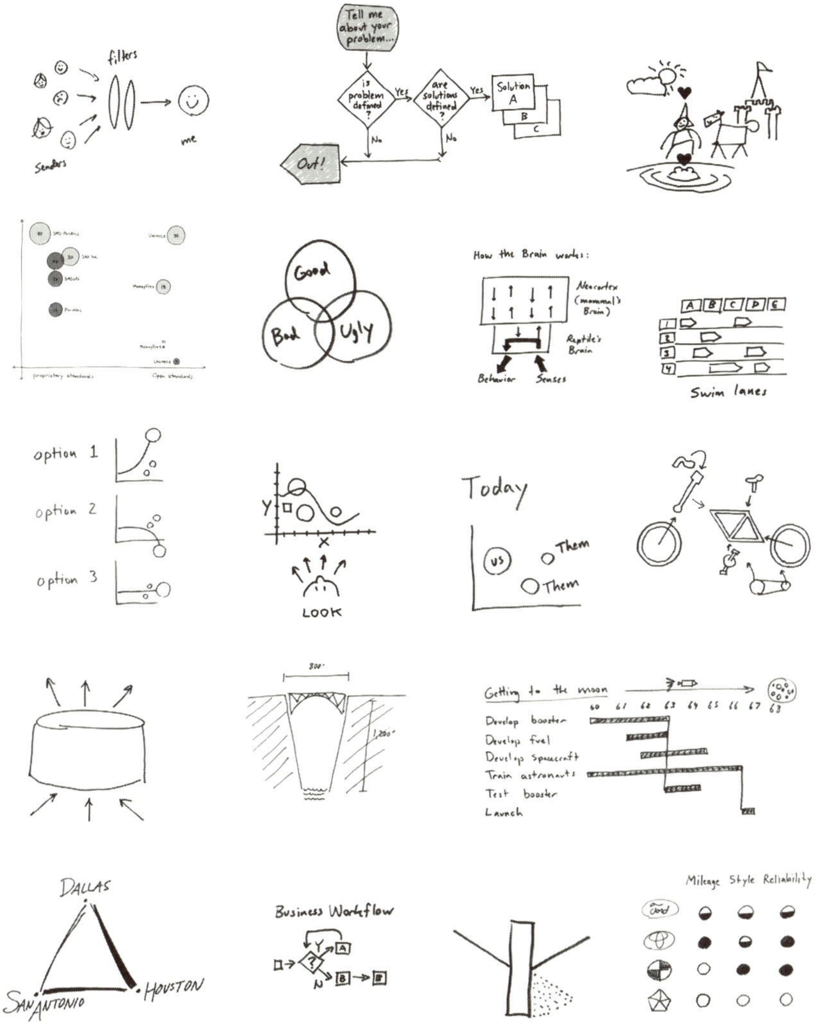
filters
Senders
me
Tell me about your problem...
is problem defined?
Yes
No
are solutions defined?
Yes
No
Solution A
B
C
Out!
Good
Bad
Ugly
How the Brain works:
Neocortex (mammal's Brain)
Reptile's Brain
Behavior
Senses
A B C D E
1 2 3 4
Swim lanes
option 1
option 2
option 3
Y
X
LOOK
Today
Us
Them
Them
800'
1,200'
Getting to the moon
60 61 62 63 64 65 66 67 68
Develop booster
Develop fuel
Develop spacecraft
Train astronauts
Test booster
Launch
DALLAS
HOUSTON
SAN ANTONIO
Business Workflow
Y
A
N
B
B
Mileage Style Reliability

手はマウスよりもすごいのだ

本書はこういう絵についての本である。ひとつひとつの絵にいずれは名前がつくのだが、すべて手で描くことができる。手で描く、という部分がとくに最初は重要なのだ。まず、それで視覚的な感覚の自信がつく。自分に「搭載」されているビジュアルシンキングの3つのツール（目、心の目、手の目）に信頼を置くことができれば、さらに自分の内側のビジュアルシンキングの能力が引き出される。

自分に搭載されたツールへの信頼は、絵を人に見せて理解してもらう際に大きな強みとなる。

1 **人は自分以外の誰かが描いた絵を見るのが好き**。　プレゼンテーションの場面では、洗練された画像よりも手描きの絵のほうがいい反応を引き出す場合がほとんどだ（どんなにおおざっぱに描かれたものでも）。手描きの絵のさりげなさと素朴さは聴衆の警戒心を解き、歓迎される。さらに、聴衆が見ている前で順を追ってそういう絵を描いていけば、伝えたいイメージ（複雑なイメージであっても）はじつに明確に伝わる。

2 **手描きの絵はすぐに描けて、変更しやすい**。　くわしくはこれから述べてゆくが、絵を描きながら考えるという作業は流動的で、描く際のトライアル・アンド・エラーは絶えずつきものだ。スタートした時点で念頭にあった絵がそのまま最後まで変わらないというケースはまれである。つまり、引き返して変更することは、とても重要なのである。

3 **コンピュータはまちがったことをあまりにもたやすく描いてしまう**。　画像作成に使われるソフトウェアのプログラムには、たいていあらかじめいくつかの図表作成機能が備わっている。すばらしいことだ。ただし、自分がいいたいことを明らかにする図表がどれなのかを的確にわかっている必要がある……そしてたいていの場合、わかっているつもりでわかっていないのだ。

自分に搭載されたツールに頼ろうとする最大の理由は、けっきょくビジュアルシンキングとはプレゼンテーションの洗練度を追求するものではなく、自分の目で考えることの心地よさを味わうところに意味があるからだ。

黒ペン、黄色ペン、赤ペン。自分はどのタイプなのか？

絵を使ってビジネス上の問題解決に取り組むと話すと、反応はつぎの３つのパターンに分かれる。「それはクールだ！　どうやってやるのか、見せてくださいよ」「興味深いですね……ですが、ほんとうに効果があるんですか？」「無理です。わたしは絵が得意なタイプではありませんから」

第一の反応をする人々は、「ペンをちょうだい！」というグループだ。これまでにわたしが出席したビジネスの会合に関するまことに非科学的な調査によれば、こういう人々は、たいてい出席者のおよそ４分の１を占めている。彼らを黒ペンの人たちとわたしは名づけている。まっさらなページになんのためらいもなくいきなり大胆なマークを描く人たちだ。絵は問題解決のツールとなるということをすぐに飲み込み、絵を描く技術にはほとんど頓着《とんちゃく》しない――じつは、とんでもなく素朴な絵を描く人だった、ということもあるのだが。彼らはホワイトボードがあればすぐに飛びついて、自分が考えていることを説明するために絵を描いてしまう。アイデアを象徴する形とたとえに使う形を決め、シンプルな絵を自信たっぷりに描く。彼らは絵を利用してアイデアをまとめ、説明する。

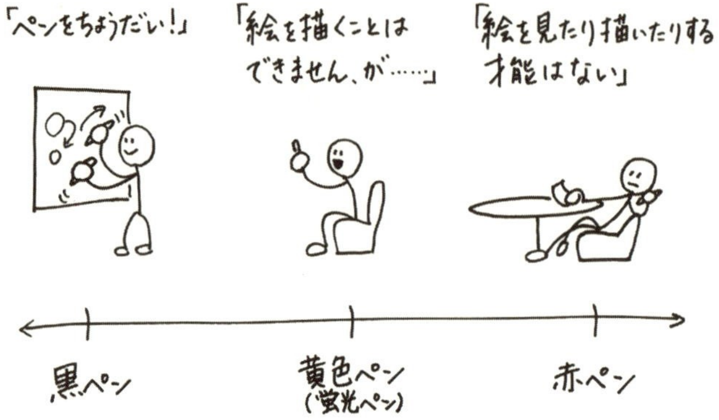

ビジュアルシンカーは3つのグループに分けることができる。すぐに絵を描き出す人々（黒ペンの人)、誰かが描いた絵になにかを足すことを得意とする人々（黄色ペン、または蛍光ペンの人)、描かれているものに疑問を表明して、赤ペンを手に取るとすべてを描き直す人々。

第二のグループは「わたしは絵を描くことはできません、が……」という人たちだ。わたしは黄色ペンの人たち（あるいは蛍光《けいこう》ペンの人たち）と名づけている。なぜかといえば、彼らは誰かが描いた絵の最重要ポイントや興味深い点を難なく指摘してしまう傾向が強いのだ。このグループはたいてい会合の出席者のおよそ半分を占めている。誰かがホワイトボードに絵を描いているのを見て満足し、数分後には洞察に満ちたコメントを始める、という人たちだ。だが彼らは進んでホワイトボードのところに行ってなにかを描き加えようとはしない。やさしく後押ししてあげることが必要だ。ボードの前に立ち、ためらいがちにペンを持った彼らは、必ずといっていいほど、つぎのように述べる。「わたしは絵を描くことはできません、が……」いざ絵を描いてみれば、コンセプトをみごとにあらわす傑作だ。彼らは言葉に頼る傾向が強く、たいていは絵に言葉をたくさん添える。また、さまざまな比《ひ》喩《ゆ》を使ってアイデアを説明しようとするので、言葉で補う場合が多い。

第三のグループは、「わたしには絵を見たり描いたりする才能はない」という人たち。赤ペンの人たちとわたしが名づけたグループだ。彼らは会合の出席者の4分の1を占め、ビジネスに関して絵を使うことに抵抗を感じる……少なくとも最初のうちは。他の人々がスケッチしているあいだ、たいていは黙っている。コメントを求められると、まずはごくささいなまちがいを指摘する、というケースが多い。が、それはたいていは単なるポーズであり、赤ペンの人たちは目下の問題について誰よりも詳細につかんでいる場合が多い。少々おだてられないと、それが表に出てこない。自分は数量的な指向の人間だと彼らは考えている。それも、ほぼ数学的な指向であると。しかし促されれば、深い背景について説得力のある話しかたで説明する。よく見ていて。ホワイトボードにたくさんの絵やアイデアがすでに描かれていれば、赤ペンの人たちは深呼吸をしてからいやいやペンを取り上げ、ボードにちかづき……すべてを描き直す。そして、誰よりも明快な絵を描きあげてしまうのが、彼らなのだ。

それぞれに興味深い3つのグループだが、彼らは年齢、学歴、バックグラウンド、職務、肩書とはまったく関係なく3つに分かれる。わたしの経験では、ある世界的なコンサルティング会社のCEOは夕刊紙にありとあらゆるものを描く人だった。そうやって問題を考え抜き、自分のアイデアを部下たちと共有した。そしてまた、別の会社のCEOは際立ったカリスマ性の持ち主で、人前でじつに流《りゅう》暢《ちょう》に話をする人物だった。が、ホワイトボードに接近するとなると、とたんに怖《お》じ気《け》づいてしまう。ジョンズ・ホプキンス大学で訓練を受けた医師とは何度も仕事を共にしたが、彼はどんなに複雑なコンセプトでも、じつにみごとに絵にしてしまうのだ。そしてまた、筋金入りの「オタク」といえるソフトウェアのあるエンジニアは、一刻も早く絵を描きたがった。

「あなたのペンは何色？」テスト

ここで少々時間をとって、あなたは何色のペンを選ぶタイプなのかを見てみよう。ビジネスの会合あるいはグループでの問題解決に取り組む場に参加したと想像していただきたい。あなたは「3色のペン」のどれにあてはまるだろうか。取り組んでいる問題、周囲の人々、集団の一員として働いているのか単独で働いているのかなど、条件に応じてアプローチのしかたはちがってくるだろうか。

つぎの状況でそれぞれベストの回答をひとつ選んでみよう。

あなたはブレーンストーミングのセッションに参加しており、会議室には大きなホワイトボードがある。あなたが望むのは、

1 ボードのところに行ってペンを取り上げ、丸や四角を描き始めたい。
2 すでにボードに描かれていることを、片っ端《ばし》から解釈する。
3 ボードに近づき、リストの項目を書き始める。
4 すでに描かれていることに少々説明を加え、より明確にする。
5 「ホワイトボードなんてどうでもいい。さあみんな、さっさと仕事を進めなくてはならない！」
6 ブレーンストーミングのセッションは大嫌いだ。

誰かに、何ページにもわたる複雑な集計表のプリントアウトを渡された。あなたはまず、

1 ぼうっとしてそれを置き、そのままなくなってしまえばいいと思う。

2 ページをめくってゆき、すべての数字に目を走らせ、なにか興味深いもの——なんでもいいから——が目に飛び込んでこないかと期待する。

3 表の横の項目や縦の項目を順に目で追い、分類について頭に入れようとする。

4 適当にある横列、縦列を選んで、その欄をずっとたどってゆき、交差したマス目のデータを確認する。同じようなことを別の欄でもやってみる。

5 最大の数値と最小の数値を探し、それがどのカテゴリーに当たるのかを特定する。

6 しきりにページをめくり重要なパターンが目についたら、それに注目する。

ペンを渡され、ある特定のアイデアを描いてくれと頼まれたら、あなたは、

1 もっとたくさんペンをくれと頼む。できれば少なくとも3色はほしい。

2 すぐに絵を描き始め、なにができあがるのかと見る。

3 「わたしは絵を描くことはできません、が……」といって、棒だけの下

手な絵を描く。

4　いくつかの言葉をまず書いて、それからその周囲に四角を描いてゆく。

5　ペンをテーブルに置き、話し始める。

6　「いいえ、結構です。わたしは絵が描けません」といい、そのままにする。

大きな会議から戻る途中、空港のバーで同僚と出くわし、自社の業務状況をくわしく説明してほしいと頼まれたら、

1　紙ナプキンをつかみ、バーテンダーにペンを貸してくれと頼む。

2　コーヒーシュガーを３袋取り上げて、バーカウンターに並べ「いいですか、これがわたしで……」と話し始める。

3　自分のパワーポイントの１ページを見せて—非常にうまくできたページ—それについて説明を始める。

4　「わたしたちの業務は３つに分けることができ……」と説明する。

5　一杯おごる。これからしばらく話し込むことになりそうだから。

6　あまりにも複雑で上手に説明するのは難しいといい、相手に同じ質問をする。

「世界平和《ワールドピース》をビジュアル化しよう」という車のバンパーステッカーを見つけた。わたしは、

1　どんな感じの平和なのだろうかと想像してみる。
2　ジョン・レノンのメガネを想像してみる。
3　「世界平和」という言葉を何度も唱えてみる。
4　この言葉から車のオーナーについて自分はなにを理解できるだろうかと想像してみる。
5　「グルグル回る平和《ワーラッドピース》」という言葉を思い浮かべる。
6　自分の目をぐるりとまわし、「カリフォルニアの人間ときたら」とつぶやく。

自分が宇宙に漂う宇宙飛行士だとしたら、まっさきにやりたいことは、

1　深呼吸してリラックスし、周囲の景色にうっとりと見入る。
2　自分の家……が無理ならば、少なくとも自分の住む大陸を見極めようとする。
3　見たものを絵に描き始める。
4　カメラを持ってくればよかったと思う。
5　目を閉じる。
6　宇宙船に戻る方法を探る。

選んだ項目の数字を合計して６で割り、つぎのどれにあてはまるのかを確かめよう。

スコア	望ましいペン
1～2.5	黒ペン（ペンをちょうだい！）
2.6～4.5	黄色ペン（わたしは絵を描くことはできません、が……）
4.6～6	赤ペン（絵を見たり描いたりする才能はありません）

この自己査定であなたのタイプがわかったところで、2つのことを申し上げておこう。まず、ペンのタイプに応じて本書の読み方はちがってくるだろう。黒ペンのタイプつまり絵を描く能力に自信があるという人は、見ることと視ることの能力を高める方法について述べた第II部から楽しんで読んでもらえるだろう。第III部（ビジュアルシンキングMBA）では、ビジネス上の問題解決で絵がどれほど役立つかをくわしく述べているが、赤ペンのタイプで絵の分析的パワーに納得していない人はここからスタートしていただくのもいいだろう。あなたが黄色ペンの人、つまりもっとも重要なものを特定する能力に長《た》けている人なら、絵を他者に見せる方法を述べた第IV部をもっとも高く評価するかもしれない。

そしてもうひとつ、とても大切なことを申し上げておきたい。

ビジュアルシンキングに自信がある人もない人も、どんなペンのタイプの人でも、誰もがすぐれたビジュアルシンキングの技術を持っている、そしてその技術を誰もが簡単に高めることができる。

ビジュアルシンキングは選ばれた人だけに許された特技ではない。また、何年もひたむきに勉強しなければ使えないというスキルでもない。あなたのペンの色がわかれば本書を有効活用する早道は見つかるかもしれないが、問題はスコアの点数ではない。ビジュアルシンキングという能力は誰にでも生まれつき備わっているということがなによりも大切なのだ。それを支えているのが生まれながらに備わった生理機能、神経系、生命機能であり、視覚を基盤として誕生後すぐに習得が始まる知的能力、身体的能力、社会的能力である。つまり、見る、視る、想像する、見せるという驚嘆すべき能力なのである。

本書の活用法

つきつめていえば、わたしはたったひとつの思いを伝えるために本書を書いたといえる。

> **ビジュアルシンキングは問題解決においてたいへんな力を発揮する。ひじょうに斬新《ざんしん》な方法に感じられるかもしれないが、実際はわたしたちがとうの昔から知っていることに過ぎないのである。**

わたしたちには生まれつきすばらしい視覚系が備わっている。が、自分の視覚の能力について考える人はまれであり、それをどのように向上させようかと考えている人は、さらにまれである。たとえていうと、高性能のデスクトップのスーパーコンピュータを無償で贈られているが、新しいソフトウェアをどこで見つければいいのか知らないようなものだ。たいていの人にとって視覚はもっとも発達した感覚であり、それをビジュアルシンキングに活かし切れないのはもったいない。箱からコンピュータを出してそのまま使うようなものだ。生まれつき搭載している視覚というツールを理解すればするほど（それに加え少しばかり新しいものを使う方法を学ぶと）、絵を使った問題解決の腕をあげることができる。

このようにわたしたちはビジュアルシンキングのすばらしいスキルを持っていながら、おそらくじゅうぶんに活用し切れていない。この状態から、スキルを磨《みが》いて必要に応じて呼び出せる状態に導く誘導ロープが本書だと思っていただきたい。このロープは３本の細いロープをより合わせたものであり、それぞれの細いロープはさらに細い糸に分かれる。細い糸はそれぞれ簡潔なテーマと考えていただきたい。３本の細いロープはプロセス（見る、視る、想像する、見せる）、わたしたちに備わったツール（目、心の目、手の目）、視る方法（誰／なに、どれだけの量、どこ、いつ、どのように、なぜ）に相当する。

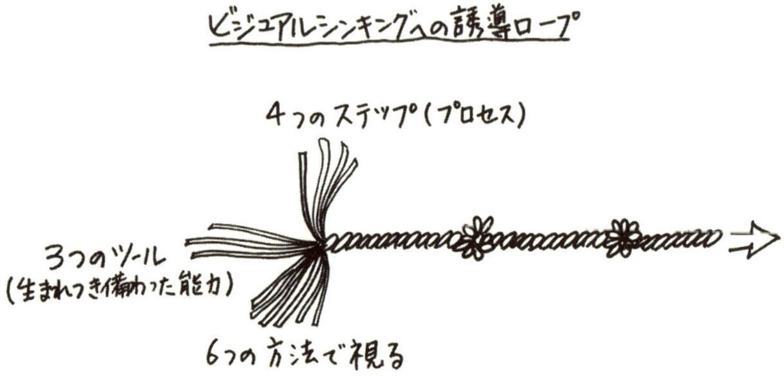

1　**4つのステップから成るプロセス：ビジュアルシンキングのプロセスを学び、繰り返し、役立てる**。

ビジュアルシンキングというプロセスはわずか4つのステップで構成されている。さいわい、どのステップも一から学ぶ必要はない。それどころか、日頃からあまりにも造作なく、意識すらしないでこなしている。ビジュアルシンキングをもっとも効率的に学ぶには、こうしたステップにあらためて関心を払い、ひとつひとつのちがいを明確にすることだ。さらに、こうしたステップを踏みながら洞察を深め、テクニックを知り、着実に能力を高めることができる。

2　**生まれ持った3つのツールを磨く**。**ビジュアルシンキングでは、わたしたちに「搭載」された3つのツールが相互に働き合う**。**目、心の目、手の目の連携である**。**この3つのうちどれをとっても力を高めることができ、ひとつが向上すればするほど、他の2つも高めることができる**。

わたしたちの目は自分の周囲の世界を見て対象をとらえる。そうした対象をいじったり、分解したり、復元したり、逆さにして振ってなにが落ちるのかを確かめたりするのは心の目の仕事だ。対象を多角的にとらえ、探り、記録し、共有すべきものを確定したところで、手と目を連携させてアイデアを微調整しながら紙に描いて人に見せる。

3　6つの方法で視る。6つの基本的な問いかけをしながら視る、そして見せる。

ビジネスを取り巻く環境、課せられたプロジェクト、タイムスケジュールにかかわらず、どんな問題でもさきほど紹介した6つの基本的な問いかけに分解できる。そう、小学校時代によいお話をするための基本として教わったものと同じ「6つのW」である。〈誰が〉〈なにを〉〈いつ〉〈どこで〉〈どのように〉〈なぜ〉。まさにビジュアルシンキングに欠かせない問いかけであり、わたしたちは文字通りこのように周囲の世界を視る。

誘導ロープに沿って本書を読み進めていくと、この3つのテーマは繰り返しあらわれる。さて、ペンさえ持てばビジュアルシンキングのプロセスを歩き通す準備は整う。だが、まずは少々娯楽室に寄ってポーカーをして遊んでいこう。弾《はず》みをつけてスタートするためにも。

第3章

負けるはずのないギャンブル ビジュアルシンキングの4つのステップ

ポーカーとビジュアルシンキング

ビジュアルシンキングを紹介する——とりわけ、自分はビジュアルなタイプではないと考えている人々に紹介する場合——画期的な方法を見つけた。それはポーカーゲームのプロセスになぞらえるというもの。ビジュアルシンキングのワークショップでは実際に「テキサス・ホールデム」を2回プレーしてもらってスタートすることもよくある。とても簡単なゲームなので、未経験の人でも数分で基本を理解できる。手札を見る、パターンができあがるのを視る、パターンが完成するのに必要なカードを想像する、他のプレイヤーにもっともアピールする役をどうやってつくるか。これはそのままビジュアルシンキングの教科書である。

まずはテキサス・ホールデムの役を早足で説明しよう。ポーカーの他の遊び方と同じく、めざすゴールは5枚のカードで最強の組み合わせをつくることだ。

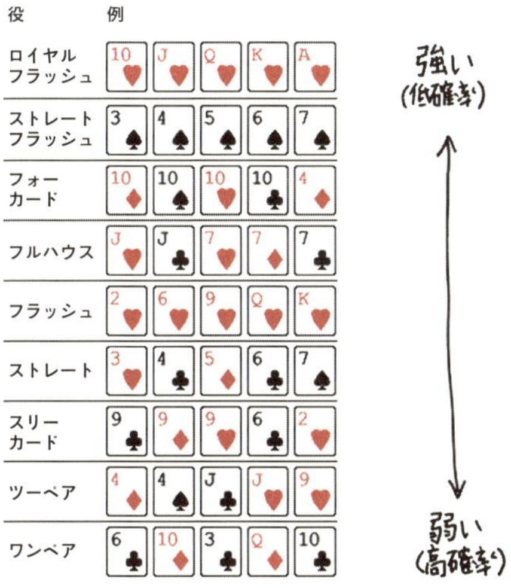

ポーカーの役

テキサス・ホールデムでは、それぞれのプレイヤーは裏返した２枚のカードを受け取り、それは自分だけしか見ることができない。ディーラーはさらに全員が見ている前で５枚のカードをめくってゆく。この７枚のカード（２枚の「秘密」のカードと５枚の場のカード）から、それぞれのプレイヤーはできるだけ強い役をつくる。

たとえばあなたの秘密のカードが、ハートのジャックとキングだったとする。

他のカードと組み合わせてスコアの高い役になる可能性は高い。スタートする役としてはすばらしい。たくさん賭《か》けておこう。ディーラーは場の５枚のカードを１枚ずつめくってゆく。役がどんどんよくなっていく。つまりあなた以外のプレイヤーがもっといい役になるチャンスが減っていくということだ。そこでさらに賭け金を投じる。

ディーラーが場のカードの最後の１枚をめくり、あなたはフルハウス（テキサス・ホールデムでは強い役）となったことを確認してさらに大きく賭ける。プレイヤーたちが手札を見せ合い、フルハウスとなったあなたが勝ち、お金をすべて手に入れる。

すばらしい。さて勝利を満喫《まんきつ》したところで、このゲームとビジュアルシンキングをつなげてみよう。ポーカーのどの部分から学べるのだろうか。

1　**ルールに従ったプロセスがある**。　どんな活動でも一連のステップを踏む必要があるのと同じで、ポーカーはある特定の秩序に従ってプレーする必要がある。最初から自分の役すべてを見せて、それからお金を賭け、カードをめくっていくのではゲームは成り立たない。同様に、ビジュアルシンキングもルールに従ってプロセスを進める。

2　**完璧ではない情報をもとに決断を下さなくてはならない**。　ポーカーではひとつひとつのステップで賭けをしなくてはならない。すべてのカードを見るずっと前に、どんな展開になるのかを推測するのだ。同じことがビジュアルシンキングにもあてはまる。すべての情報を得る前に、どの絵を使うのかという重要な決断を下す必要に迫られるのだ。

3　**限られた要素で構成された、完全に視覚的な手がかり**。　ポーカーではトランプ1組52枚のカードとシンボルだけですべてのデータができあがる。わずか9つの数字（2、3、4、5、6、7、8、9、10）と4つの文字（A、K、Q、J）、4つのスート（ハート、ダイヤ、クラブ、スペードの絵柄マーク）と2つの色（赤と黒）のみ。そこから生まれるゲームには無限のバラエティがある。同様にビジュアルシンキングも限られた数の視覚的な手がかりだけで、問題解決の選択肢は無数に考えられる。

そしてなによりも重要なのは、

4　**ポーカーのプロセスとビジュアルシンキングの〈プロセス〉とが酷似《こくじ》していること。**　まず２枚のカードをわたされ、それを〈見る〉。カードを見なければ勝つチャンスはどんなものなのかを知ることができない。ゲームは見ることから始まる。

しかし、カードをただ見るだけではじゅうぶんではない。カードの内容を〈視る〉必要がある。何色だろうか？　どんな数字だろうか？　どんなスート（絵柄）だろうか？　あるべきカードはすべてそろっているだろうか？　足りないカードはないだろうか？〈見る〉ことは視覚から情報を取り入れるという半受動的なプロセスだとしたら、〈視る〉ことは収集した情報からもっとも重要なものを選び、パターンをつくる要素を探すという積極的なプロセスだ。

自分が手にしているものを視て、ここからどんなパターンがつくれるだろうかと〈想像する〉。手持ちのカードと組み合わせてどのようにパターンを形作れば勝てるだろうかと想像する。また、他者がどんなカードを持っているのかを想像して、勝てるかどうかを想像してみる。

ゲームの最後のステップは〈見せる〉だ。まだゲームから降りていない者全員が自分のカードをテーブルに並べて見せる。はったり屋のポーカーフェイスが参加者を惑わしていた、というのでない限り、全員が見せるまで勝敗の行方はわからない。同じことが、ビジュアルシンキングにもいえる。すばらしいアイデアを想像したかもしれないが、それを他者に見せる方法を持たない限り、アイデアの価値は決して知られることはない。

〈**見る**〉〈**視る**〉〈**想像する**〉〈**見せる**〉をおわかりいただけただろうか。ポーカーの４つのステップは、ビジュアルシンキングの４つのステップにぴったり対応している。そしてゲームを実際にやってみればわかるように、こうしたステップには魔法も秘密もなにもない。ビジュアルシンキングもまた、順にステップを踏むことで毎回やり遂げることができる。

ビジュアルシンキングのプロセス

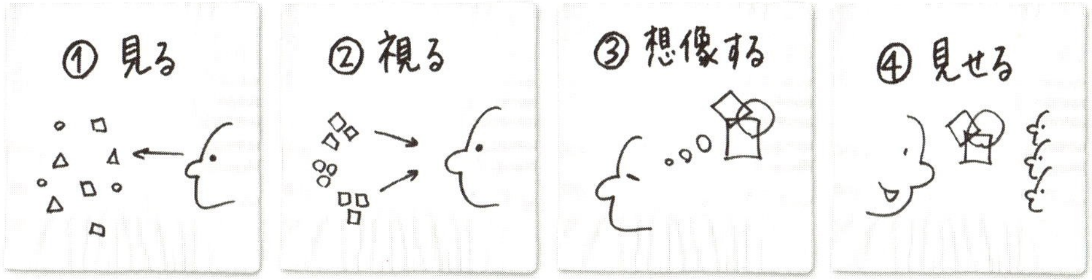

このプロセスはとりたてて斬新なものではなく、現にわたしたちは１日に何千回も実行している。たとえば道を横断する時、左右を確かめて車が接近していれば立ち止まる。車がまだ遠いならば、接近するまでに渡りきれるかどうかを想像し、渡りきれると判断すれば確固たる足取りで横断する。そうでなければ車が無事に通過するまで待つ。そういう形で自分の決断を見せる。

道を横断する場合の
ビジュアルシンキングの４つのステップ

たとえば、仕事のレポートを作成する場合。まず話し合いのための材料を見る。そのうちいちばん興味深いもの、関連性があるもの、役に立つものを探すために視る。自分のメッセージを伝える最良の方法を想像する。作成したレポートを同僚に見せる。

レポートを作成する際の
ビジュアルシンキングの４つのステップ

ビジネスのプレゼンテーションでグラフを使う場合を考えてみよう。そのグラフを見てどんなことが書かれているのかを知る（重要なポイント、座標、データ、情報源）。さらにデータを視てパターンを理解する（x軸はy軸よりも急速に増加している、あるいは円グラフの青い部分は赤い部分よりもずっと大きい)。そのパターンの意味を想像する(経費が増えるスピードは利益が出るスピードよりも速い、南西部は北東部よりも上回っている)。立ち上がり、自分の洞察を自信を持って聴衆に見せる。見せる過程で聴衆はわたしたちと同じステップを踏んで同じプロセスを体験する。

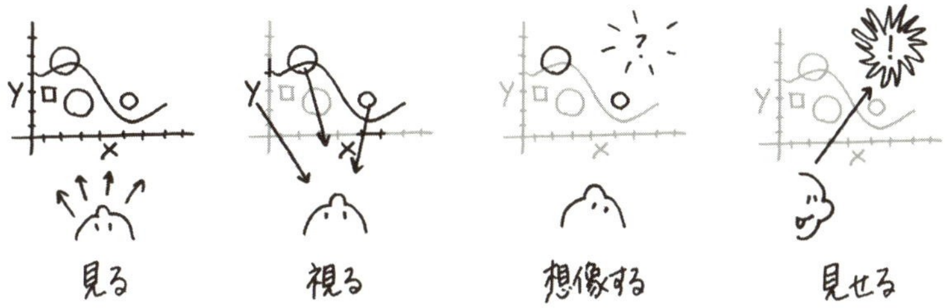

グラフのプレゼンテーションをする場合の
ビジュアルシンキングの４つのステップ

すべてのプロセスはよどみなく進む。いちいち考えたりはしない。何度も繰り返しているので、すっかり身についてしまっているのだ。だが幼稚園児が１クラス、手をつないで動物園に行くとなるとそうはいかない。道を安全に横断するのは直感でこなせるプロセスではないことがわかる。教師が誘導をしなければ、多くの子どもたちがいきなり道を渡ってしまおうとするだろう。〈見る〉〈視る〉〈想像する〉というステップを通過しないで、いきなり〈見せる〉の部分を実行してしまう……そして悲惨な結果が待っている。後に述べるが、ビジネスにかかわる人々の多くが、ビジネスで絵を活用するとなるとこれとそっくり同じことをしている。だからこそ、もう少し時間をかけてプロセスを学ぶ意義がある。

〈見る〉〈視る〉〈想像する〉〈見せる〉というプロセス

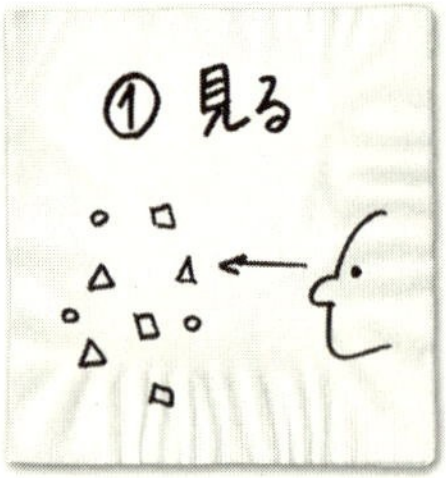

〈見る〉

これは自分の周囲の視覚的な情報を取り込む半受動的なプロセスだ。情報を収集し、そこになにがあるのかをおおまかにつかむ。どう反応したらいいのかを決める手がかりとするためだ。全体図をつかむために矢継ぎ早に問いかけをしながら環境を精査する。こうしてスクリーニングすることで、目の前になにがあるのかをまずとらえる。

見ること＝収集することとスクリーニングすること

問いかけながら〈**見る**〉

- そこにはなにがあるのか？　どれくらいあるのか？　そこにないのはなにか？
- どれくらい遠くまで見ることができるのか？　視界はどこまでか？
- すぐに認識できるのはなにか？　自分を混乱させるのはなにか？
- 自分の目の前のものは、自分が見たいと期待していたものか？　自分はそれをすぐに「把握《はあく》」できるのか、それとも把握するのにさらに時間が必要なのか？

活動しながら〈**見る**〉

- 全体の風景をざっと見る。全体図をつかみ、森と木々……そして葉にも注意を払う。
- どこまで見えているのか、両端、上限下限を確認し、視界を定め、座標軸を定める。
- ノイズを排除するために初回のふるいにかける。視覚の小麦ともみ殻《がら》を分けるために。

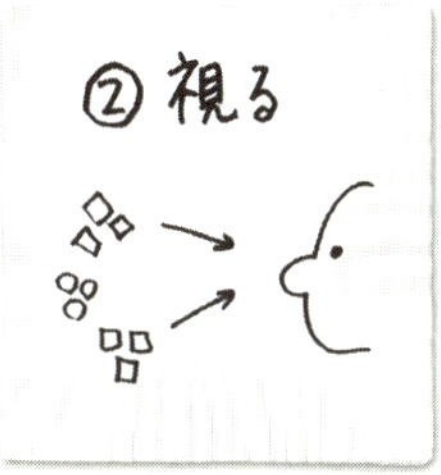

〈**視る**〉

これは視覚で〈情報収集する〉というコインの裏側にあたる。ここでは目をより意識的に働かせる。漫然と見ている時には全体の様子を初回のふるいにかけながら情報として収集しているが、視るという段階ではくわしく調べる価値のある対象を選別する。わたしたちは意識的、あるいは無意識的にパターンを認識しようとする。

理解する＝選択し、塊《かたまり》に分ける

問いかけながら〈**視る**〉

- 自分はこれを知っているだろうか？　これを以前に見たことはあるのか？
- なにかパターンを認識できるだろうか？　際立っているものはあるだろうか？

●目にしているものに関して、パターン、優先順位、相互作用を把握できるだろうか。それを手がかりにこの状況の意味を理解し、それについてなにか決定を下すことができるだろうか？

●視覚を通じてじゅうぶんな情報を収集しただろうか？　あるいはもう一度情報収集するべきなのか？

活動しながら〈**視る**〉

●ふるいにかけて、関連性のあるものを残す。視覚から収集した情報のうち、もう一度見る価値のあるものを選択し、それ以外のものを除《の》ける（後に再チェックする）。

●分類して区別する。小麦を種類ごとに異なるカテゴリーに分けるようなもの。

●パターンと多数派に注意を払う。つまり、情報のうち共通点をとらえられるもの、多くの情報が属するカテゴリーを見極める。

〈**想像する**〉

想像するとは、視覚から取り入れて選別された情報を素材とした作業だ。目を閉じた状態で見る、あるいはそこにないものを見る、と考えるとわかりやすい。

想像する＝そこにないものを見る

問いかけながら〈**想像する**〉

- 以前にどこで見たことがあるだろうか？　過去に見たものをたとえとして使えるか？
- 自分が見ているパターンの構成を改善する方法はあるだろうか？　再編成してわかりやすくできるだろうか？
- このパターンをどういじれば見えていないものが見えてくるのだろうか？
- 視たことすべてをつなげられるフレームワークが見つかるだろうか？　そのフレームワークには、すでに視ている他のものも取り入れられるだろうか？

活動しながら〈**想像する**〉

- 目を閉じてもっともっと見てみよう。視覚を通じて収集した情報をすべてありありと思い浮かべ、目を閉じたままじっくり見て、新しいつながりが見つかるかどうか探ってみる。
- 類似点を発見する。「以前にどこでこれを見ただろうか？」と問いかけて類似性を確認する。そして類似性を利用して今回の状況で効果的な解決法が見つかるだろうかと想像してみる。
- パターンをいじってみる。上下、左右をひっくり返し、裏返しにしてみる。なにか新しいものが見えてくるだろうか。
- 発想を変える。他にどんな方法でこれを見せることができるだろうかという視点でアイデアを出す。

〈**見せる**〉
パターンを見つけ、その意味を理解し、いじって新しいものを発見する。そしてすべてを他者に見せる。視たことを要約し、アイデアを視覚的にあらわす最高のフレームワークを選び、紙に描き、想像したことを述べ、聴衆からの質問にこたえる。

見せる＝すべてを明確にする

問いかけながら〈**見せる**〉

- 自分が想像し絵にしたもののうち、自分にとって、そして聴衆にとって重要度の高い３つは？
- アイデアを視覚的にもっとも効果的に伝える方法は？　どのフレームワークを選べば視たものを適切に共有できるだろうか？
- 自分がもともと見たものをふり返ってみて、いまわたしが見せているものとずれてはいないだろうか？
- 聴衆に問いかけてみる。「これはわたしが視たものです。みなさんはこれを見て理解できますか？　わたしたちは同じものを視ていますか？　それとも視ているものにずれがあるでしょうか？」

活動しながら〈**見せる**〉

- 最高のアイデアを明確にする。アイデアに優先順位をつけ、いちばん伝えたいものを見極める。

- すべてを確定する。適切なフレームワークを選び、アイデアを紙あるいはボードに描く。
- すべてのWを網羅する。〈誰／なに〉〈どれだけの量〉〈どこ〉〈いつ〉がつねに一目瞭然《いちもくりょうぜん》であるようにする。絵を見て〈どのように〉と〈なぜ〉が自然に連想できるようにする。

現実には直線状に進むとは限らない

本書ではこの4つのステップを使いながら絵で問題解決に取り組む。本書のこれからの部分もこうしたステップを中心とした構成になっている。じつはこのビジュアルシンキングのプロセスにはひじょうに便利な特徴がある。さきほどのポーカーの例と比べるとビジュアルシンキングには決定的にちがいがある。それは融通《ゆうずう》性だ。ポーカーでは、ルールはルール。いったん賭け金を置いたら、それを撤回《てつかい》することは許されない。しかし絵で問題解決に取り組む場合、もとに戻って変更できる。これはビジュアルシンキングが誇る特徴といえるだろう。

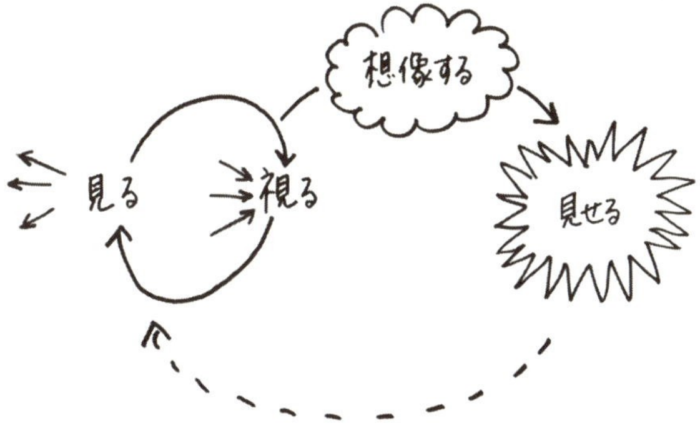

ビジュアルシンキングのプロセスの実際

これこそがビジュアルシンキングというプロセスの使いやすさの秘密だ。4つのステップはつねに自然に流れてゆくだろう。が、必ずしも1、2、3、4という順番通りに直線的に進む必要はない。実際には図のようにループを描きながら展開してゆくだろう。

見ることと視ることは追いかけっこをするようにお互いを豊かにしていく。視覚を通じて情報を収集する2つのステップは密接にリンクしており、単独では成り立たない。といっても2つのちがいを利用してビジュアルシンキングのスキルを高めることは可能だ。ただしこれからの2章では、このループがいかにわたしたちを助けてくれるのかに注目してゆく。

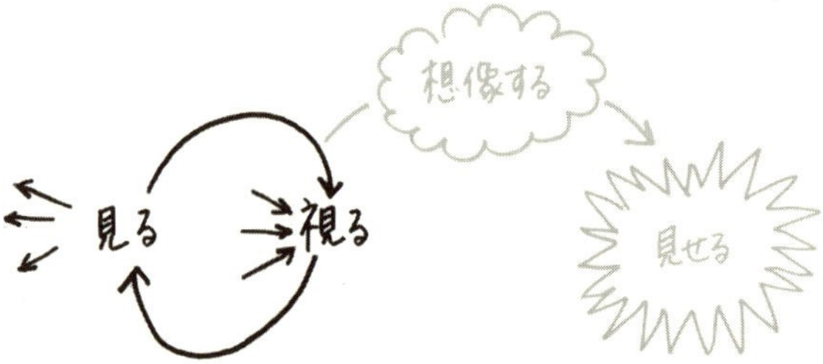

また、想像すること――収集した情報を取捨選択し、そのすべてを目を閉じて視る――は、ビジュアルな情報を〈入れる〉状態から〈出す〉状態へと橋渡ししてくれる。いわば魔法のようなステップだが、これについてはこれから多く取り上げ、謎めいた部分を払拭《ふっしょく》して信頼性の高いステップに変える新しいツールも紹介しよう。

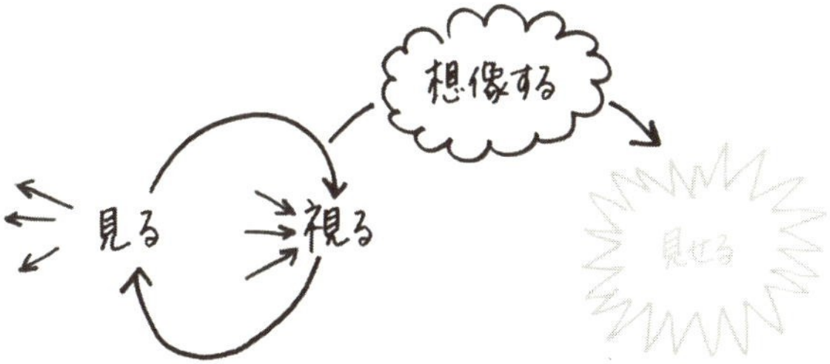

もうひとこと添えておこう。〈見せる〉から〈見る／視る〉に戻る太い点線の矢印にお気づきだろうか。プロセスを正しく進めた場合、自分がアイデアを他者に見せる瞬間はそのまま、聴衆のなかでビジュアルシンキングのプロセスが始まる瞬間となる。彼らは絵を見て興味深い対象を視る。それをどういじって工夫できるだろうかと想像する。そう、ビジュアルシンキングのループは、果てしなく続いてゆくのだ。

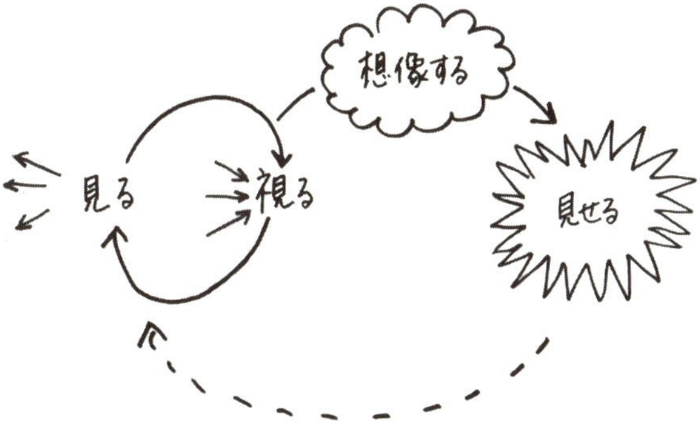

第 II 部 アイデアを発見する

第4章

まずは見ることから

絵を使って問題を解決することにとまどいを示す人の多くは、じつは絵を描くことに自信がない。とくに赤ペンと黄色ペンの人は、自分は〈絵が描けない〉のだから複雑な問題の解決にビジュアルシンキングで取り組むのは難しいはずと、はなから信じているのではないか。誰よりも洞察に満ちたビジュアルシンカーとなる可能性の持ち主が、そういう思い込みに阻《はば》まれて二の足を踏んでいるとしたら、じつにもったいない。

発想を転換してみよう。最初に絵を描く＝〈見せる〉ことを考えない。うまく絵が描けるというのは、あくまでもよく〈視る〉ことの結果であり、よく視るはよく〈見る〉ことに直結していると考えてみる。つまり、

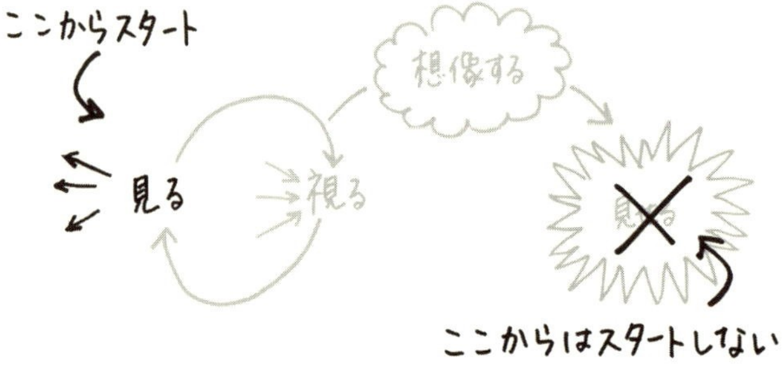

ビジュアルシンキングというプロセス全体を理解すれば、うまい絵を描く練習がスタートではないとわかる。よりよく見るところからすべて始まるのであり、そこにこのプロセスの価値がある。わたしたちは生まれつき見ることが上手だ。それをプロセスの先頭に置いているのがこのプロセスなのである。

ビジュアルシンキングをスタートするにあたり、わたしたちは生まれながらに世界をどう見るのかという視覚系についてくわしく学んでおこう。

わたしたちはどのように見るのか

目が開いている間はつねに、何百万もの視覚信号が光の粒子として入ってくる。それが網膜で電気的刺激に変えられ、視神経を通って脳のさまざまな部位に届き、そこで解析され、フィルターにかけられ、比較され、カテゴリーに分けられ、再結合させられる。その結果、わたしたちの頭のなかで絵ができあがる。

このプロセスは無意識のうちに毎秒何百回も行われている。神経科学者と眼科の専門医がこの仕組み全体を理解するようになったのは、ごく最近だ。研究が進むほどに視覚のメカニズムの魔法のようなすばらしさが明かされてゆく。が、ビジュアルシンキングにおいて、この無意識のすばらしいメカニズムはほんの一部に過ぎない。自動的に進むこのメカニズムを乗っ取り、その力を意識的に活用するのがわたしたちのビジュアルシンキングなのである。まずは〈能動的に見る〉ことについて話してゆこう。

どちらが上？

夜空の星を眺《なが》める時も、子どもの顔を見る時も、数字だらけの集計表を見る時も、視覚神経系の経路*は基本として変わらない。が、わたしたちの目が〈なにを〉見ているのか、それを〈どのように〉解釈するのかは、その時に解決しようとしている視覚上の問題に左右される。

＊この点についての科学的論拠に関心がある方は、巻末の付録A「ビジュアルシンキングの科学」を参照していただきたい。

①
どちらが上?
②
知っている人はいるだろうか?
③
詳細はどうなっているのだろうか?
規則

解決したい問題によって、どのように見るのかが変わる。

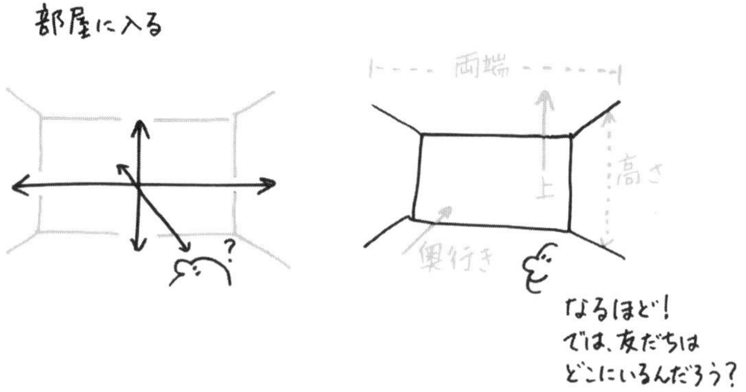
部屋に入る
両端
上
高さ
奥行き
なるほど!
では、友だちは
どこにいるんだろう?

新しい環境に入ると、わたしたちの目はすばやく立体的なモデルをつくり、その空間の位置確認を行い、その中での自分の位置を確認する。

たとえば、友人たちとボウリングに行くとしよう。ボウリング場に入って最初になにを見るだろうか? 12レーンの6番ピンの位置だろうか? 受付の奥に並んでいるボウリングシューズのかかと部分の番号だろうか? そうではない。まず、自分はどこにいるのかという問題を解決しなくてはならない。だからわたしたちの目はボウリング場全体の広さをチェックし、空間の端を見極め、一瞬のうちに頭の中に立体的なモデルをつくる。そしてどちらが上か、どこに壁があるのか、自分はどの位置にいるのかを確認する。いちいち考える間もなく、自動的に見るプロセスはボウリング場の広さ、奥行き、高さを確認する。もちろん、上下逆さま、などということにはならない。つまり視覚は自動操縦で自分の位置と状況を確立する。

頭のなかにボウリング場の立体的なモデルができると、視るシステムが稼働して差し迫った問題の解決に取りかかる。それは、友人を見つけること。わたしたちの目は自動的に、手がかりを探し求める。なじみのある顔、ひと目で見分けがつく横顔、はっきりとした動作、などを。ビンゴ！　友だちを発見。3レーン先の飲み物の自動販売機のちょうど向こう側にいる。無意識に〈識別〉と〈認識〉を行って──見たいと期待しているものと、実際に見ているものをマッチさせる──友だちを見つけることができた。

自分が〈どこ〉にいるのかがほぼわかった時点で、今度は自分が認識できる人あるいはものを探し始める（そこにいるべき〈誰か〉あるいはあるべき〈なにか〉とマッチするものを探す）。

ずっと向こう端のピンの〈方向〉にきちんと目を向けるのは、その後だ。その前にボウリングシューズを履《は》き、ボールを持ち、レーンの端に立った時である。

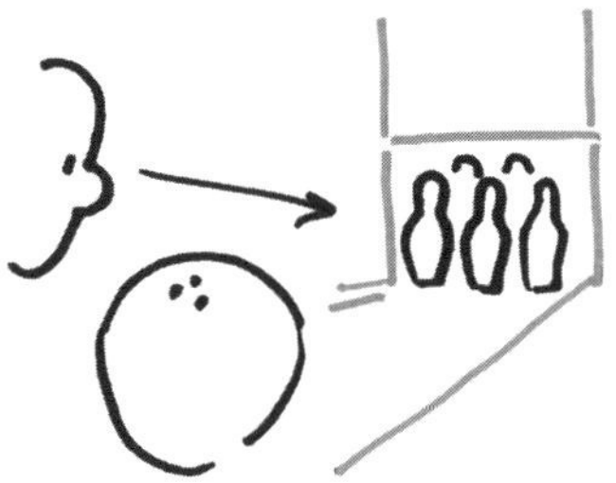

ボールを投げる準備が整ったところで、ようやくピンの正確な方向をほんとうに見る。

ここでは〈方位確認〉〈位置確認〉〈識別〉〈方向確認〉というステップを強調しておきたい。それは、見るというシステムはこの4つの重要な働きを自動的に行ってくれるからだ。しかも瞬時に。その空間のどちらの方向が上なのかを理解するのに時間と手間がかかるようでは、いつまで経ってもボールを投げてストライクを取るところまでこぎつけることができない。

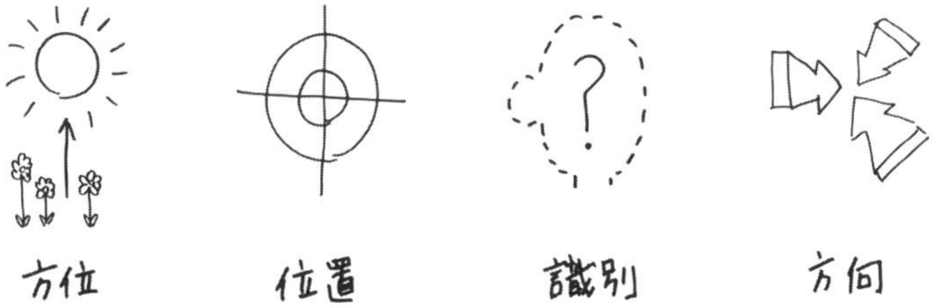

自動的に見る——視覚系が無意識のうちに働く——とは、〈方位確認〉〈位置確認〉〈識別〉〈方向確認〉という4つの仕事をこなすということ。

さて、ビジネスの絵を見て「わかる」かどうかは、この4種の仕事ができているかどうかということだ。それを知るために、ビジュアルシンキングの基本的な作業をやってみよう。まずはシンプルなグラフを吟味《ぎんみ》する。

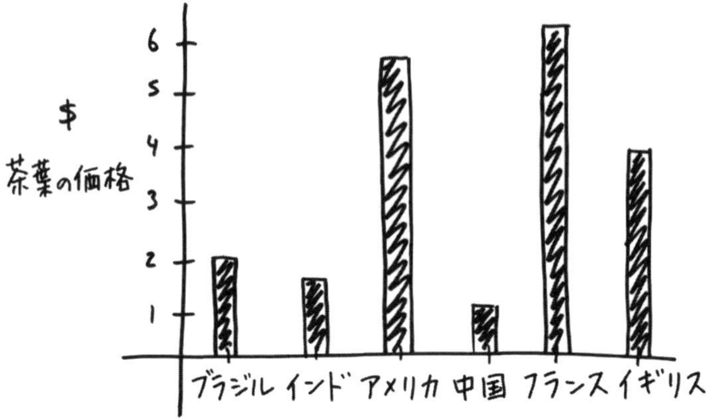

ビジネスの基本的なグラフを見てみよう。

ほんの2秒も見れば、このグラフは数ヵ国の茶葉の価格を比較したものだとわかるだろう。なぜわかるのだろう？　このグラフのなにを手がかりとして、わたしたちはすぐに理解するのだろうか？　見ることについてこれまでに学んだ知識を使って探っていこう。

まずこのグラフはデータを絵とともに紹介している。その際、ごく一般的に利用されている方法をとっている。つまり、縦横方向の2つの座標軸を使った座標系を基本としている。

ボウリング場に入った瞬間、わたしたちの目が天井、壁、床を見るように、このグラフはどちらが上なのかが瞬時にわかるように視覚的な手がかりを与えてくれる。具体的には、縦軸と横軸という2つの座標軸を基本とした座標系という形をとる。むろん、実際の「上」ではない（この場合は〈どれくらいの量〉を示す）。そして座標軸の右は実際の「右」ではない（この場合は〈どこ〉を示す）。が、それでもわたしたちの目はこのシンプルな座標系を理解する。

このグラフの意味を「わかる」方法は他にあるだろうか？　ある。ラベルを手がかりとして2つの座標軸を基準とした自分の〈位置〉を見つけ、他の国々との関係を確認することができる。アメリカにいる場合は、グラフの中央近くに位置しているとわかる。

さらに、国同士、価格同士の関係、そして価格を示す棒の高さから、〈方向〉感覚がわかる。このグラフでは各国の茶葉の価格の関係だ。アメリカは中国よりもずっと高価であるが、フランスより少し安いことがわかる。

このグラフとボウリング場には共通点はなにもないが、わたしたちの目は同じように〈見る〉。それがポイントだ。同じ数の視覚信号を受け入れ、同じ種類の電気的刺激を分析し照合し、同じ経路でそれを送る。視界のなかで解決すべき問題もまったく同じだ——〈方位確認〉〈位置確認〉〈識別〉〈方向確認〉。

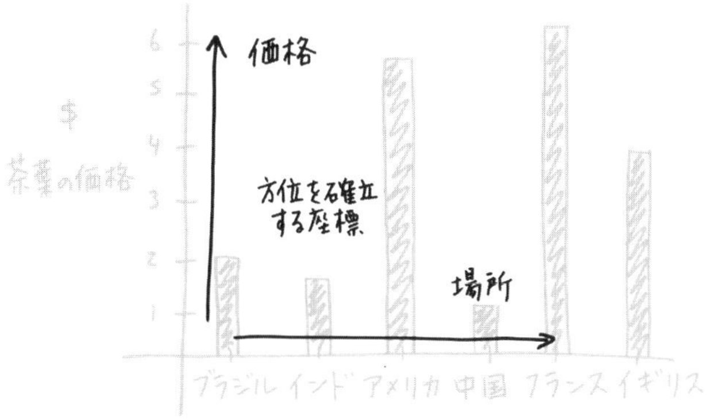

このグラフは縦軸と横軸の座標系で示されており、それを手がかりにすぐに方位を確立することができる。

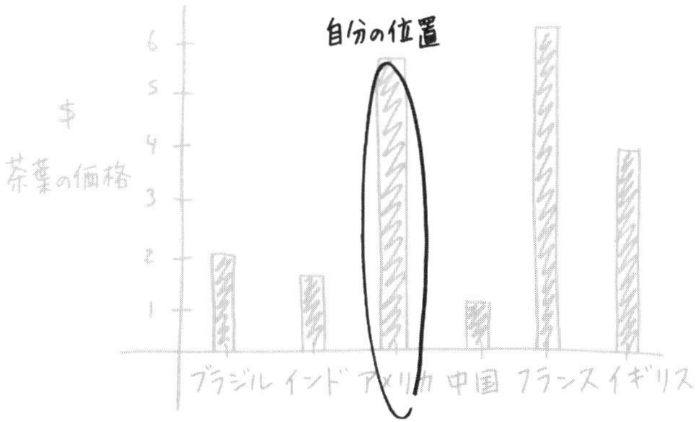

ラベルを手がかりとしてグラフでの自分の位置を決定する。座標軸とリストアップされている他の国々との相対的な位置を確認できる。

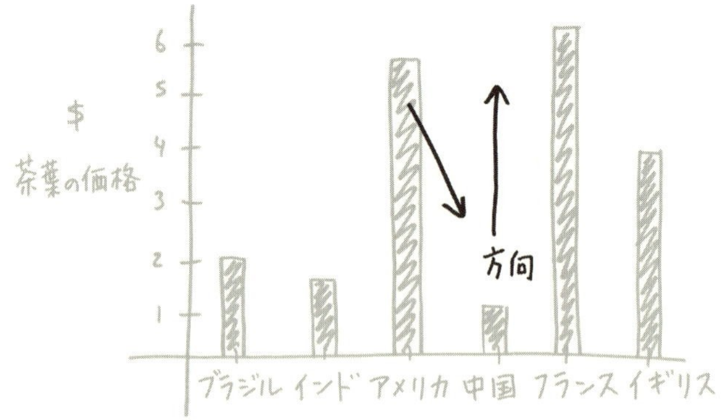

縦方向の棒の相対的な高さから、価格同士の方向を——上、下、同じなど——を知ることができる。

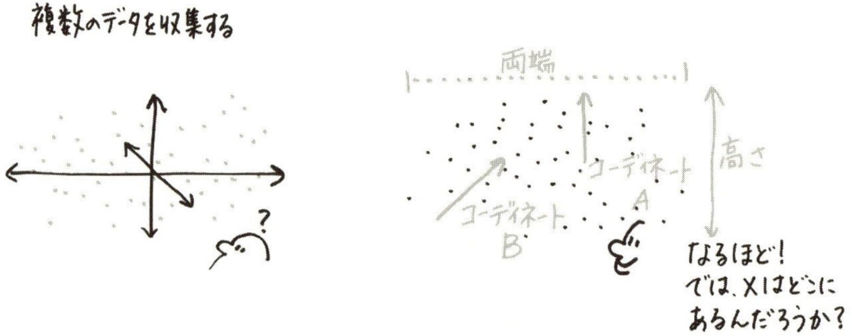

わたしたちの目は「データのある風景」（集計表、表、グラフ、ダイアグラムなど）に身を置いた時にも、ボウリング場に入った時と同じように見るというプロセスを体験する。

よりよく見るための4つのルール

見るというスキルを磨くために、そしてビジュアルシンキングのためのしっかりした基礎を築くために、新しいものを見る際にはつぎの４つの基本ルールに従ってみよう。

1　見ることのできるものすべてを収集しよう。多ければ多いほどよい（少なくとも最初のうちは）。

2　すべてを並べてみる。そしてひとつずつよく見る。

3　基本となる座標系を必ず決めて、方位と位置を確認する。

4　目から収集した情報を取捨選択する――〈視覚的なトリアージ〉。

よりよく見るための基本的なルール

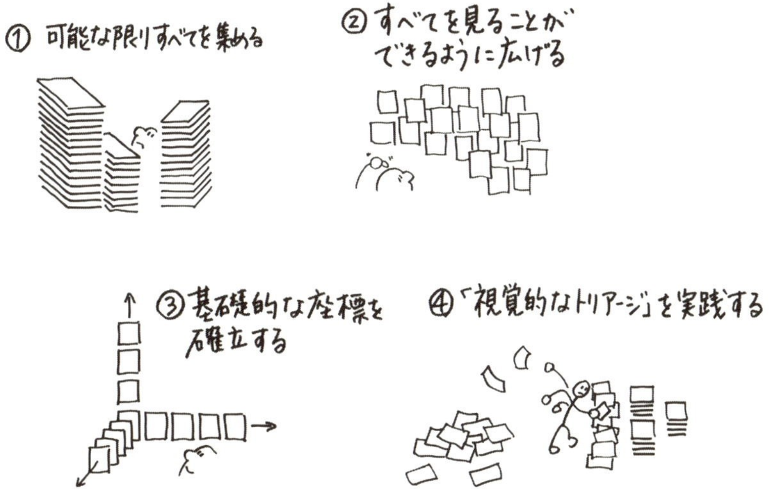

① 可能な限りすべてを集める
② すべてを見ることができるように広げる
③ 基礎的な座標を確立する
④「視覚的なトリアージ」を実践する

① 可能な限りすべてを集める

見るルール１：最初にできるだけ多くの情報を収集する

見るとは、文字通り収集することだ。見る作業をスタートすると、収集するものが多すぎるか、足りないかのどちらかの問題に突き当たる。多すぎる例は第2章ですでに紹介した。ダフネは自社のブランド戦略について決断するために出版業界に関するありとあらゆるデータを収集した。その結果、膨大な量のデータが集まり、彼女はデータがなにを物語っているのかをすぐには理解できなかった。

ダフネの問題はいまや他人事ではない。誰にでも、どこででも、どんな内容のビジネスにも共通している。情報過多の状況で意思決定をすることが求められる以上、誰もがそれに対処する方法を身につける必要がある。そこで役立つのが、なにが重要なのかを見極め、その意味を理解するために〈能動的〉に見るという方法だ。わたしたちの目はつねにあまりにも多くの情報を取り入れるようにできている。が、わたしたちにはうまく見る力も備わっているのだ。それを憶《おぼ》えておいてもらいたい。

見るものが多すぎる

ダフネから調査報告の素材がすべて電子メールで送られてきた時、わたしたちはいきなりボウリング場のどまんなかにテレポートしたようなものだった。正面の入り口をすっとばして、気がついたらレーンのまんなかにどすんと座ったようなものだ。データが右に左に目まぐるしく動き、自分がどこに来たのかもわからず——なにを探すべきなのかも知らず——最初にどこを見たらいいのか、わからなかった。

しかし、わたしたちの視覚系は柔軟で回復力があり、ものごとを理解しようとして懸命に働くようにできている。そこで、わたしたちは積極的に見るプロセスに切り替えた。なにはともあれ、どちらが上かを確定しなくてはならない。座標系を見極め、まっすぐに立つ必要がある。そこで、〈誰／なに（ライバル）〉対〈どれだけの量（収入）〉を示すためのモデルを決定した。

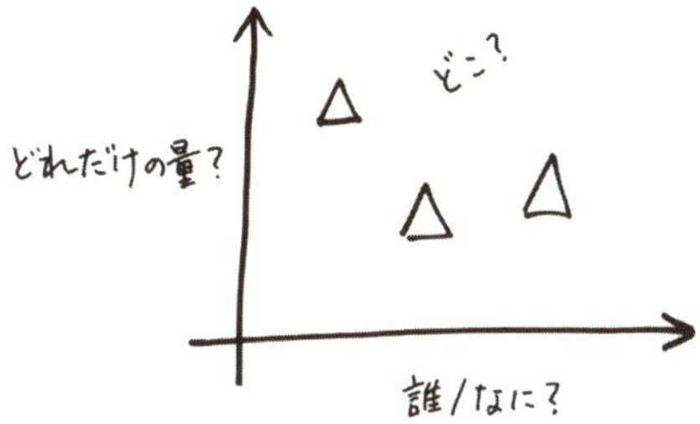

〈誰／なに〉対〈どれだけの量〉という座標系を選び、これをもとに他の詳細なデータ、たとえば〈どこ〉や〈いつ〉などを見る。

つぎに〈位置〉を確認する。わたしたちが定めた座標系のスペースの〈どこ〉にダフネの会社は位置するのか、その尺度を探した。そして〈識別〉だ。わたしたちはデータに目を通し、他者の位置づけをした。こうしてダフネの絵ができあがった。情報は多いままだったが、積極的に見ることで最悪の部分を克服する方法を手に入れた。

見るものが足りない

ダフネの出版社のブランド戦略の絵を完成させてから１年後、有名な科学研究所で広報責任者を務めるケンからコンタクトがあった。どうやらダフネと似たような問題を抱えているようで、財務状況をできるだけよくするために研究所の「ブランド」づくりをしたいという意向だった。投資家になってくれそうな人々のあいだでの知名度をあげる必要もあった。株式を上場するからではなく、連邦政府の補助金制度が変わり、補助金以外の外部からの資金調達の機会を得るためである。

だが、ケンの問題はダフネとは正反対だということが、すぐに明らかになった。ダフネの場合は、見るべきものが多すぎた。ケンは足りなかった。これはそれぞれの組織の自己イメージのちがいが原因だった。片やビジネスで利潤をあげることを目指し、より多くの収入を得る機会を決しておろそかにすることはなかった。片や科学の真実の守護者。実業界に資金源を求めることで利害の対立が起きるのではという不安を抱いていた。その感情があまりにも強いため、わたしたちは闇《やみ》にまぎれて調査を行う必要があるほどだった。資金調達の選択肢を探っていることが研究所の内部に広まれば、科学者が反乱を起こしかねなかったのだ。

またもやボウリング場に投げ込まれてしまった。が、今回は大部分の照明が消された状態である。わたしたちに与えられていたのは研究所の洞察と連邦政府の補助金の報告書。明かりとしてはあまりにも乏《とぼ》しい。外部からの資金調達を考えるのであれば、外部に目を向けて発想する必要がある。ダフネの場合と同じく、まずは座標軸を決めなくてはならない。ふたたび６つのＷを使って問題のフレームワークをはっきりさせた。

- **誰**　似たような組織——科学を基盤とし、自然界を対象とした学究と調査を中心とする組織——と、民間の資金を大量に必要としている組織。
- **どれだけの量**　こうした組織はどれくらいの資金を必要とし、すでにどれだけ得ているのか？
- **どこ**　彼らの資金はどこから来るのか？　科学・自然科学研究の財源全体の景色のどこに彼らは位置しているのか？
- **いつ**　彼らはどの程度ひんぱんに資金を得るのか？　毎週？　毎年？　つねに？

こうしたフレームワークの基準をはっきりさせた上で外部のしかるべき〈誰〉を探した。基準を満たす組織は無数に見つかった——博物館、環境保護組織。〈科学〉〈自然界〉〈資金を必要としている〉という基準を満たす組織である。情報公開法とインターネットの魔法を頼りに、わたしたちはこうした組織について、組織の規模、財政状態、資金源など求める情報の大部分をすみやかに手に入れた。「民間の資金をどのような形で調達できるのか?」というシンプルな問いからスタートし、積極的に見る技術を活用して情報を収集し、自然科学研究の資金調達の風景を視覚でとらえるモデルとして描いた。ざっとこんな具合である。

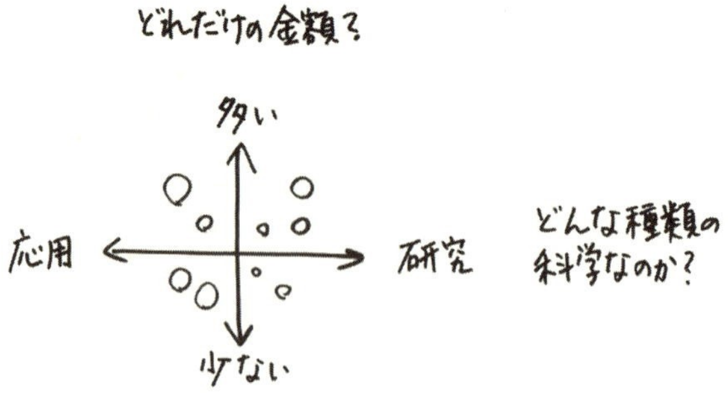

自然科学の研究への資金調達の風景

フレームワークができあがったところで、すでに収集済みの数字を書き入れた。こうして資金調達のあらゆる選択肢の可能性が見えてきた。暗闇のなかでも、積極的に見ることでめざす方向へと進んで行くことができた。

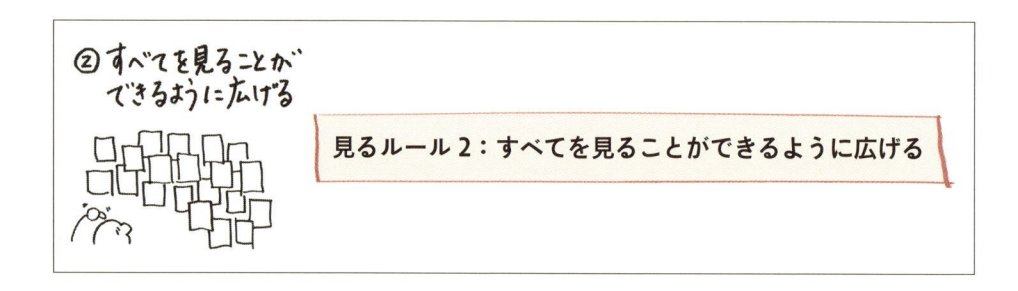

見るルール２：すべてを見ることができるように広げる

収集したものはすべて、よく見ることができるように広げる。これはあまりにも明白すぎて見落とされることが多いのだが、広範囲にわたる情報を効率的に見る最良の方法だ。収集したものをすべて並べ、視線を数回動かすだけですべてが見えるようにする。

ガレージセールの原則：自分たちが持っているものを、どうやって知るのか？

これを「ガレージセールの原則」と呼ぶことにしよう。整理整頓《せいとん》されていたガレージのなかのものをすべてテーブルに広げて日の光のもとで見ると、まったく新しい視点で見ることができる。データについても同じことがいえる。個々のファイルや文書にしまわれた状態では大きな絵として見ることができない。すべてを洗いざらい出してしまうと、これまで見えていなかったつながりが見えてくる。

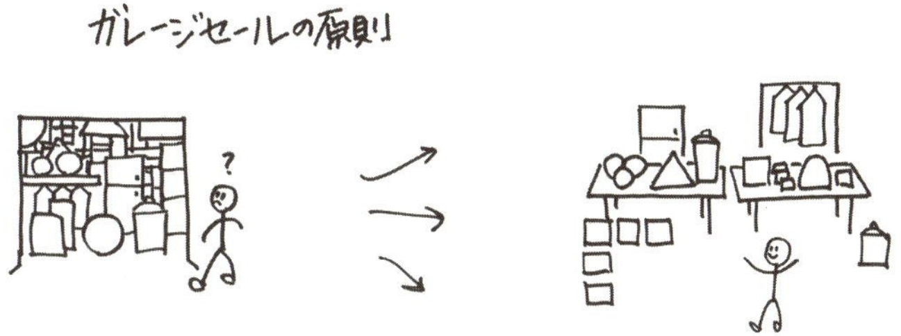

ガレージセールの原則：すべてをいっぺんに見ると、すべてがちがって見えてくる。

2年前、わたしはシリコンバレーのコンピュータ・メーカーの仕事をした。ソフトウェア販売のグローバルな環境の変化に合わせて、この会社のCEOは勇敢な決断を下した。販売のプロセスを逆さまにしようとしたのである。それまでは顧客はシュリンク包装されたソフトを買い、購入後は無料のアップグレードや技術サポートを受けていた。CEOの新しい構想は、ソフトウェアを無料で配布し、顧客はアップグレードとサポートに費用を払うというものだった。「毎月1冊定期購入」のブッククラブ方式から、高額な費用を払って私設図書館を利用する方式に変更するようなものだ。同じ本を読むことができるが、費用の払い方が変わる。

大掛かりな転換だった。〈あらゆること〉を見直す必要があった。ソフトウェアの書き方からサポートのプロセスまで。何万人もの社員がパニックを起こさないように、小規模な「急ごしらえ」の会議がつぎつぎに何百も企画され、この決定を告げることに決まった。

これは大失敗だった。発表者が予定通りに販売方法の改革を口にすると、激しい反応が返ってきたのだ。販売担当者からは「手数料はどうなるのか?」と、技術者たちは「バイナリファイルをどうやって公開するのか?」と。誰もが「わが社はどうかしているんじゃないのか?」と疑問を口にした。

発表者はかろうじて「最後まで話をさせてください。わたしたちは今後そのことをちゃんと説明します。約束します!　いまの時点では、みなさんに全体図をわかってほしいのです!」ということしかできなかった。

問題は、そのような図がどこにもないことだった。ガレージにある物すべてをこれから整理し直す、でも誰もガレージのなかを見ることができない、というようなものだった。実際に見ることができるのは、自分のわずかな数の箱だけ。あまりにも残念なことだった。なぜなら社員へのメッセージは、シンプルでほぼ完全に絵で伝えられるものだったからだ。〈わたしたちがいまやっていることはこれです、未来はこうなります。変えるにあたり、最大のチャレンジはこの部分です〉と。2つあるいは3つの絵で簡単に発表できたはずだった。

しかし、絵はひとつもつくられていなかった。会合は何週間も続けられ、毎回、反応は同じだった。ショック、混乱、そして不安。しまいには、社員は改革に従うか退社するかどちらか、という極端な流れになっていった。今日、同社は改革を実行に移しているさいちゅうだ。新しいプロセスの微調整を行い、市場の反応を見守っている。しかし会合に無駄に費やされた時間と費用を考えると、そしてそこから社員のあいだに広がった不安を思うと、わたしは残念でならない。大きな問題をテーブルに広げて全員に見てもらうだけで、多くの無駄が省けたはずなのだ。

どこに広げれば、みんながそれを見ることができるだろうか？

実際にすべてを広げて見るとなると、相当のスペースが必要となる。部屋が散らかることも覚悟しておかなくてはならない。テーブル、椅子、壁、平らなスペースに広げてすべてを自由に見れば、そこからわたしたちの目はつながりを見つけ出す。すばらしいではないか。

例のロンドン出張の時に在籍していた会社で、ある時クライアントにデザインを発表することになった。プレゼンテーションの前日、わたしはチーム全員にそれまでの資料をすべてプリントするように頼んだ。ノートのスケッチから印刷フォーマットの試作品、最終的なデザインまで。そしてそのすべてを会議室に置くように指示した。翌朝、準備のために早くに部屋に行くと、資料がテーブルからこぼれ落ちそうだった。30分後に受付のスージーがやってきた時には、会議室のすみずみまで紙が敷き詰められるという異常な状況だった。

スージーはおろおろした。わたしたちの上司、ロジャーはきれい好きで知られていた。会議室が散らかっているなど、もってのほかだった。それなのにわたしは足首まで紙に埋もれ、壁にまでべたべた貼《は》っている。それを見て逆上したスージーに対してわたしができたことといえば、手伝ってくれと頼むことくらいだった。

すばらしい１日となった。クライアントが到着すると、驚くべきことが起きたのだ。会議をスタートさせるどころではなかった。部屋に入って来た人たちはすぐに壁のほうに引きつけられ、指をさし、腕を振り、それまで話をしたことのなかったデザイナーとクライアントとのあいだであっという間に会話が始まっていた。みんながすべてを初めてほんとうに見て、そこからすばらしいアイデアが生まれたのだ。

プレゼンテーションのさいちゅう、いつのまにか会議室にロジャーの姿があった。ニコニコしていた。会議後、彼は壁に貼ったものを数日間このままにしておこう、そして社内の他の人間にも見てもらおうと強く主張したのだ。けっきょく最終的なデザインは正式な検討の末に決まったのではなく、２枚の絵から目が離せなかった経理担当者の鋭いコメントが決め手となった。

しかし毎回すべてを広げるための広々としたスペースを用意する必要はない。わたしたちが見るべきデータはたいてい数字であり、たいしてかさばらないからだ。そこで集計表の出番だ。黒ペンの人たちからは、縦の項目と横の項目の交差点に埋もれている数字は「視覚的」と表現するにはふさわしくないという意見が出るかもしれないが、集計表は１枚の〈紙〉に大量のデータを〈広げる〉にはすぐれたツールだ。すべてを見ることができる。そしてひと目で比較ができる。

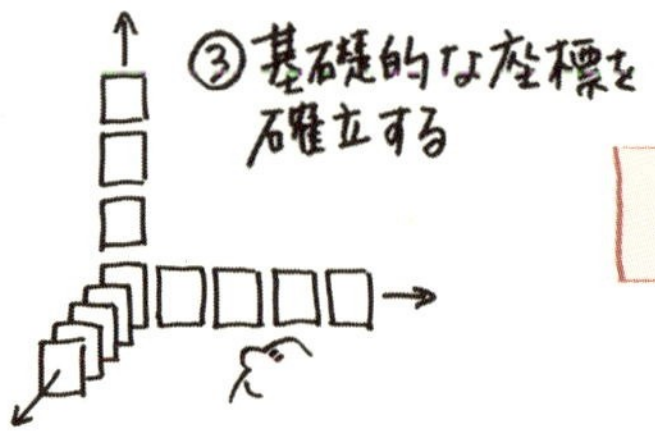
③基礎的な座標を
確立する

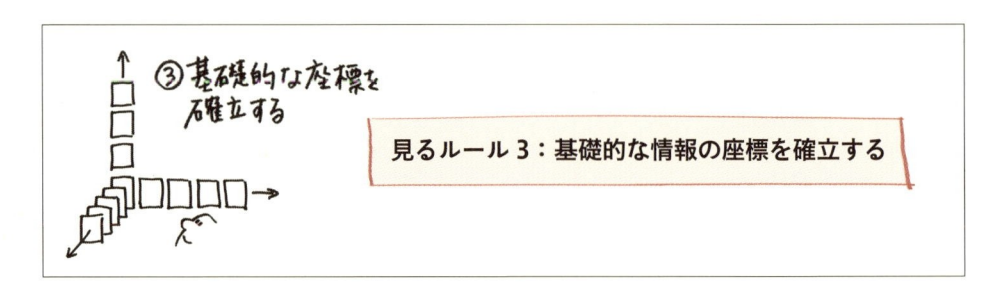

見るルール３：基礎的な情報の座標を確立する

ボウリング場に足を踏み入れた瞬間に頭のなかにボウリング場の立体モデルをつくったのを憶えているだろうか？　即座につくれたのは、わたしたちの目が部屋の基礎的な座標系をただちに見分けることができたからだ。つまり、どちらが上、左、右、前、後ろなのかを把握する。3次元の世界に生きているわたしたちの目はこうした座標を認識する能力に長けていて、長さ、高さ、奥行きといったものに強いのだ。たとえば小さな箱を持っていると想像してみよう。

その箱が占める3次元のスペースをあらわすために、スペース全体をx軸（長さ）、y軸（高さ）、z軸（奥行き）から成る座標系に組み込む。

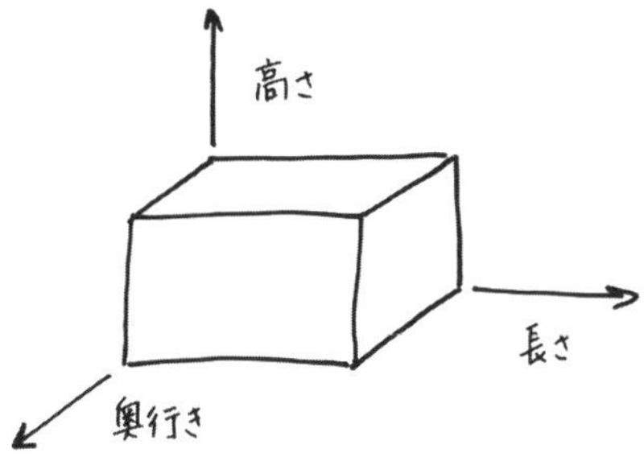

箱には3つの次元がある。長さ、高さ、奥行き

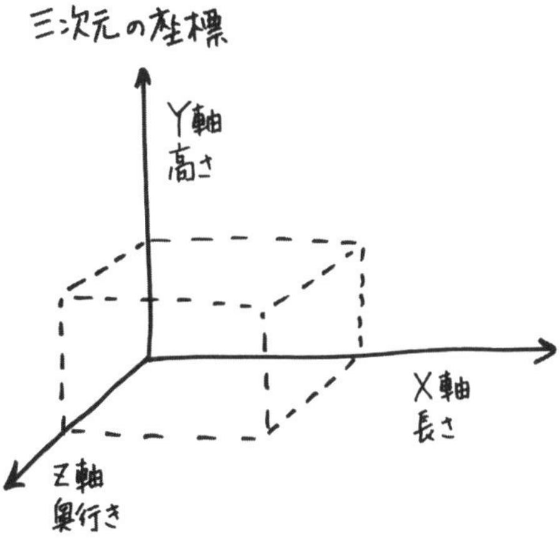

箱を座標系であらわす。それぞれの座標軸をx、y、zと名づける。

この箱がわたしたちがいる部屋だと想定してみよう。内部からでは少々ちがって見えるが、基本的な座標軸は変わらない。目がとらえるのは長さ、高さ、奥行きだ。

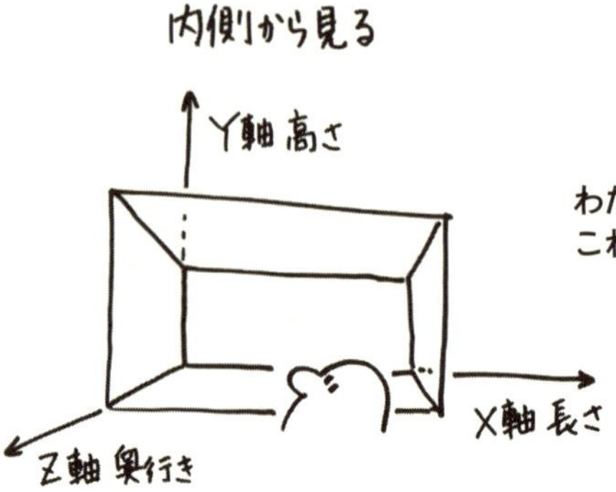

わたしたちがいる部屋はどれも、
これと同じ x 軸、y 軸、z 軸で描ける。

赤ペンの人は、これではかえって混乱してしまうのではないかと考えるかもしれないが、心配ご無用。わたしたちの視覚系は混乱しない。それどころか、これと同じことを——自分の周囲の世界の x 軸、y 軸、z 軸を決める視覚的な手がかりを探す——毎秒百回も行っているのがわたしたちの視覚系なのだ。

どうすればアイデアを見ることができるのか？

3 次元に存在していないものを見るにはなにが必要なのだろうか？　中国の茶葉の価格、ダフネの業界のデータ、ケンの資金調達の情報なども 3 次元には存在しない。座標系を利用して〈アイデア〉の基本的な形を見極めることができるだろうか。

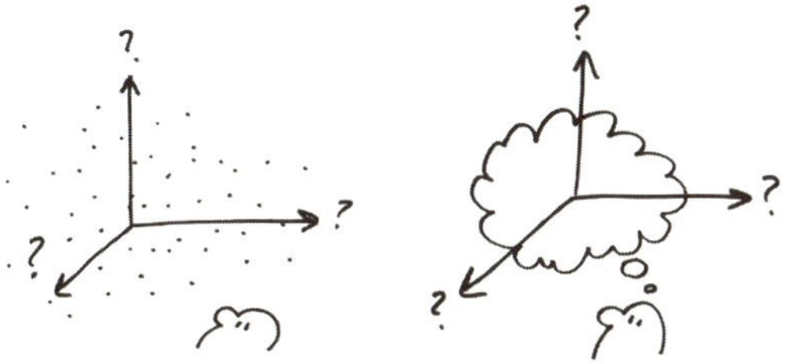

未加工のデータ、情報、アイデアを構成する
座標軸をどのように見つけるのか。

コツは、長さ、高さ、奥行きとは別の座標系を見つけること。では、それはなにか？　あなたはすでに知っているはず。それも、６つも。

新しい座標系といっても、本書ではすでに何度も登場している。そう、〈誰／なに〉〈どれだけの量〉〈いつ〉〈どこ〉〈どのように〉〈なぜ〉という６つのＷだ。

〈誰／なに〉〈どれだけの量〉〈いつ〉〈どこ〉〈どのように〉〈なぜ〉

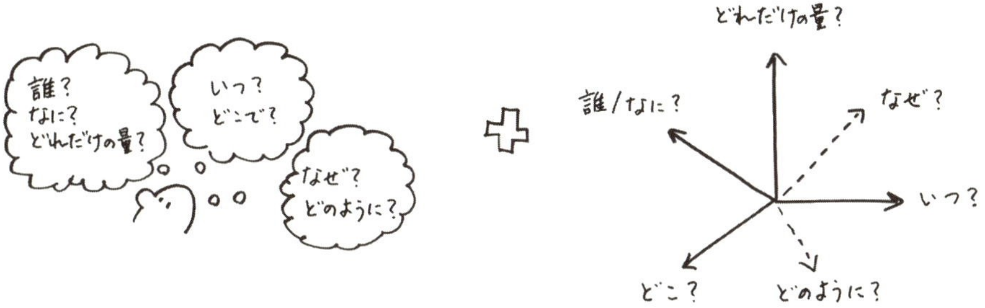

６つのＷは、問題を定義するための問いかけであると同時に、
これから扱うすべての絵の座標系の出発地点である。

もちろん、ここまでは座標系とはとらえていなかっただろう。しかしこれ以後は座標系として利用することになる。

具体的に説明しよう。ダフネのために描いた絵を思い出していただきたい。〈誰〉と〈どれだけの量〉と〈どこ〉を比較したグラフだった。ケンの絵は〈なに〉と〈どれだけの量〉を比べ、それから〈誰〉の構想を練った。

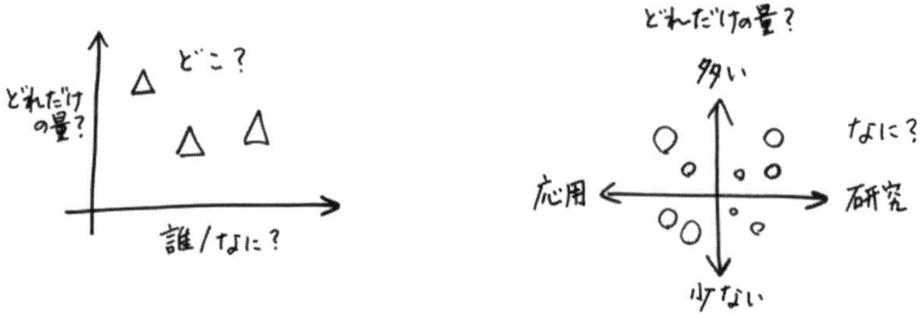

ダフネの絵（左）　〈誰〉と〈どれだけの量〉と〈どこ〉。
ケンの絵　〈なに〉と〈どれだけの量〉。

株価のグラフは〈どれだけの量〉と〈いつ〉を比較したものだ。あるレースの優勝記録の表は〈誰〉と〈いつ〉を比べている。じつは世界地図も、〈どこ〉（北―南）をもうひとつの〈どこ〉（西―東）に加え、そこに〈なに〉（大陸）を加えたものに過ぎない。

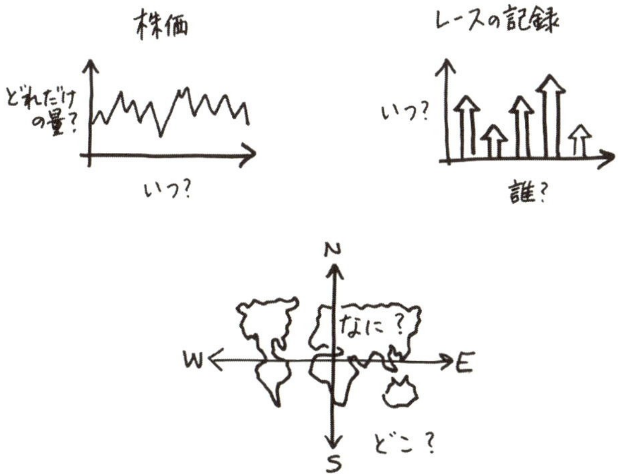

ものごとを説明するための絵のほとんどに、
6つのWを利用することができる。

④「視覚的なトリアージ」を実践する

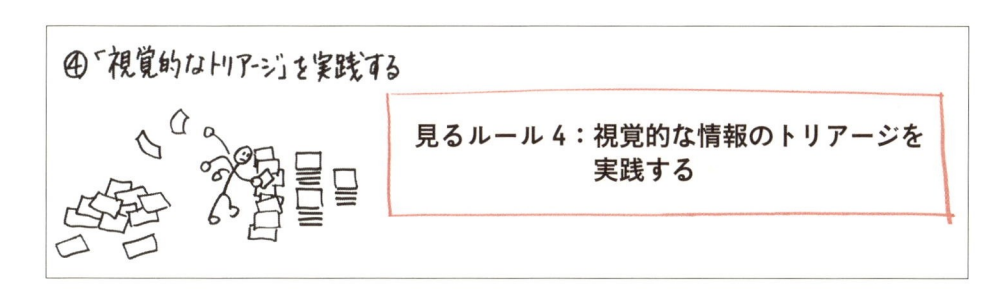

見るルール4：視覚的な情報のトリアージを実践する

『マッシュ』『ER』『パール・ハーバー』など映画やテレビドラマでは救急救命室のシーンが登場する。それを思い浮かべてみよう。大規模な墜落事故、戦闘が起きて負傷者がどんどん担《かつ》ぎ込まれて来る。医師が手当するよりも速いスピードで患者が増えてゆく。この場合、どのように解決されるのだろうか？　ベテラン看護師がカオスのなかに飛び込み、直感と経験に基づいてすばやく判断を下してゆく。生き延びる可能性ありと認められて収容を許される者と、寒さのなかで待つ者が決まる。これは「トリアージ」と呼ばれ、わたしたちの目はしじゅうこの作業を行っている。

なぜかといえば、処理能力が追いつかないほどの膨大な情報を視覚でとらえるからだ。わたしたちの視覚系は正面玄関を通すものを取捨選択しなくてはならない。このプロセスの大部分は謎に包まれている。が、このプロセスのおかげで脳の高度処理センターは恩恵をこうむっている。わたしたちの目は百戦錬磨《れんま》のトリアージ担当の看護師に負けず劣《おと》らず経験的直感を備えているらしい。その直感のおかげで、見るべき重要なものとそうでないものについて、瞬時に判断を下している。

最初になにを見るのか？

この「直感」とはつまり、多くの「低次」の視覚的認知の結果である。最初に視覚で収集した情報に対し、脳の複雑な能力を必要としない反応が起きる。飛行機が飛んでゆくのを見ようとして空を見上げた時に、太陽を見ないように目にぎゅっと力をこめる。これが「低次」の認知のプロセスである。このケースはシンプルな本能的な反応だ。考える前に行動しているので、そのような行動は「予知的な反応」と呼ばれている。それを引き起こすのは感覚を通じて得た情報であり――この場合は太陽の強烈な明るさ――これは「予知の要因」にあたる。

視覚信号が目から入ると、視覚処理センターはほんとうに見る価値のあるものをすみやかに決める。そしてその信号だけを伝え、それ以外は拒絶する。この視覚のトリアージがうまく機能するのは、視覚的な要因が至るところに存在し、考えるまでもなく目がそれを認識するためだ。

自覚のないまま行われる視覚のトリアージ

なぜわたしたちは多くの視覚的な要因をすみやかに認識して処理できるのか、神経科学者と心理学者は進化に注目してその理由を解明した。たとえば、わたしたちが垂直のものと水平のものをうまく識別できるのは、垂直と水平の世界でつねにまっすぐな姿勢を保つため。また陰影と影を解釈する能力がすぐれているのは、太陽の位置をそこから知り上下の感覚を得るためだ。視覚的な質感の微細なちがいに敏感なのは、それで物の輪郭《りんかく》を知ることができるからだ。

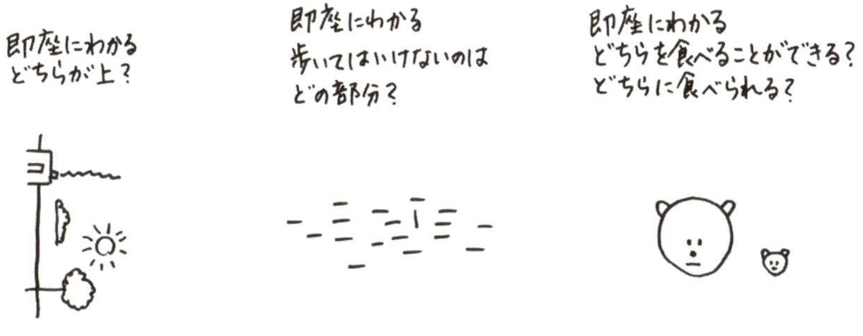
即座にわかる
どちらが上？
即座にわかる
歩いてはいけないのは
どの部分？
即座にわかる
どちらを食べることができる？
どちらに食べられる？

視覚を通じた無意識的な認知は、情報を処理しているということすら自覚しないうちに処理している。

　これについて知っておけば、懸命に理解しようとしなくてもわかる絵（あるいは絵を構成する要素）を知る手がかりとなる。わたしたちのなかで看護師が視覚によるトリアージを行っているとすれば、最小限の負担で最大限の意味をもたらしてくれる視覚信号を取り入れようとするだろう。優先的に取り入れてもらうには、こうした視覚信号を送ればいいということだ。

　ここでのポイントは、反射的に理解する手がかりが絵にたくさん含まれているほど、わたしたちは優先的に視覚から取り入れ、すみやかに処理しようとする。そして「高次」の認知能力を使ったより深い分析の対象とするだろう。つぎの章ではそれについて考えてゆくことにしよう。

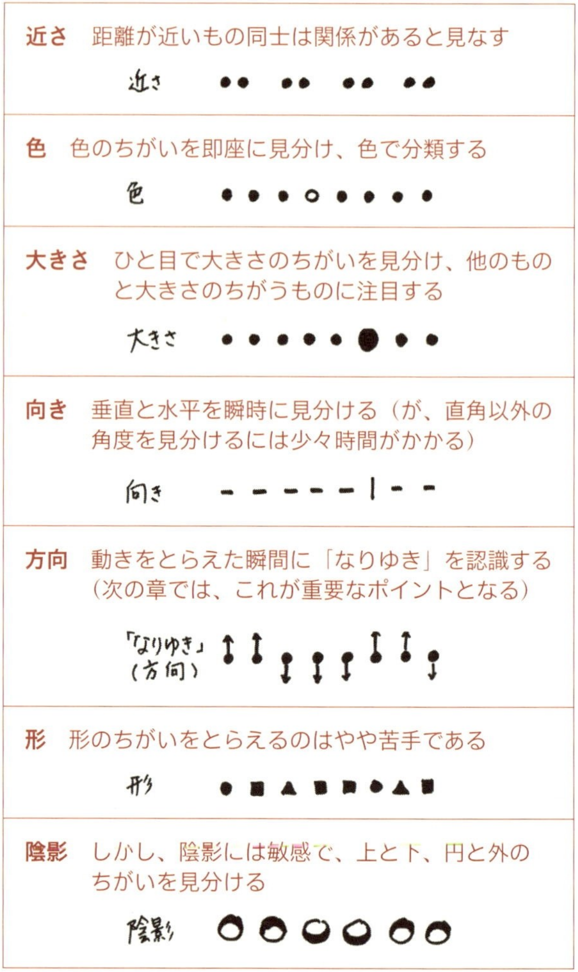

近さ　距離が近いもの同士は関係があると見なす
近さ
色　色のちがいを即座に見分け、色で分類する
色
大きさ　ひと目で大きさのちがいを見分け、他のものと大きさのちがうものに注目する
大きさ
向き　垂直と水平を瞬時に見分ける（が、直角以外の角度を見分けるには少々時間がかかる）
向き
方向　動きをとらえた瞬間に「なりゆき」を認識する（次の章では、これが重要なポイントとなる）
「なりゆき」（方向）
形　形のちがいをとらえるのはやや苦手である
形
陰影　しかし、陰影には敏感で、上と下、円と外のちがいを見分ける
陰影

反射的に認知する視覚的手がかりとして一般的なもの：見るだけの価値があるかどうかを瞬時に決める手がかりとなるもの。

第5章
6つの方法で〈視る〉

目の前にある生《なま》の視覚情報を収集することを〈見る〉と表現するのに対して、〈視る〉時には重要なものを取捨選択している。そのちがいを具体的にあげてみよう。ドライブをしていると想像してほしい。突然、車のエンジンから異常な音があがり、車がガッタンガッタン揺れ出した。あなたは車を停め、エンジンを切る。エンジンは激しく震動し、青い煙を吹いたと思ったら止まってしまった。あなたは車から飛び降りてボンネットをあけ、エンジンルームに身を乗り出して前後、左右へと目を走らせ、すべてを目でとらえる。ホース、排気マニホールド、ケーブル、ワイヤー、フィルター、オイルゲージ、ファンベルト。たくさんのものがある。認識できそうなものもあれば、まったく謎の物体も。なにかが不調だということはわかっているが、なにが不調なのかはわからない。あなたの目はただうろうろと定まらないままだ。〈これが見ている状態〉。

と、あなたの目が左のほうのなにかをとらえる。黒いプラスチック製のふたから太いワイヤーが出ている。パスタ用の鍋からスパゲッティが出ているみたいに何本も。どのワイヤーもエンジンの脇につながっている……1本を除いて。その1本だけがどこにもつながっていないまま、そこに垂れている――他は全部つながっているのに。あなたはこの例外的なパターンに注目する。エンジンについては無知であっても、これは正しい状況ではなさそうだと勘《かん》が働く。エンジンにはそのワイヤーがつながってもよさそうな箇所がひとつある。うーむ……このスパゲッティをあそこにつなげれば問題は解決するのか？〈これが視ている状態〉。

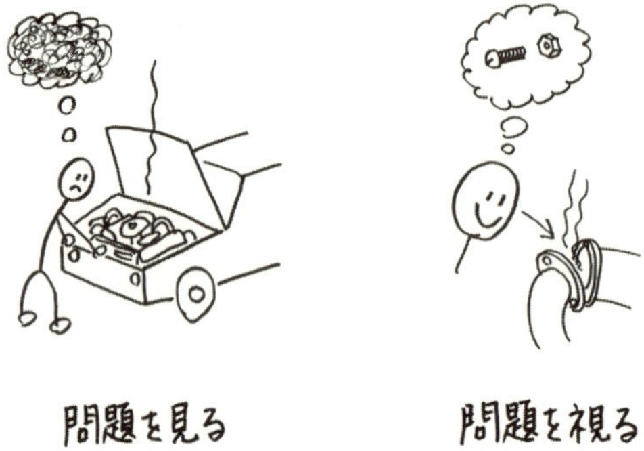

問題を見ることでスタートする。が、〈ただ見ているだけ〉では解決法は出てこない。なにをどうすればいいのかを知るには、なにが壊れているのかを〈視る〉必要がある。

　見ることと視ることのちがいは意味論に留まらない。わたしたちの目そのものがちがうことをしているのだ。そしてどちらも、ビジュアルシンキングという問題解決法には欠かせない。自動車整備の知識に応じて、ボンネットをあけた時になにを見るかはちがってくる。知識が皆無という場合もあるだろう。が、それでもわたしたちの目がなにかの異常をとらえる可能性はじゅうぶんにあるのだ。わたしたちの目は状況からパターンを読み取るのが得意であり、この時にわたしたちは視ているのである。

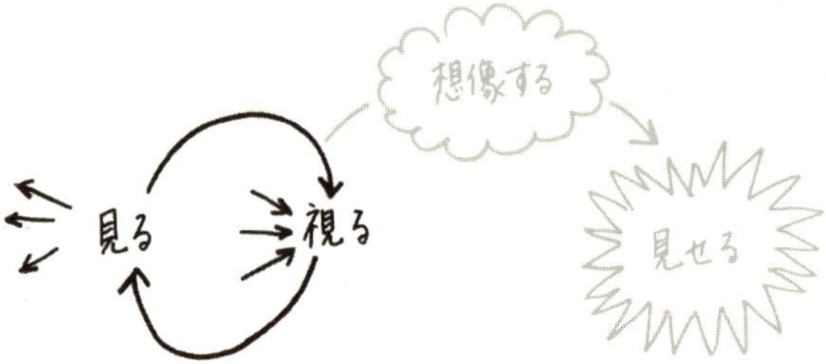

> 視ることは見ることとは対照的な働きだ。視覚的な情報を収集する、つまり広げてゆくプロセスが見ることであるのに対し、視覚的なピースをつなぎ合わせてそこに意味を見出す、つまり狭めてゆくプロセスが視ることである。見ることで収集し、視ることで選択しパターンを特定し、さらには〈問題を認識する〉ところまで到達できる。

問題解決の方法として絵はたいへんな力を発揮する。それは、多くの問題は明確に見ることが難しいためである。絵であらわすことで、それまで見えていなかった側面が見えてくる。ビジュアルシンキングとはうまくいっていない点を片っ端から取り上げるのではなく、見えにくい部分のつながりに注目して問題を解決するというものだ。そのつながりを絵で明確にしていくのである。

全体図を視る

視ることへの理解を深めるために、ここで視覚化の訓練《エクササイズ》をしてみよう。シンプルなイメージを想像し、それに命を吹き込み、イメージは生き生きと動き出す。それを心の目で追うというエクササイズだ。つぎの文を読み、しばし本書から目を離してそこに書かれていることを思い描いてみよう。静かな場所に腰を落ち着けてやってみるのがいいだろう。

わたしが「犬—鳥エクササイズ」と名づけているこのエクササイズはさまざまな方法で視るためのものだ。問題に直面した時に、わたしたちは何通りもの方法でそれを視ることができる。最大で６通り……そう、あの６つのＷがここで登場する。

さあ、静かな場所を見つけて10分間、「犬―鳥エクササイズ」に取り組んでみよう。

犬―鳥エクササイズ

1　親しみを感じる人を思い浮かべる。

視覚化しやすい対象から思い浮かべよう。まずは人間だ。あなたが親しみを感じる誰かを、思い描いてみよう。直接の知り合いで、その人のことを考えるだけでほっとするような相手を。わが子でも、配偶者でもいい。独身ならばボーイフレンドかガールフレンド。もちろん親友でも誰でもいい。その人のことを思うとほっとするというところがキーポイントだ。

そういう人物をふつうに目で見るように心の目で見る。ただし顔の細かい造作や服装まではっきりさせる必要はない。相手の名前から浮かぶイメージを確かめる。

2　大好きな犬を思い浮かべる。

いま思い描いた人物のイメージはいったん脇に置き、今度は大好きな犬を思い浮かべてみよう。初めて飼った犬、あるいはいま飼っている犬について具体的に。飼ったことがないという人は、名犬ラッシーのことを考えるだけでいい。「犬」について標準的なイメージをつくりあげることができただろうか。

3　ベビーカーを押している人物を思い浮かべる。

さらに人物を思い浮かべてみよう。今度はベビーカーを押しているカップルを。ただし、そのカップルも赤ちゃんもベビーカーも、細かいところまで思い描く必要はない。2人の人物がベビーカーを押している様子をおおまかに思い浮かべる。それができたらいったん脇に置き、最後にもうひとつ、イメージを思い浮かべよう。

4　鳥を思い浮かべる。

最後に鳥を思い浮かべてみよう。カモメ、ワシ、カラス、コマドリ、ペリカン……鳥の名前をいって、頭にひらめいた姿を。うまく思い浮かべることができただろうか？

さて、これでキャラクターが出そろった。

- あなたをほっとさせてくれる人物
- 大好きな犬
- ベビーカーを押すカップル
- 鳥

5　戸外を思い浮かべる。**ベンチがひとつある**。**そこに座るところを想像する**。

短いシーンを想像してみよう。あなたはお気に入りの公園にいる。ベンチに座り、人が行き交う様子をのんびりと眺めている。わたしがよく思い浮かべるのは、サンフランシスコのマリナグリーンだ。サンフランシスコ湾を望む草地に砂の小道が走りゴールデンゲートブリッジが海を縁取る光景は、地上の楽園のようだ。あなただけの場所を思い描いて、そこでベンチに座ろう。

6　風景全体を見る。

さあ、この場面にさきほど思い浮かべたキャラクターを置いてみよう。まず、座っているあなたのほんの少し前方に親しい人物、たとえば友人がいる。犬を鎖《くさり》でつないで散歩させている。反対方向からベビーカーを押すカップルがやってくる。ベビーカーの向こう側の芝生には鳥がいる。

そのまま眺めていよう。あなたの友人は犬を撫《な》でてやり、犬は土をクンクンと嗅《か》ぎ、カップルはそのままゆっくりとした足取りでベビーカーを押し、鳥は地面をつついている、といった光景を——ささやかなことがたくさん起きている光景をありありと思い浮かべてみる。

それから……こんな展開はどうだろう？　犬が鳥に気づいた。足を止め、鳥に視線を向け、空気をクンクンと嗅ぐ。それから？　犬は鳥のほうに近づくだろうか？　あなたの友人は鳥を見ているだろうか？　カップルはそのままベビーカーを押して歩いているだろうか？　犬がいきなり駆け出すだろうか？　犬をつないだ鎖はぴんと張るだろうか？　じっと目を凝《こ》らし、なにが起きるのかを視よう。

数秒間経ったところで場面を止めよう。ゲームオーバーだ。思い浮かべた場面をそのままの状態で止めてみる。なにがどうして、どこがどうなっているのかを、そのままの状態でストップさせる。ここからはいま思い浮かべた場面について考えてみる。その前に、ひとつ質問がある。鳥はまだ地上にいるだろうか、それとも飛んでいってしまっただろうか？

こたえを考えるにあたり、いましがた起きたことをふり返ってみよう。シンプルなイメージで構成したこのシーンは、視るということについてのいわば縮尺模型だ。意識的につくりあげた完全に人工的な場面だが、視ることに関する基本的な心の働きとメカニズムを解き明かすにはじゅうぶんだ。

このエクササイズを目を開いたままやっても、目を閉じてやっても、簡単に思えても難しく感じても、とにかくわたしたちはたっぷり〈視た〉。エクササイズのなかでは視覚系を通じてたくさんのことが起きた。その多くは同時に目に入っている。また、ほぼ同時に目でとらえていたこともあれば、始まりから終わりまでずっと目に入っていたこともある。視る方法には、おおまかにつぎの６通りがある。

1　わたしたちは対象を視る——〈誰〉と〈なに〉

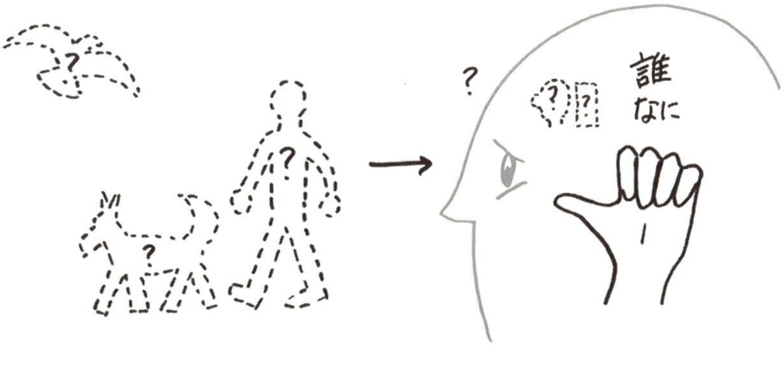

この場面を思い描いて早々、わたしたちは複数の〈対象〉を視た。友人、犬、鳥、ベンチ。初めて見る対象ではなく、すべてに名前があり、視覚的に区別がつく。たとえば犬とベビーカーを見分けるのに時間がかかった、などという人はいないだろう。

思い描いたイメージにはその他にもたくさんの対象が含まれていたかもしれない。木々、水、草、雲、他の人間、他の犬など意図的に思い浮かべたものではなくても、そうした光景に似つかわしいものであれば、なにがあっても不思議ではない。

わたしたちはこうした対象の計測可能な部分と計量可能な特徴を視ることで、その存在を認識する。自覚しているかどうかは別として、わたしたちは友人の顔を特徴づけるサイズ、比率、配置など無数の寸法を記憶のなかから蘇《よみがえ》らせ、相手がその人物だとわかる。大脳新皮質にはそのような寸法が無数に蓄《たくわ》えられており、友人の顔の視覚的な特徴はコンパクトにまとめられてすぐに取り出して心の目で見られるようになっている[*]。犬の場合も同様だ。大きさ、色、毛の長さなどに関してわたしたちが選んだ品種にふさわしい視覚的な特徴を備えている。ベビーカーは曲線的あるいは角張った形、色はピンクかオレンジかブルー。鳥は白、黒、青、長い首、短い首など視覚的な特徴を示すリストは果てしない。その対象を視て、記憶のなかにあるサイズと特徴にぴったり合致すると、〈誰〉なのか、〈なに〉なのかを認識する。その点が重要なのである。

---

*6つの方法で視る仕組みについてさらに神経生物学と科学の面から知りたい方は、巻末の付録A「ビジュアルシンキングの科学」を参照していただきたい。

2　量を視る――〈量〉と〈数〉

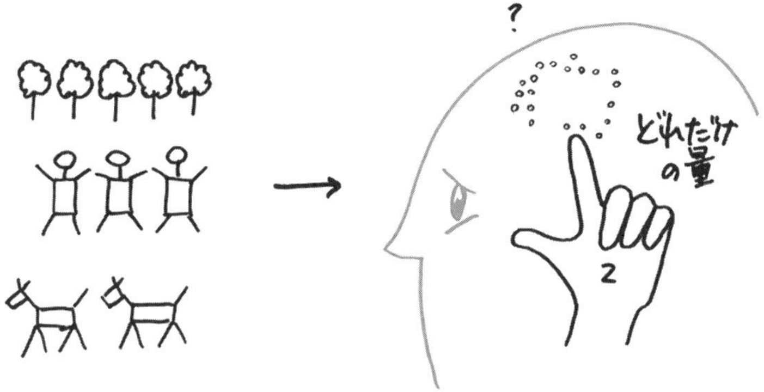

わたしたちは視覚的に対象を特定すると同時に、数も視ている。犬は１匹、鳥は１羽、少なくとも３人の人間を視た。ベビーカーには車輪が４つ。鳥には翼が２枚、犬には足が４本、そして木はいったい何本あることか。公園にいるあなたは、本数の多さに音《ね》を上げて数えるのを断念するだろう。

このような〈量〉と〈数〉も、わたしたちはほぼ瞬間的に認識する。ここでも対象に関する数字と対象そのものを混同することはない。たとえば「４本」と「犬の足」を取りちがえることはない。重要なのは、わたしたちは複数のものを同時に難なく視るということ。また、対象に関する量を造作なく視ることができる。そして質の詳細にひっかかることもなく、どれだけあるのかを視ることもできる。

これで視ることに関して、対象〈誰／なに〉と量〈どれだけたくさん、どれだけの数〉という２つの明確な方法を学んだ。

3　スペースのなかでの位置を視る──〈どこ〉

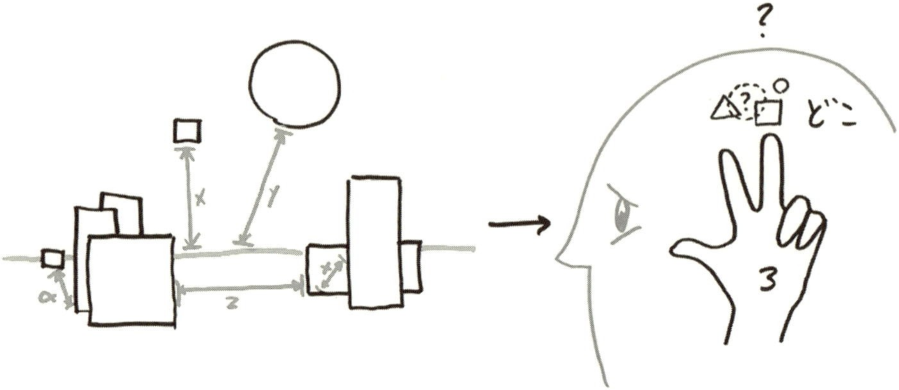

さて、わたしたちの視覚系の第三の部分は、対象と数量がどこに存在しているのかについても、わたしたちがいる場所と、そして対象同士の場所と関連づけながら注目している。たとえば友人は自分の右側のおよそ６メートル先にいる、犬は友人の脚の高さくらいで少し向こうにいる、ベビーカーは左側の少し離れた場所に、そしてそこから６〜９メートル先に鳥がいるのを視る。

また、対象はどれも接地していることも視ている。同じ水平面に接触している対象のうち、どれがいちばん近いのか、そのつぎはどれなのかをやすやすと見極め、対象同士の距離も見積もることができる。

スペースのなかでの対象の位置を瞬時に認識することと、同時に対象そのものを認識することとはまったく別だ。自分のいちばんそばにいる人物は友人かもしれないが、そばにいることと友人であることは無関係だ。スペースのなかで他の対象よりも遠くに位置していても、友人であることには変わりない。同様に、犬と鳥のあいだに距離があるという事実は、片方が鳥でもう片方は鳥ではないという事実に影響を及ぼさない。

わたしたちは、同時に複数の〈誰〉を難なく視るいっぽうで、〈どこ〉にいるのかも視ることができる。これは学問的に興味深いのはもちろん、実際に神経学的にわたしたちはそのように配線されている。ここ数年の神経学の研究で、わたしたちの脳の視覚系には2種類の経路があり、いっぽうは対象の位置の特定、もういっぽうは対象そのものの特定という、ひじょうに異なる働きを担っていることが明らかになった。

第一の経路には「どこ経路」という一目瞭然の（そしてありがたいことに非科学的な）名前がついている。これは空間のなかの自分の位置と自分の周囲の対象の位置を視覚的に決定することに関与している脳の部位だ。この視覚処理の大部分は、は虫《ちゆう》類脳あるいは脳幹《のうかん》と呼ばれる原始的な部分で行われ、自分が〈なに〉を見ているのかも知らない、まったく意識していない段階——前の章で取り上げた予知的な反応のケース——で処理されてしまう。

第二の経路は「なに経路」というこれまたわかりやすい名前だ。こちらは脳のもっと外側の層の、進化的により新しい大脳新皮質という場所の視覚処理センターだ。なに経路はその名の通りものを特定し、名前をつけるという仕事をしている[*]。

＊〈どこ〉と〈なに〉の視覚的な処理の部位がなぜ脳の離れた場所で行われているのか、そして神経生物学的な進化のなかでなぜ数百万年も離れているのかについては諸説ある。巻末の付録A「ビジュアルシンキングの科学」を参照いただきたい。

ここまで視る方法について3種類説明した。〈誰／なに〉〈どれだけの量〉〈どこ〉の3つの方法はそれぞれ独立しているが、互いに関係し合っている。これで半分だが、〈視る方法〉が6つのWにぴったり対応していることがおわかりいただけたと思う。残る3つも同じように対応しているが、少々ちがいがある。最初の3つの方法は瞬間的なものだが、つぎの3つは、時間の経過がかかわってくる。

4　わたしたちは時間のなかでの位置を視る――〈いつ〉

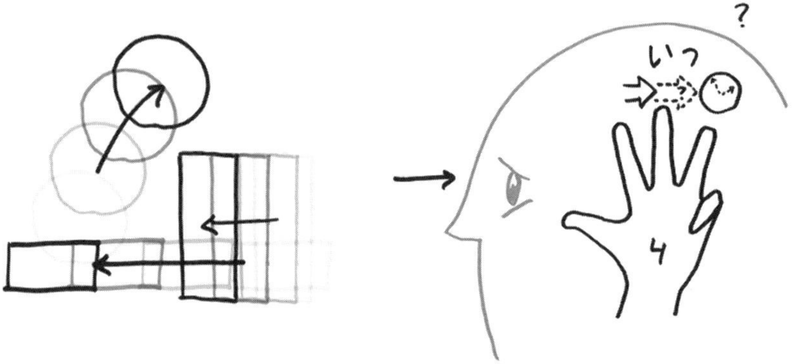

さきほど思い浮かべた場面を展開させてゆくにつれて、わたしたちが設定したキャラクターと対象はそれぞれ動いた。友人は少し歩き、犬は飛び跳ね、鳥は飛び去ってしまうかもしれない。なぜそれを知ることができるのか。それは視覚系のさまざまな部分が自分は〈なに〉を視ているのか、〈どれだけの量〉があるのか、〈どこ〉にあるのかに取り組むいっぽうで、他の部分（あるいは、おそらく、他の複数の部分――これは神経学的にどのように起きているのか、誰も正確にはわからない）が

対象を追い続け、時間とともにどう動いてどういう位置に到達しているのかに注目しているからだ。たとえばベビーカーはエクササイズの最初と最後とでは、別の場所にいた。2分間のエクササイズのあいだに、位置が変わっていた。だが、わたしたちの目はそれが同一のベビーカーであるかどうか疑問視しない。ある時点で〈ここ〉にあり、別の時点では〈そこ〉にあったからといって、別のものだとはとらえない。同じベビーカーだとわかるのは、時が過ぎゆくのをわたしたちが文字通り見ていたからである。

さらに数分間観察を続ければ、ベビーカーの見え方が変わってゆくのを視ることになるはずだ。遠くに行くに従ってベビーカーは小さくなるだろう。アングルが変われば、形そのものが変わるはず。そして、果てしなく長時間観察していれば、ペイントされた色は日の光を浴びて褪《あ》せてゆくかもしれない。しかし長く観察を続けたとしても——その場面に留まる限り——依然としてそれは〈同じ〉ベビーカーであるとわかる。

〈いつ〉を視ることは、これまでに取り上げた3つの方法とは異なる。〈誰／なに〉〈どれだけの量〉〈どこ〉は瞬時に視ることができるが、〈いつ〉となると、ある一定の時間の経過が必要だ。そんなことはあたりまえだ、と思うかもしれない。が、時間の経過とともに変わるものを視て描く際には、この点は重要だ。わたしたちは対象、数字、空間位置について瞬間的に視覚を通じて判断を下すことができる（そして判断を下すこともよくある）が、ものごとがどのように変化するか、となると即座には判断できない。〈いつ〉を視るには、2つ以上の時点を視る必要がある——〈前〉と〈後〉、〈いま〉と〈さっき〉、〈昨日〉と〈今日〉など。

5　影響と原因と効果を視る――〈どのように〉

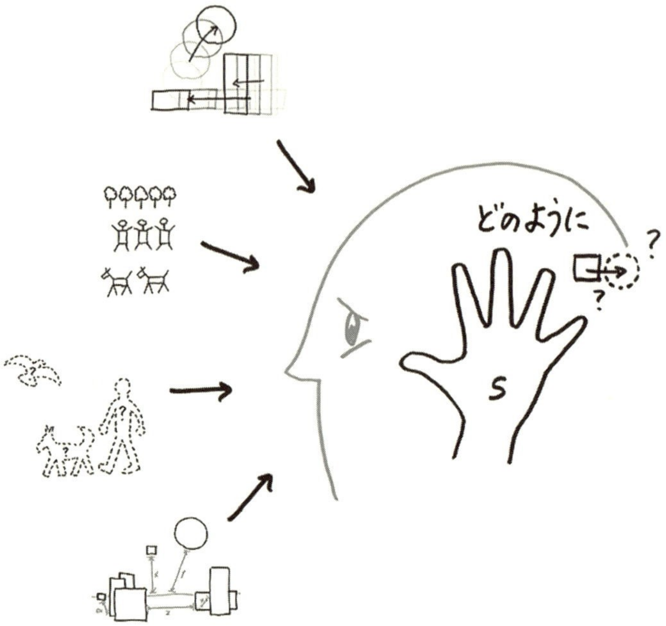

ここまで紹介した4つの視る方法はおおむね独立していた。わたしたちは〈誰〉と〈なに〉を〈どこ〉と〈いつ〉から切り離して視て処理する。エクササイズで思い描いた場面は時間の経過とともに展開し、人物、動物、対象は空間内での位置を変えてゆく。それを眺め関連してゆくできごとを視ていると、ひとつひとつのことが互いに与えるインパクトを視ることができるようになるのだ。いいかえると、〈どのように〉を視ることになる。友人の犬が鳥に飛びかかっていった

としたら、そこでなにかが起きている可能性がある。おそらく友人は鎖を引き、犬を自分に寄せるだろう。逆に犬は友人を前のほうに引っ張るかもしれない。犬は逃げ出し、友人はかっとなるかもしれない。

なにが起きたとしても、わたしたちはそこに原因と結果を視る。犬がなにかをする（走る、吠《ほ》える、飛び跳ねる）。それに対しわたしの友人がなにかする（転ぶ、犬に向かって叫ぶ、もっと遠くに飛び退《の》く）。わたしたちの目はこのすべてを視て、過去に目にした同様の場面での原因と結果から導き出した予想と照らし合わせ、つじつまがあっていると感じる。犬がいきなり翼を生やして飛んで行った、あるいは友人が公園の向こう側にテレポーテーションした、といった予想外のことが起きれば、わたしたちの目はとても驚き、つじつまの合わない世界を見直す必要に迫られるだろう。

〈いつ〉と同じく、〈どのように〉を視るにも時間の経過が必要だ。ささやかな原因と結果を目でとらえなくてはならないからだ。ただ、他の方法とはちがい、〈どのように〉は一目瞭然ではない。〈どのように〉の場合、たいていは〈誰／なに〉〈どれだけの量〉〈どこ〉〈いつ〉がすべてかかわっている。具体的には最初の4つのWを原材料として、それを組み立てることでわたしたちはものごとが〈どのように〉起きるのかを視る。

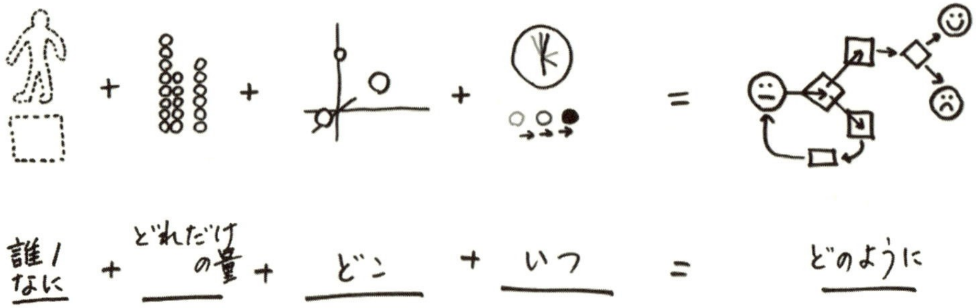

わたしたちの目は最初の4つのWの相互作用を観察して、〈どのように〉を視覚的に推測する。

つまり、これまで取り上げてきた5つの方法のうち、もっとも難しいのは〈どのように〉を視ることだ。瞬時に視ることはできない。材料となるWの少なくとも2つ以上を視なくてはならない（そしてそれを視覚的に結びつけなくてはならない）。これを現実の問題解決に適用する場合について、これから繰り返し取り上げてゆくが、まずはもうひとつの視る方法について紹介しよう。

6　すべてを視る。この場面からなにかを「知る」——〈なぜ〉

さきほどの簡単なエクササイズから、わたしたちはたくさんのことを視た。友人、犬、ベビーカー、鳥、対象、位置、場所、時間の経過とともに起きる変化、影響、原因と結果を。対象を視て、それぞれの特徴と数を視た。位置と大きさも視た。時間の経過とともに起きる無数の変化を追跡し、それらのあいだの相互作用を視た。やがてわたしたちはそこからなにかを知る。つまり〈なぜ〉に到達するのだ。

ささやかな一場面だけからでは、犬が近づいてなぜ鳥が飛んでいくのかいかないのか、鎖につながれた犬がなぜベビーカーに突っ込んでいかないのかは正確にはわからない。が、すでに視たことをもとに推測するのは自由だ。そうした推測があたっているのかあたっていないのかは、同様のシーンを何度も観察し、どのような結末になるのかを視ることでしか判断できない。

じつはわたしたちの視覚系というのはじつにすばらしく、推測があたっている可能性がある。目覚めている時には、わたしたちはつねに「犬―鳥エクササイズ」をしているようなものだ。〈誰〉〈なに〉〈どこ〉といったものを追い続けているわけだが、しくじることはめったにない。これはじつに驚くべきことだ。誰かあるいはなにかを特定するのをまちがってしまった、空間のなかで複数対象の位置を混同してしまった、時間の流れを逆にとらえてしまった、などという事態はそうそう起こらない。そういう事態が皆無、とはいわない。ただそのようなまちがいに気づかずにはおれないのである。まちがったままでは自分が知っていることに矛盾し、〈なぜ〉が成り立たなくなるからだ。

鳥はどうなったか？

6つの方法で視るためのエクササイズはこれでお終《しま》いだが、ひとつだけ、鳥の問題が残っていた。「鳥はまだ地上にいるだろうか、それとも飛んでいってしまっただろうか？」とわたしは問いかけた。あなたが想像した鳥が最後にどこにいたのか、わたしには見当がつかない。が、これまで何百人もの人を対象として「犬―鳥エクササイズ」を行った結果、この問いかけに対するこたえはつねに2対1に分かれる。エクササイズの参加者の3分の2は鳥が飛んで行ったとこたえる――犬をこわがって、という理由がほとんどだ。残りの3分の1はまだ地上にいるとこたえる――鳥が犬に気づく前にエクササイズが終わったから、あるいは鳥は犬よりも身体が大きく、朝食がわりにぺろりと食べてしまうくらい平気、といった理由から。

あなたの鳥が最後にどこにいたとしても、エクササイズが教えてくれることは変わらない。なぜあることが起きたのかについて、自分が視たものだけを基盤として論理的に話し合うことができる。その際、主張を裏づけるのが６つのＷなのである。鳥が飛び去ったと考える人も、飛び去っていないと考える人も、この場面の〈誰〉〈なに〉〈どこ〉〈いつ〉を視て〈どのように〉と〈なぜ〉を理解し、迷うことなく説明できる。

6つの方法を活用する

６つのＷで問題を〈視る〉とは、ちょうど目と心で自然に世界をとらえるようなものだ。問題を、６つの独立した、しかも互いに関連し合う要素から成るものとして視ることで、解決のための手がかりを得る。これは直感に忠実で（目で視る方法に対応しているので）、効果的（大きな対象に取りかかるよりも、より小さな対象に分けて取り扱うほうが容易なので）なアプローチ法といえる。

チョコレート戦争

ある問題を明確に視るには、意識的に６つのＷを探るのが早道だ。数年前にわたしは、世界最大規模のオンライン・ストアの研修および能力開発部門のマネジャー、ライラと仕事をした。彼女は創業時からの社員で、会社の成長とともに同僚が20人から1000人を超えるのを視てきた。研修部長という仕事柄、ライラは全員を知っていた。〈誰〉〈なに〉〈どこ〉〈いつ〉〈なぜ〉について彼女は知り抜いていた。5年間働いてきたライラは会社にとってかけがえのない資産であり、社員全員を知る唯一の人物であった。経営者側にとってどうしても手放したくない人材だ。

ある日、ヘッドハンターから電話がかかってきた。ヘッドハンターがライラに提示した条件は、いまの会社の経営陣がとうてい太刀打《たちう》ちできないほどの破格のものだった。国内でもっとも評価の高いチョコレートのメーカーが企業戦略を変更して成長モードに切り替えた。アメリカ人の嗜好《しこう》が洗練されて高級チョコレートの売上がアップし、これまでの地域密着型の小規模な店舗から全米チェーンへの展開に切り替えるには絶好のチャンスと考えたのである。スピードは必要だが、質を犠牲にすることなく成長をめざすというのが、同社の経営陣の考えだった。

同社は新しい店舗のオープンにかかわる全員を対象として——マネジャーからチョコレート製造担当者、レジ係まで——品質重視を中心に据えた研修を数多く行う必要に迫られた。そのために、急成長を遂げる組織での経験豊富な人材を研修担当のマネジャーとして求めていた。そこでライラに白羽の矢が立った。ヘッドハンティングをきっかけに自分のなかの転身願望に気づいたライラは、誘いに応じることにした。

新しいチームのメンバーと初めて会ったライラは、彼らの経験と献身的な働きぶりに圧倒された。大半の社員は長年にわたって同社に勤務し、ものごとの仕組みを知り抜いていた。これはライラには好都合だった。新しい研修プログラムを整える際、あらためて社内の考えをまとめる必要がない。だが、同時にこれは少々不都合でもあった。社員はあまりにも長く同じ視点でものごとを見ていたため、新鮮な目で視ることができなくなっていた。

これまで研修に使ってきた資料のサンプルをライラが要請すると、何十ものバインダーに納められた何百もの書類が集まった。そのひとつひとつに暗号のような名前がついていた。LLTv.12、CTFS&C2005、ISMTLvl2（SM）（リーダーがリードする研修、スタッフと顧客のチョコレート・テイスティング、シフトマネジャーのためのインストア・マネジメント研修）。耳慣れない言葉を説明する資料が欲しいと要求すると、さらに数十の書類が集まった。カレンダー、スケジュール表、組織構造図、職種表、研修場所、達成目標のリスト、試験結果の要約など。

チームのメンバーはライラがなにを要求しているのか「理解」できなかった。これでは彼女は欲しいものを「手に入れる」ことができない。ちょうど、車のボンネットのなかを見ても手がかりとなるものはなにひとつ視えていない状態だ。ピースの数が多すぎて、そのなかからパターンを見つけ出す手がかりとなる視覚的なつながりが視えてこない。もちろん、チームのメンバーはライラの言葉を受け止めてはいる。ライラからの要請すべてに、迅速に、自信をもって対応している。「リーダー補佐研修の12回目の出席者は？」とたずねれば、「新規雇用された者のうち、カカオ豆の基本研修を修了し、顧客テイスティング・マネジメントの資格をまだ取得していない者です」と声をそろえてこたえた。

ライラはいらだった。メンバーはいずれも研修プログラムを熟知していた。おかげで、「知らない」状態が理解できなくなっていたのだ。自分たちが中心となってカリキュラムをつくってきたので、統合されたひとつのプログラムとしてしかとらえていなかった――これでは到底ライラには理解できない。ライラ自身、熟練のトレーナーだったので、いちがいにチームのメンバーを責めるわけにはいかないとわかっていた。彼らはすべてを知っていたが、それを伝えることができない。ライラはなにも特定できず、なにも視ることができなかった。

選択肢は3つあった。ライラがすべての苦痛に耐える（すべての研修に自ら出席する一最短で18週間、ふつうは5年以上かかる）。チームにすべての苦痛を耐えてもらう（1時間で説明できるように資料をつくり直してから出直してもらう）。全員で苦痛に耐える。

ライラは全員で苦痛に耐える道を選んだ。そうしてわたしが呼ばれたというわけだ。ライラの希望は、ホワイトボードを使ったセッションだった。メンバー全員が研修資料を持ち寄り、おたがいの資料とのつながりを丹念に探り、すべてをピースに分解して目で見て理解できるように配置し直したいと望んでいた。ライラは1日がかりの「ブレーンストーミング・セッション」ではなく、絵を活用して苦痛を最小限に抑える方法を希望した。

わたしの提案は、チームのメンバーとともにすべてを広げ、ひとつひとつのピースを検証してチョコレートの研修プロセスを6つのWに照らし合わせながら〈視る〉というものだった。

1　目の前のすべての素材をひと通り見る。研修の〈誰〉と〈なに〉を視ようとわたしは提案した。

- 〈誰〉が研修を受けるのか、そして〈誰〉が研修を行うのか。
- 教えられる内容、用意される講座は〈なに〉か。

2　〈どれだけの量〉と〈どれだけ多く〉を視る。

- 〈どれだけの〉講座を受けることが求められるのか、〈どれだけの時間〉

がかかるのか。

- 〈何人〉がそれぞれの講座に参加できるのか、〈何人〉の講師が必要なのか。

3 〈どこ〉を視る。

- 地理的に講座は〈どこ〉で行われるのか。店舗内か、研修施設か、自宅か。
- コンセプトとして、講座は〈どこ〉で重なり合うのか。中身、構造、参加者それぞれについて。

4 〈いつ〉を視る。

- 講座は〈いつ〉行われるのか。
- 〈どんな順番〉で行われる必要があるのか。

5 〈どのように〉を視る。

- ひとつの講座は別の講座に〈どのように〉関係しているのか。関係のある講座は〈どのように〉組み合わされるのか。
- 講座では〈どのように〉講義されるのか。1対1、グループ、オンライン上で、など。
- 講座は〈どのように〉活かされるのか。つぎに進む準備が整ったことを〈どのように〉知るのか。

6　〈なぜ〉を視る。

- 研修は〈なぜ〉必要なのか。〈なぜ〉努力するのか。
- 〈なぜ〉評価をつけるのか、〈なぜ〉テストするのか、〈なぜ〉やり通すのか。

つぎにわたしは、こうしたことを〈視る〉際に、ホワイトボードに６つのＷのカテゴリーに従ってそれを描いていくことを提案した。ライラはその提案を名案と受け止め、わたしにもぜひ参加してほしいといった。わたしが話し合いの場に到着した時には、ホワイトボードにはつぎのように描かれていた。

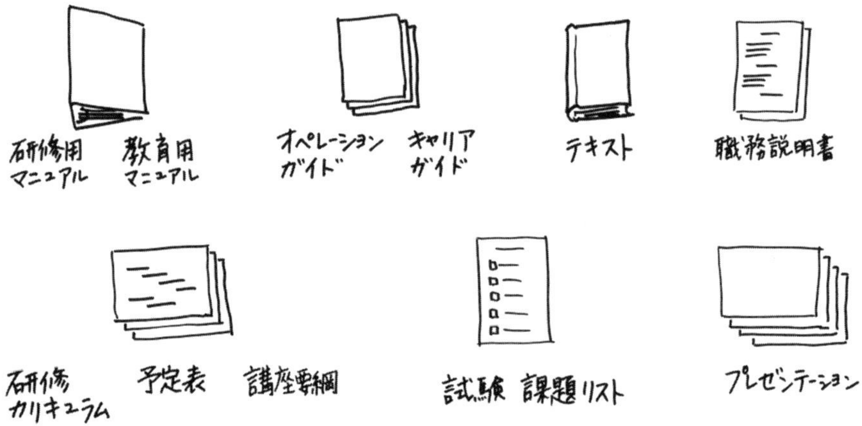

6つのWでチョコレートの研修プロセスを視る

わたしたちは研修資料に目を通し、まずはそこにかかわる人を視た。職務、役職、地位などが出てくるたびに記録した。項目がひじょうに細かく分かれていたので組織の構造に対応してまとめた。これはうまい滑り出しとなった。組織の構造についてそこにいた全員が理解していたので、基本づくりにはもってこいだったのである。

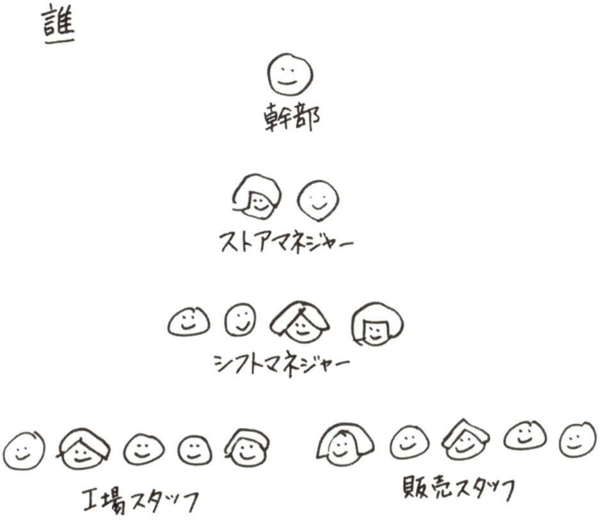

つぎに、教えられている内容について書かれているものを探した。これは少したいへんだった。こちらの問題はリストの項目の多さではなく、講座によって記述のしかたがまちまちだったことだ。講師が要約したもの、資料、成果をまとめ

たもの、とさまざまだった。短い話し合いの末、具体的に〈なに〉が教えられたのかを示すリストを自分たちでつくることにした。すると、自然にカテゴリーごとに分類できるようになった。作業開始早々に、全員が視ることのできるリストがひとつ完成し、達成感を共有することができた。

なに

工場研修

豆の基本
- カカオとはなにか
- 豆の選別
- 豆の準備

製造工程
- ロースト
- 粉砕+ブレンド
- テンパリング(温度調整作業)
- 包装について

チョコレート製造上級者向け講座
- フレーバー上級編
- 包装上級編
- サステナビリティ

販売研修

販売の基本
- 販売とはなにか
- お客様について
- 営業とはなにか

販売上級者向け講座
- テイスティング
- スペシャルイベント

マネジャー研修

販売マネジメント
- マネジャーの業務について
- 財務知識
- マーケティング入門
- 人事
- グローバルな調達+効果

社員が受けていた研修の内容を視ることができる。チョコレートの製造や販売の基本から事業経営の上級コースまで。

どのくらいの量の研修が必要なのかを資料から特定することは難しかった。課題、参加者、それまでの経験などによって異なっているからだ。しかし、〈なに〉についてのリストをつくったばかりだったので、それをベースとして作業をスタートさせた。〈なに〉のリストのトップにあるカテゴリーを拾い、それに関連した研修の時間の合計を見積もった。

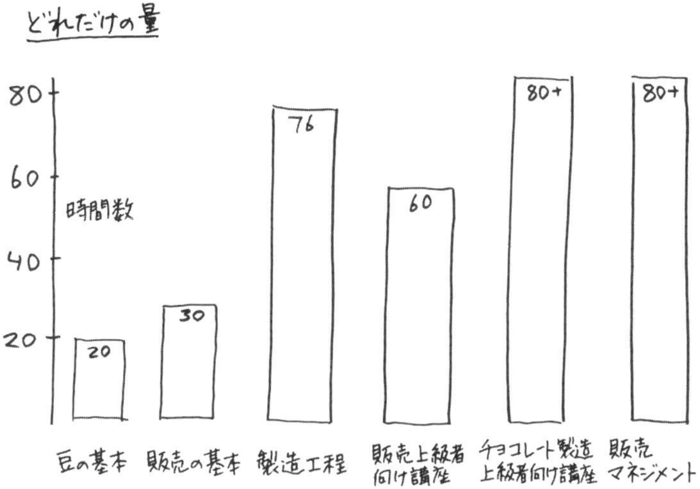

〈どれだけの量〉の研修の時間が必要なのかを示している。ベテランになるほど学ぶ必要が増え、研修の時間が増えていく。

地理的な〈どこ〉は簡単に視ることができた。研修が行われる場所として誰もが思いあたる場所は3ヵ所に限られていた。これはいい息抜きになり、みなが一休みした……そして、コンセプトとしての〈どこ〉に取りかかった。講座の内容、参加者、キャリア形成上のどの地点に位置するのかについて、重なる部分について話し合いを始めたが、スムーズには進まない。せっかく勢いが出たところだったので、失速しないためにいったん離れ、〈いつ〉について進めることにした。

〈どこ〉で研修が行われるのか。工場での研修から家庭での学習まで。

いい決断だった。〈いつ〉講座を行うのかを描いてみたところ、自然にパターンができあがった。時系列はひとつではなく、2つあると判明した。工場に配属される社員と、販売部門に配属される社員の2通りだ。どちらの場合も一連の研修にかかるトータルの時間は同じだったが、内容は非常に異なっていた——そこから、数分前にわたしたちが突き当たった難題の解決につながった。講座と講座の重なる部分が視えてきたのだ。ここでは〈いつ〉を視ることで〈どこ〉の問題が解決できた。

そこで休憩に入った。

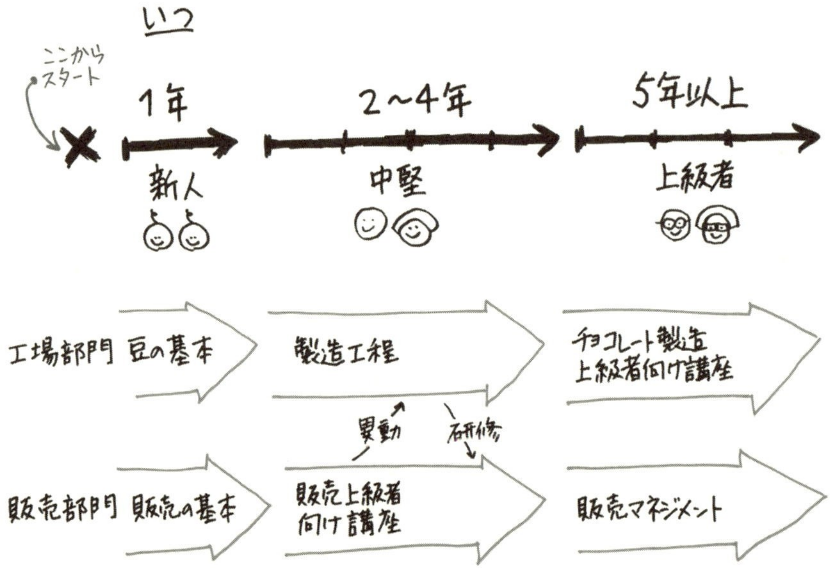

チョコレート製造販売担当者として働く者は〈いつ〉研修を受けるのか。
実際には2種類の時系列があることを初めて〈視る〉ことができた。

この休憩もまた、いいアイデアだったと判明した。〈どのように〉を描くことは、もっとも難しいことだとわかったからだ。これは驚くべきことではなかった。なぜなら、〈どのように〉は根本的にこれまでの W すべての共通部分だからだ。午前中いっぱいかけて〈誰〉〈なに〉〈どれだけの量〉〈どこ〉〈いつ〉に取り組んできたので、とうとう、〈どのように〉研修が機能するのかというモデルを絞り込むことができた。それもまた、誰もが視て同意できるものを。

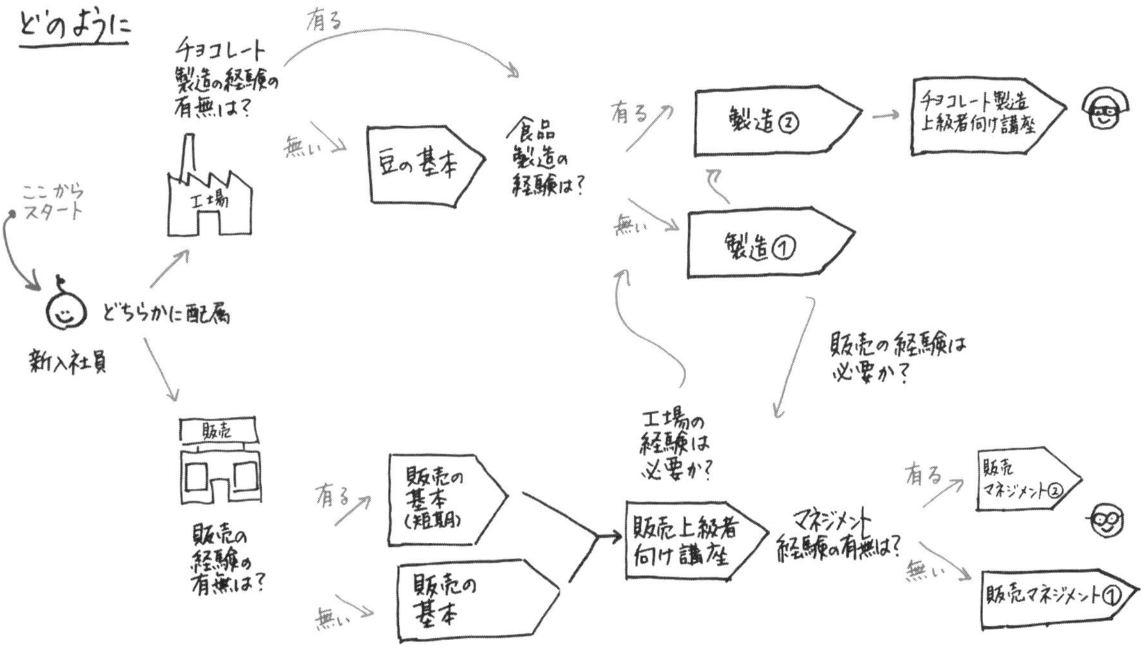

研修が〈どのように〉行われるのか。2つの異なった経路は、それまでの経験と個人のキャリアの選択をもとにした選択肢を備えていることを見極めることができる。

その日の締めくくりとして〈なぜ〉を視たのは成功だった。なぜこうした一連の研修を行う必要があるのか、そのこたえを誰もが知っていた——多くの人がほんとうに良質のチョコレートを製造し、販売し、楽しむため、決して品質を落とさないためである。

最後に、〈なぜ〉研修を行うのかを視る。世界でトップレベルのチョコレートをつくるためであり、チョコレートを愛する人にできるだけ多く、そのチョコレートを味わってもらうため。

〈誰〉〈なに〉〈どれだけの量〉〈どこ〉〈いつ〉〈どのように〉〈なぜ〉。すべてが出そろったところでようやく、全員がお互いに目を合わせた。チームのメンバーがすべてを要約するのがなぜこんなにも難しかったのか、ライラは理解した（ピースが多かった）。チームのメンバーは、なぜ彼女が要約を必要としているのかを理解した（研修のプロセスを最適なものにして、さらに充実させるため）。たった１日の作業で、何百ページもの書類と長年の経験を数枚の絵であらわすことに成功した。これでライラは、チームのメンバーの説明を理解し、チームのメンバーは彼女がなにをめざしているのかを理解できた。

最後のアトラクションの予告：6つの方法で視てもらうために

6つのWはこれ以外にも活用できる。これは視る方法であると同時に〈見せる〉方法でもあるのだ。ビジュアルシンキングの最後のステップでは、ふたたびこの6つのWを利用する。ただし視るためではなく、自分が視たことを他者に視てもらうための基盤として。ビジュアルシンキングのサイクルはこうして完結する。

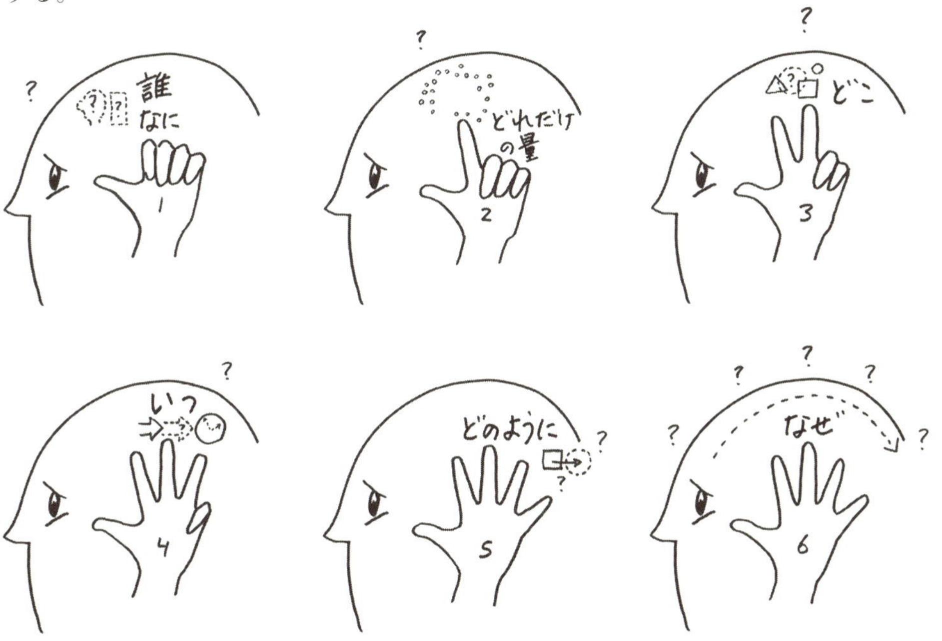

6つの方法で視るということ。誰／なに、どれだけの量、どこ、いつ、どのように、なぜ。

しかし、いまはまだ途中だ。わたしたちは目下、自分の〈目〉で見ることと視ることに取り組んでいる——外部の世界からの視覚情報をどのように処理するのかという段階だ。

つぎの章では、目を閉じてみる。そして視覚からインプットした情報をまんべんなく調べ、調整し、ひっくり返し、まったく新しいパターンをつくり出す。〈心の目〉を開いて〈想像〉をスタートさせるのだ。

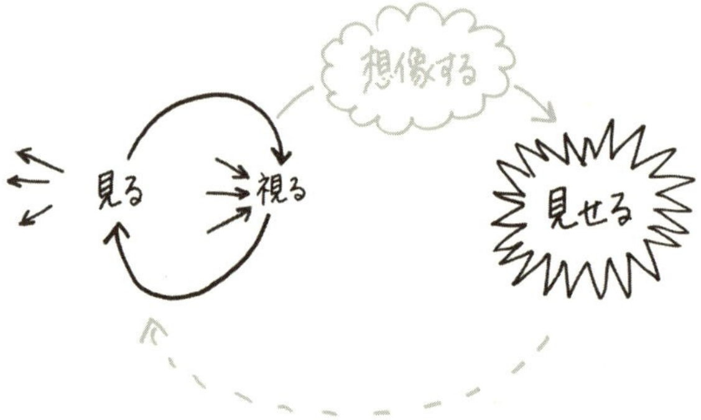

見せる時には、いままでにわたしたちが視たことすべてがふたたび登場する。

第6章

SQVID：想像力を使うための実践的なレッスン

目を閉じて視る：想像という技

ここまで、わたしたちは外の世界を見るための窓として目を使ってきた。〈能動的に見る〉ことで目の前の問題について視覚を通じて情報を収集した。そして注意深く〈視た〉。つまり視覚を利用して情報を6通りに分解した。目は確かに便利だ。だが、ここからは目と離れる。目を使わずに視る。必要なのは、〈想像する〉能力だ。

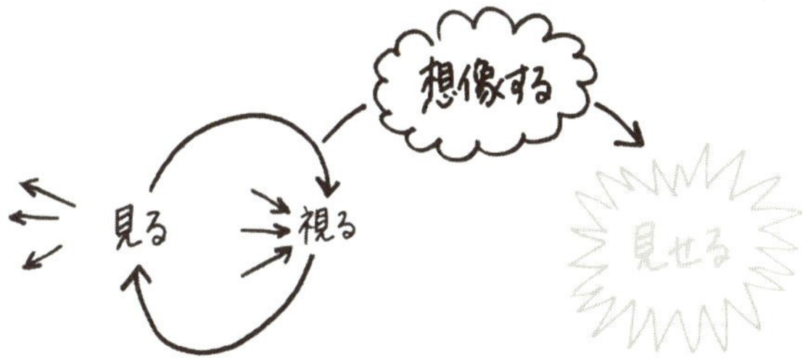

想像するとは、心の目をコントロールして物理的には見えないものを視ることだ。視覚を通じて取り入れた外部の座標、パターン、構成要素を絵という形に要約し、頭のなかでいじること。

想像は魔法のプロセスではない。だからトランス状態に入る必要もないし、ポジティブなエネルギーを視覚化する必要もない。ビジネスに携わる人々を当惑させるようなことはいっさい求められない。想像することもまた、視るというアプローチのひとつといえる。6つの方法で視るように、わたしたちは想像する。唯一のちがいは目をあけているか閉じているかだけ、といってもいいかもしれない。心の目を使って現実にはないものを視ようとする、それが想像だ。その際には、目をあけている時と同様に、高性能の視覚処理センターが稼働している。いままでは料理の注文を受けてきたようなもの、今度は心の目で視覚的な料理を始めるようなものだ。

ビジネス上の問題を解決する場合、想像というプロセスはアイデアと解決法を生み出すためにおおいに効果を発揮してくれる。創造的な思考を磨くためのアプローチ、エクササイズ、参考図書は数々ある。視覚的な記憶ゲーム、マインドマップ、視覚的類推、メタファー（隠喩《いんゆ》）などを――場合によっては瞑想《めいそう》も――利用することも、ビジュアルシンキングの成功につながる。

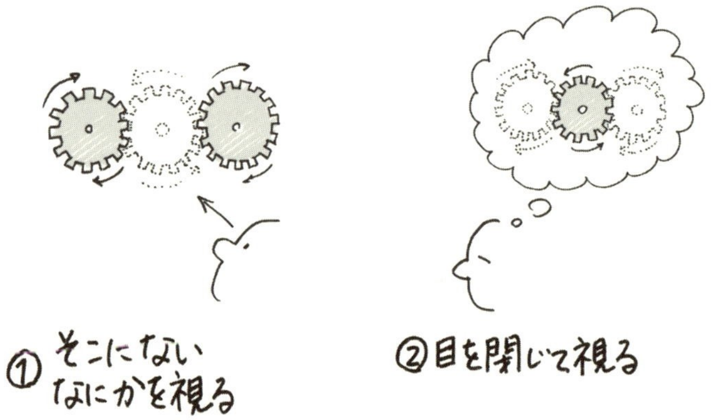

①そこにない
なにかを視る
②目を閉じて視る

そこに〈ない〉なにかを視る最良の方法は、
目を閉じて見ること。それが〈想像〉である。

さまざまなテクニックについての知識は他から取り入れてもらうことにして*、ここでは想像のフレームワークについて述べていく。わたしがSQVID《エスキユービツド》（名前の由来については間もなく説明することになる）と名づけたフレームワークは、視覚的な想像を活性化するツールであり、わたしはクライアントと仕事をする時にはいつもこれに頼っている。ビジュアルシンキングの他のツール同様、SQVIDも独立したツールとして活用できるので、いつでも、どこでも使える。そしてわたしたちの想像力をじゅうぶんに引き出してくれる。SQVIDを利用することで心の目が活性化し、思い描いたイメージをじゅうぶんに実感できる。まるで実際に目で視ているかのように。さらに、人に視てもらいたいイメージを正確に伝える際にも一役買ってくれる。

＊巻末の付録B「ビジュアルシンカーのための情報資源」を参照いただきたい。

リンゴをスライスする方法

SQVIDをよくわかってもらうために、想像力を使うエクササイズをやってみよう（皮肉なことだが、これは目をあけたままの状態でやっていただきたい）。今回は公園のベンチに座るのではなく、はるか遠くへの旅だ。南海の島で休暇を過ごしているところを想像してみてほしい。さんさんとふりそそぐ日差しを浴びて、あなたはのんびりと浜辺を散歩している。片側には白い砂とターコイズブルーの海。もういっぽうには深いジャングルだ。高い椰子《やし》の木、色とりどりの花。どうだろう。そのような場面を描くのは、さほど難しくはないだろう。

さて、あなたがのんびり歩いていると、島の住人が向こうからやってきた。見たことのない紫色の果物を食べている。あなたは現地の言葉はわからないが、この住人はとてもフレンドリーで、彼は挨拶《あいさつ》がわりにうなずいてみせる。あなたもうなずく。相手は立ち止まり、その奇妙な紫色の果物をひとつあなたに差し出す。そして食べてみろと身ぶりで示す。あなたは果物を受け取ってひと口かじってみる。う〜む、じつにおいしい。リンゴとよく似ているが、リンゴより甘くジューシーだ。

村人は、とくに急いでいるわけでもなさそうだ。あなたも急ぎの用があるわけではない。そこで果物のお礼として自分の国のリンゴについて相手に教えることにした。むろん周囲にはリンゴらしきものはない。言葉も通じないので、絵を使うしかない。さいわいにもリゾートホテルから持ってきたカクテルナプキンとサインペンがポケットに入っている。ビジュアルシンキングのためのすばらしいツールだ。それを取り出し、リンゴをどう描くのがいちばんいいだろうかとあなたは考え始める。

最初の絵はリンゴが１個だけというシンプルなものになった。あなたの心の目にぱっと浮かんだ絵だ。

しかしこの絵を見てあなたは考え込む。すぐそばにはジャングルが広がっている。もう少しくわしくしようと、リンゴの木も加えることにした。

さらに、果樹園全体を描いて見せるほうがいいかもしれないと考える。

なにか変だ。3枚の絵はどれもリンゴの説明としては正しい。それなのに、1枚

ずつ比べるとまるでちがうものを描いたように見える。しかしこれはほんの始まりに過ぎない。あなたはさらに考え続ける。リンゴについてこの島の住人にいちばんわかってもらいたいことを核にして描こうとすると、まったくちがう発想で描けると気づく。

リンゴのおいしそうな感じを描こうとすればどうなるだろう。赤く、つややかで、丸く、均整のとれた感じを。

あるいは、1日にひとつリンゴを食べると医者いらずといわれる理由を伝えたいならば、いかに栄養豊富であるのかを見せようとするだろう。

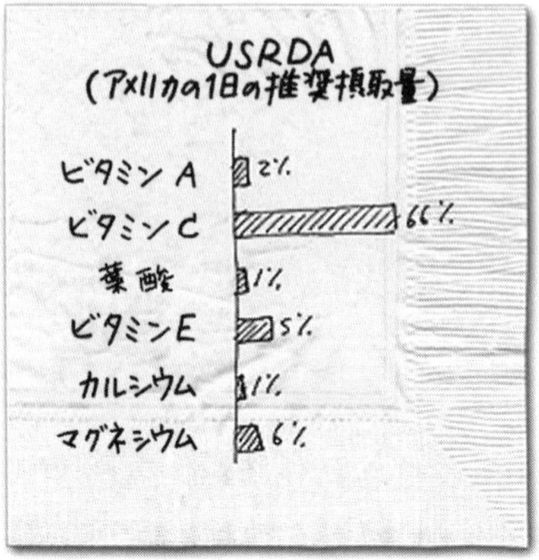

あなたは、リンゴの完璧さを知らせたいと思うかもしれない。アップルパイという姿で。

あるいは、その完璧なアップルパイの作り方を説明することのほうがいいと思いつくかもしれない。

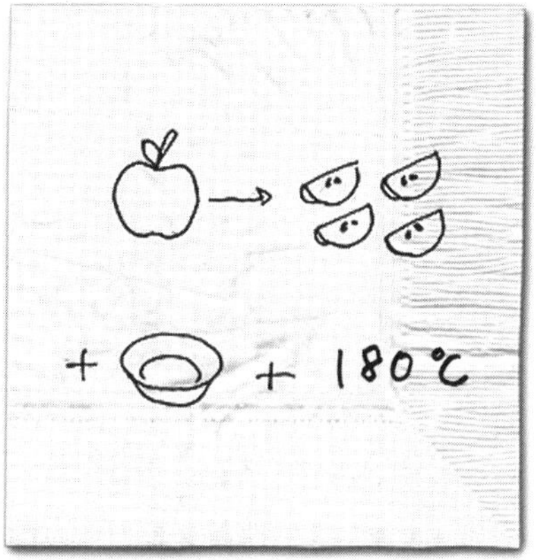

あくまでもリンゴそのものを見せようとするかもしれない。とすれば、この果実を詳しく描くだろう。

島のこの住人が知っていそうな果物とリンゴを比較するのも一案だろう。

リンゴのおおもとの姿を描いてみせることもできる。

最後はどうなるのかを描くのもいいだろう。

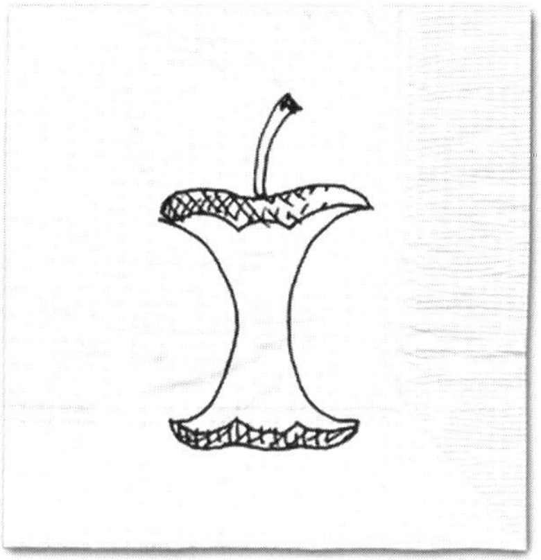

おやおや！ これがすべてリンゴを描いた絵とは！ あなたは浜辺でペンと紙ナプキンを持って立っている。島の住人１人があなたを見ている。たったそれだけの状況で心の目をじゅうぶんに働かせ脳の両サイドを活性化させ、想像したのだ。シンプルなアイデアを思い浮かべ――リンゴを――心の目をしっかりとあけた。「うまい、リンゴみたいな味だ」という言葉ですますことができたなら、決して考えなかったリンゴの姿、形、詳細についてイメージを呼び起こしたのだ。

リンゴを思い浮かべると同時に、リンゴをどのように絵に描いてみせようかと――この環境でこの相手に対し――という思考もスタートした。どんなふうに描けば、この島の住人にとっていちばんいいのだろうかと。それはつまり、自分のアイデアについて聴衆の視点から考え始めたということであり、状況が異なれば、もっとちがう、もっといい描き方をするつもりでいるということだ。

さて、浜辺を離れてしばし現実に戻ろう。あなたがなにを考えているのか、じつはわたしには予想がついているので（毎度のことなので）、先にいってしまおう。ワークショップでこのエクササイズをやると、誰かが必ずこういい出す。「ちょっと待ってください。あなたの説明では、わたしたちは島の地元民に絵を描いてみせているということですね。それなのに栄養分の分析結果とアップルパイの料理法を絵にするなんて、馬鹿げています。島の住民がそんなことに関心を持つはずがないでしょう」

それに対し、わたしはこうこたえる。「そうかもしれませんね。ですが、この住民がどんな人物であるか、わたしはひとことも述べていませんよ。もしも草でつくった腰蓑《こしみの》をつけていたら、たぶん１枚目の絵がベストでしょうね。でも、もしもこの住民が白衣を着て聴診器を首から下げていたら？　あるいはパン職人の帽子をかぶっていたら？　そうしたら、どのリンゴの絵がいちばんふさわしいでしょうか？」

そう、これこそがこのエクササイズの第二のポイントなのだ。見るからにシンプルなアイデアをたったひとつ分かち合おうとする時でさえ、相手に見せる方法は必ずたくさんある。そしてそのなかから適切で効果的な方法を選ぶことができるのである。リンゴをあれこれ動かして心の目に映せば（そのたびに新しい発見があり）、アイデアを見せる方法が複数浮かんでくる。そのうちのどれを見せるのがベストなのか——聴衆の視点からいって——について考えるようになる。

SQVIDは脳をフルに使うビジュアル・ワークアウト

浜辺で行ったのは、まさにSQVIDのエクササイズだ。SQVIDとは、基本的には5つの質問である。その5つの質問をもとに、自分にとってなにがいちばん重要なのか、聴衆にとってなにがいちばん重要なのかを軸としてアイデアをもっとも明確な形で絵にあらわし、焦点を絞る。SQVIDを利用して、まずは自分が視覚的にどんなメッセージを伝えたいのかを考える。どんな絵を描こうかということについて心配するのはその〈後〉だ。

SQVIDという言葉は、浜辺で問いかけた5つの質問と同種のものの先頭の文字をつなげたニーモニックである（注意：Vはロマンス語のUから、Dはギリシャ文字のデルタつまり変化の象徴から。文字通り多言語で古典的というわけだ）。

5つのSQVIDの問いかけ。わたしが示したいのは……

S Simple（簡潔）		vs. 精巧	
Q Quality（質）		vs. 量	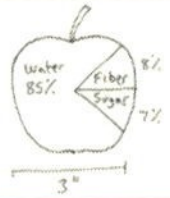
V Vision（構想）		vs. 実現	
I Individual attributes（個性）		vs. 比較	
D Δ（デルタ）（変化）		vs. 現状	

並べて書くと、SQVID はつぎのようになる。

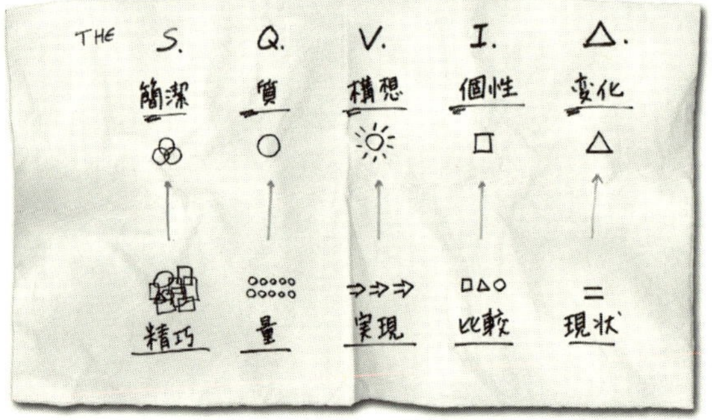

SQVIDを分析する

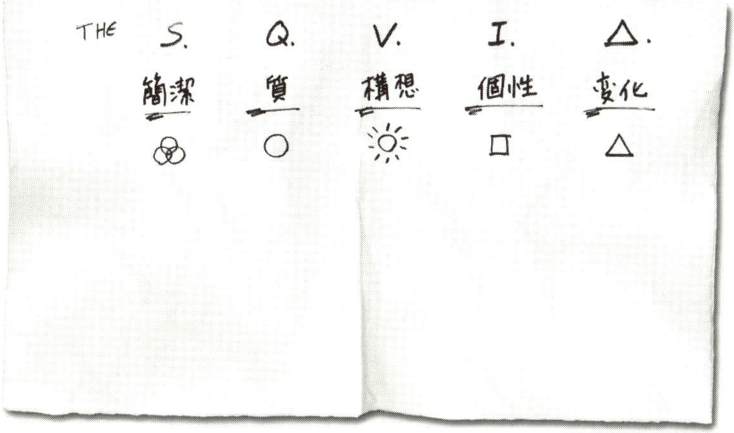

SQVIDの使い方には大きく分けて2つある。どちらも簡単でしかも洞察力に富んでいる。最初の方法は――浜辺で行ったように――5つの質問をしながら、自分のアイデアをどのように視覚的に表現したらいいのかを考える。つまり、〈簡潔〉な絵なのか、〈精巧〉な絵なのか、〈質〉を重視した絵なのか、〈量〉を重視した絵なのか、といったように。それが出そろったところで紙でも心の目でもいいが、自分の絵を描いてみる。

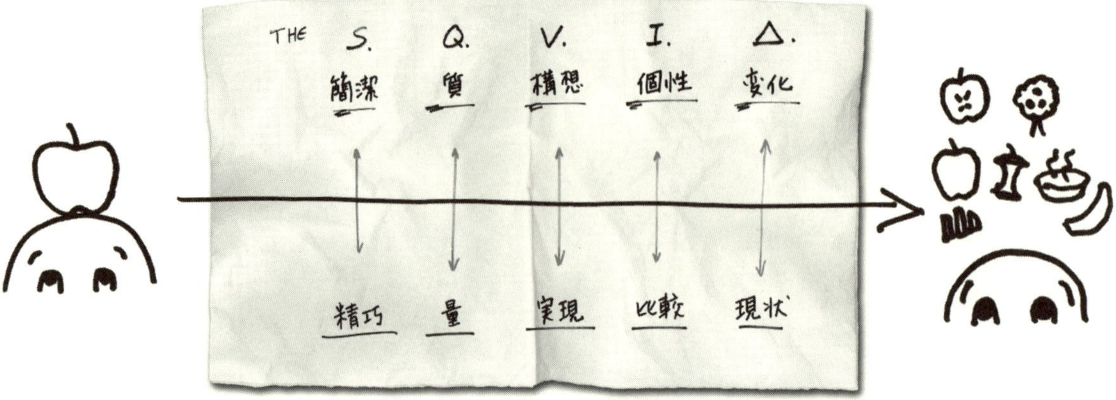

SQVIDの経路1：自分のアイデアに5つの問いかけをする。ひとつひとつの項目について、視覚的なイメージを浮かべる。結果として、心の目で最低10種類の絵を見てみる。

このように、SQVIDは、質問から質問へ、極端から極端へと移り、わたしたちの視覚系はそのたびにギアを入れ替えることになる（ぜひ試していただきたい。量を重視した絵から構想を重視した絵に移る際、あなたの心の目はギアを入れ替える金属音をたてるはず。これは一種の旅なのだ）。こうして何度もギア・チェンジをしながら、めったに探求することのない部分まで心の目を働かせる。そしてめったに考えたことのないイメージを考える。アイデアを絵としてあらわすには意外にも多くの方法があると発見できる理想的なやりかただ。最終的に、たくさんの絵ができあがる。そのなかのどれかを選んで見せることになる。

SQVIDの第二の使い方を説明しよう。ここでは自分のアイデアよりも想定する聴衆の期待にどうこたえるかが軸となる。アイデアの詳細とは別に、聴衆に対してどういう「調整」をすればもっとも効果的なのかを、SQVIDをイコライザーのように使って決定する。たとえば、自社のプロジェクト・マネジャーにアイデアを伝えたい場合は、量と実現を重視した絵にすべきだと考えるだろう。だが、マスコミ向けに発表するのであれば、構想を重視した簡潔な絵にしようと思うかもしれない。

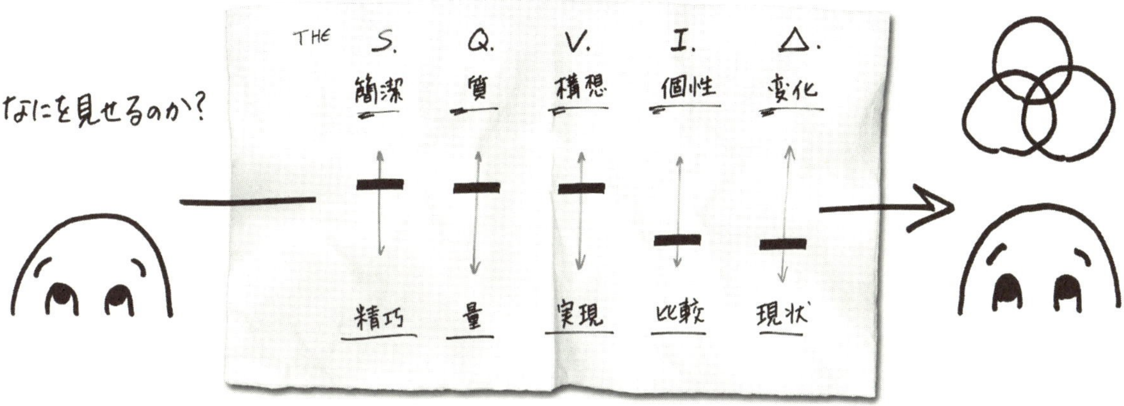

SQVIDの経路2：イコライザーを、聴衆にもっともふさわしいと思われるところにセットし、いちばん効果的な絵のタイプを考えることに集中する。

SQVIDを脳に食べさせる

2つの使い方のどちらでも（アイデアに集中する、または聴衆に集中する）、SQVIDの問いの両極のどちらかを選ぶうちにあるパターンが生まれる。このようにSQVIDは考えを推し進めるのに有効であり、ビジネスの問題に取り組む際に誰もが葛藤する部分にも解決をもたらしてくれる。それぞれのスライド可能なバーの上部には簡潔、質、構想、個性、変化という項目が並び、創造性をあらわす特徴を示している。シンボル的で、総合的で、独自性があり、抽象的、数値であらわすことが難しく、情緒的な比重が大きい。イコライザーの上部にあたる部分を「ウォームサイド」と呼ぶことにする。

イコライザーの下のほうにはビジネスにおいて昔ながらの概念を示す項目が並ぶ——精巧、量、実現、比較、現状。つまり数値と分析を重視した項目だ。詳細にわたる、事実に基づく、計量可能などの特徴はより合理的で、情緒的な部分は排除されている。イコライザーの下の側を「クールサイド」と呼ぼう。

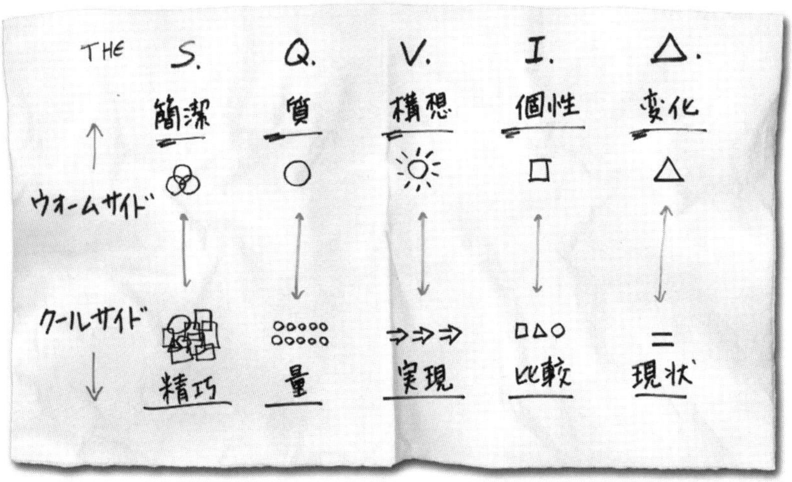

SQVIDの上側の属性は「ウォームサイド」あるいは「右脳」。簡潔、質、構想など。下側は「クールサイド」あるいは「左脳」。精巧、量、実現など。

SQVIDの視点でアイデアを検証する作業で、左脳（分析的）と右脳（創造的）の両方がじゅうぶんに活性化される*。そう、すばらしいことが起きて、すばらしい結果へとつながるのだ。たとえば問題に取り組む際に数値と分析を重視し詳細な部分にこだわるタイプの人は、SQVIDを使うことでなじんだ思考スタイルはもちろん、ふだんは注目していない創造的な部分が活性化される。逆に、構想や質を重視する人の場合は、SQVIDを使うことで分析的な視点を補うことができるのだ。

＊右脳／左脳の役割分担について基礎的な知識を身につけたい方は、巻末の付録A「ビジュアルシンキングの科学」を参照していただきたい。

これはどういうことか。視点を共有することが難しいビジネスマン同士でも同じ目線でものをとらえられるということだ。そのための方法として SQVID はおおいに役に立つ。

右脳の人たちに

創造性豊かなタイプの人が、ビジネスライクで融通のきかないタイプの人に向き合う場合

SQVID は想像する能力をフルに働かせるための方法を提供する。構造化された方法なので、繰り返し使うことができる。ウォーム／創造性、クール／ビジネスライクの両方を尊重しながらアイデアを考え抜くための方法である。

簡潔、質、構想、個性を軸とし、業界に変化をもたらすアイデアを、ビジネスライクな聴衆に見せて納得してもらう際には、合理性をアピールする方法を SQVID に従って考えればよい。

左脳の人たちに

ビジネスライクなタイプの人が、センチメンタルで抽象的で創造的な人に向き合う場合

精巧、量、実現、現状との比較を軸としたアイデアを、創造的なタイプの人に納得してもらうには、創造性にアピールする際、方法を SQVID に従って考えればよい。

SQVID の利点は、アイデアを想像する際に情緒性と合理性のどちらにも偏《かたよ》ることなく、創造的な構想と実践的なビジネスライクの考えのバランスを取ることができる点だ。そして直感的に理解でき、しかも概念がしっかり伝わる絵をつくることができる。

実際にSQVIDをやってみよう

浜辺でリンゴの絵を描くところを想像するのは心地いいものだが、現実にはウォータークーラーのところで同僚に出くわしたり、パーティションで仕切られた仕事場で社員と話し合いをしたり、取締役会での発表の準備をしたり、といった状況ではないだろうか。そこではおそらくリンゴを描くのではなく、自分が取り組んでいることについて正確に描かなくてはならないだろう。

SQVIDの5つの質問を活用して、どのようにアイデアを絞って絵にすることができるのか、実際にはどんなアプローチのしかたがあるのかをここで見てみよう。本章ではこれ以降、5つの質問をひとつひとつ取り上げ、現実のケースではどのような絵として完成するのかを紹介してゆく。ここに登場するのは、美術の正式な教育をいっさい受けたことのないビジネスのプロフェッショナルである。

質問1：簡潔か、それとも複雑か？

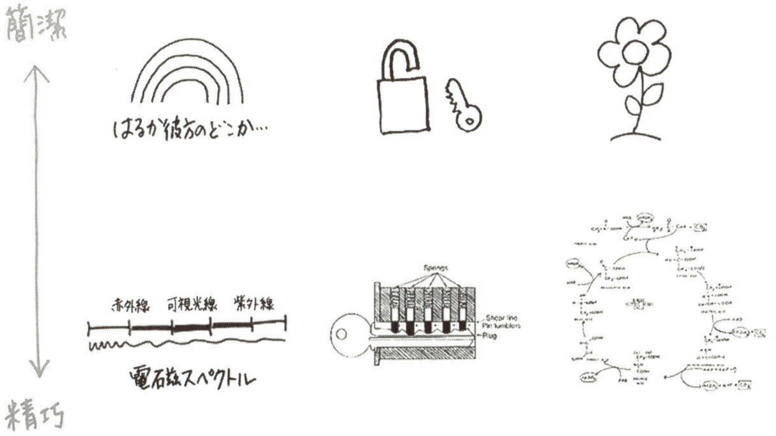

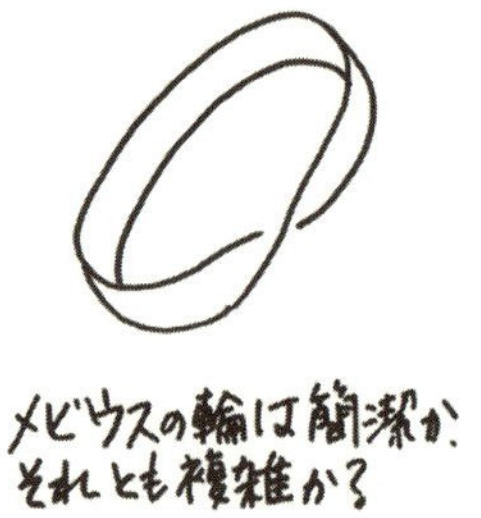

ひとつの面しかない驚異すべきメビウスの輪：簡潔でありながら複雑であるという完璧な例。

ビジュアルシンキングのツールとしてSQVIDを紹介し、第一の質問について説明を始めると、必ずこんな声がかかる。「『簡潔』の反対は『複雑』ではないのですか？　それに、コミュニケーションを明確にするために絵を描くのであれば、誰でも複雑な部分を絵であらわしたいと思うのではないでしょうか？」

これはすばらしい問いかけである。なぜなら2つの重要な、そして微妙なこたえを要求しているからだ。第一に、「簡潔」の反対は「複雑」ではなく、むしろ「精巧」である。それを説明するための完璧な例がメビウスの輪だ。リボンを1回ひねってつないだメビウスの輪は数学的にはひとつの面だけでしかない。このように簡潔さと複雑さは両立するのだ。

第二に、この質問は単なる意味論だけには留まらない。絵で問題を解決することの核心に正しく切り込んでいる。ビジュアルシンキングには、ものごとを明確にし、複雑なものを理解しやすくするという大きな長所がある。だが、すべてのすぐれたビジュアルシンキングはものごとの単純化なのかといえば、そうではない。〈真にすぐれたビジュアルシンキングは、複雑なものを視覚化して理解させることであり、すべてを簡潔にして理解させるものではない〉

必要なのは簡潔な絵なのか、精巧な絵なのか、意図的に複雑にした絵なのか。いずれにしても、すべて相手しだいなのである。説明する案件が聴衆にとってどれほどなじみのあるものなのか、それによって決まるのである。

ジェフ・ホーキンスの最近の仕事を見てみよう。彼は携帯情報端末《パームパイロット》を発明した技術者であり、ハンドスプリング社を創設し、ここ数年は人間の脳、とりわけ大脳新皮質について第一線で研究をしている。

彼が新しく立ち上げたヌメンタ社の主な事業は大脳新皮質の働きを模《も》倣《ほう》したソフトウェアの作成だが、ジェフ自身は脳の働きについての自分の考えを話してまわることに大半の時間を割《さ》いている。聴衆はニューヨークのジュリアード音楽院のハイスクールの年齢の生徒から、マサチューセッツ工科大学（MIT）の神経科学の専門家まで多岐にわたる。

聴衆が誰であっても、ジェフのスピーチの本質は変わらない。だが、多様な聴衆を巻き込むために、彼は聞き手の専門知識のレベルに応じて簡潔さと精巧さの度合いを調整する。ジェフはまず聴衆に1枚の絵を見せる。脳の働きを示す絵なのだが、彼はこの絵を2種類用意している。1枚は素人の聴衆用、もう1枚はエキスパート用だ。簡潔なほうの絵は2つの四角と13の矢印、11の言葉で構成されている。人の脳が取り入れた情報をどのように処理するのかについて、たったそれだけで表現しているのだ。

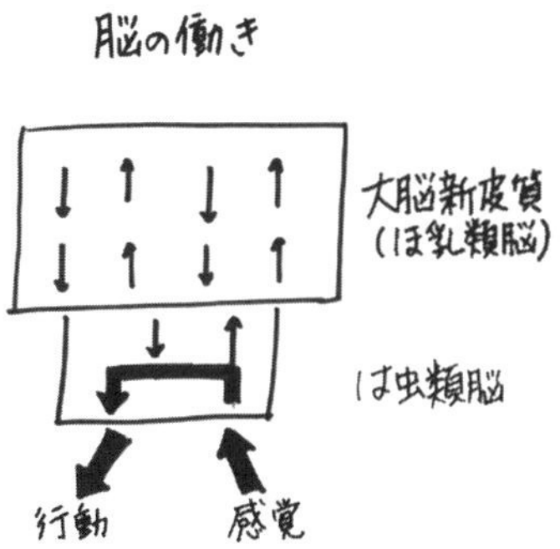

ジェフ・ホーキンスは一般人の聴衆向けに、自分の考えを紹介する際、この絵を使う。

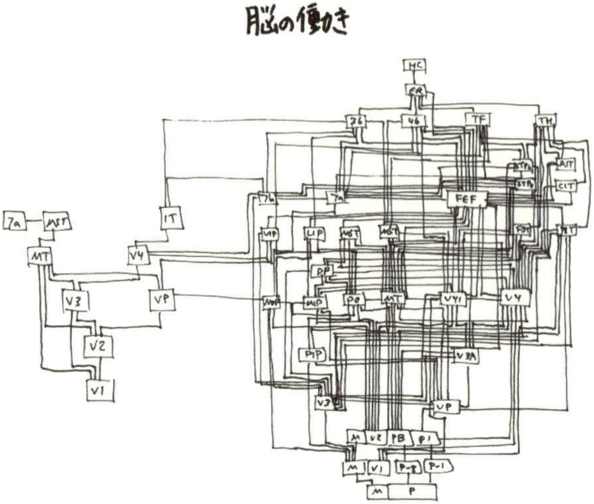

科学者と博士たちにジェフはこの絵を見せる。

ホーキンスのもう１枚の絵も、四角、矢印、文字で構成されている……が、少々分量が多い。神経科学者、博士号取得者、その他のエキスパートに向けて話す際にジェフは左の絵を使う。コンセプト自体は１枚目の絵と同じ──同じ構成要素、同じ関連性、形すら同じ──だが、脳科学のエキスパートでなければこの絵を理解することはできない。ジェフにとってこの絵は、エキスパート向けの自己紹介としても役立っている。自分が受け売りの知識を披露しているのではないと知らせて信用してもらうには、これだけ精巧なものを見せる必要があるのだ。

さて、おもしろいことにジェフはどちらのタイプの聴衆に──エキスパートと素人──向かって話をする場合でも、けっきょくは両方の絵を見せる。素人の聴衆は脳の働きの基本的なことを理解した後に精巧な絵を出され、驚嘆する。神経生物学者と博士たちは簡潔な絵にたいへん興奮する。ジェフの知識が生半《なまはん》可《か》なレベルではないと理解した上でその簡潔な絵を見ると、じつにすかっとするという。

質問 2：質か、それとも量か？

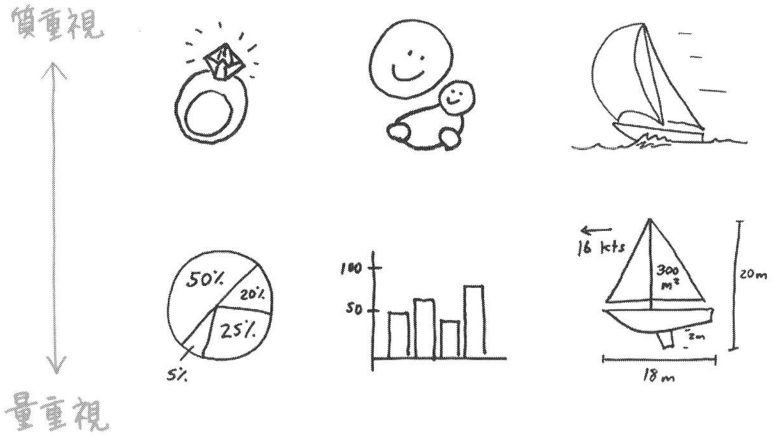

パイロットには 2 つのタイプがあるという。自分の勘《かん》に従って飛ぶタイプと、数字に従って飛ぶタイプだ。草創期には前者のタイプが圧倒的に多かった。つまり、自分の感覚に頼って飛行機の状況と位置を判断するパイロット。経験、本能、直感で操縦する彼らは、ある意味で「質」重視のパイロットと考えられる。

2 番目のタイプのパイロットは、まったくちがう方法で操縦する。彼らは数字を頼りにする。実際、データを把握し、複数の正確な計測結果を絶えずモニターし、飛行機を飛ばす。彼らは、高度、機首方位、対気速度、姿勢、位置を示す数値を絶えず解釈することをなによりも重要視しているので、「量」重視のパイロットと考えられる。

両方を兼ね備えたタイプのパイロットはめったにいない。だが、1969 年にアポロ 11 号が初めて月面着陸に成功した時、ニール・アームストロング船長にはまさにその両方が要求されたのである。月面のすぐ上空から数分のうちに着陸しなければ燃料切れになるという状態で、アームストロング船長——骨の髄《ずい》まで数字重視の宇宙飛行士とNASAでは考えられていた——は、着陸計画地点が巨石だらけであることに気づいた。そこで彼は、機敏なドライバーが道路のすぐ前方に穴を発見した際のような行動を取った。燃料の残量など無視して直感で操縦したのだ。最終的に無事に月面着陸すると、管制センターは「きみのおかげで、大勢が顔面蒼白《そうはく》になった。また息を吹き返すことができた。おおいに感謝する」という言葉を贈った。

メアリー・‘ミッシー’・カミングスはつぎの月面着陸をそのような興奮とは無縁のものにしようとしている。エキサイティングな着陸に慣れていないから、ではない。ミッシーは初の女性海軍飛行士として戦闘機のパイロットとなり、揺れる航空母艦の甲板にA-4スカイホーク戦闘機を何度となく着艦させてきた。現在、MITのヒューマンズ・アンド・オートメーション研究室を運営している彼女は、研究の成果をシステム工学に活用し、パイロットとしての経験を活かすチャンスを得た。彼女の研究室は宇宙飛行士が月面着陸の際に使う、視覚に訴えるディスプレイを設計しているのだ。つぎの月面着陸は、とりあえず2013年に計画されている。

月着陸船　飛行管理装置

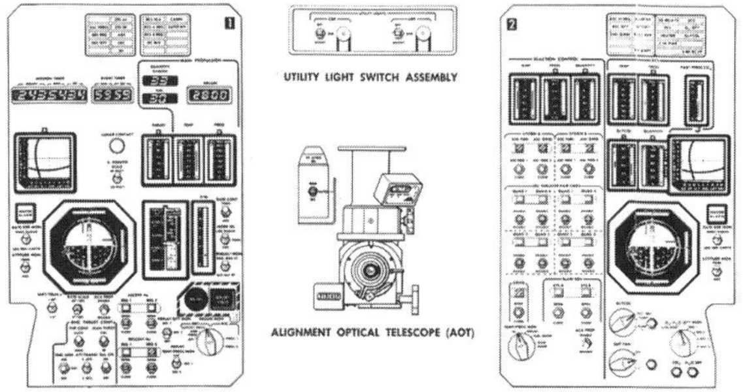

1960年代の宇宙飛行士は数種の機器から異なった基準の数値を読み取り、たくさんの認知の壁を突破しなければ、自分がどちらの方向に飛んでいるのか理解できなかった。

ミッシーの説明をきこう。「装置を設計するわたしたちにとっていちばんの課題は、どのくらいの量の情報を〈見せない〉のか、そして彼らにいちばん視てほしいものをどうしたらうまく理解させられるのか、です。これは計器で多変量データを調整して行います。数値で示される情報を直感ですばやく理解できるディスプレイに変えるプロセスです」別のいいかたをすると、ミッシーは直感に頼る飛行と数値に頼る飛行を融合させて絵で見せようと取り組んでいるのである。

1960年代のアポロの乗組員はたくさんの機器にすばやく目を走らせて状況を察知しなければならなかったが、ミッシーのチームの新しいVAVI（垂直の距離および速度表示器）は、数値で正確に方向を知らせ、同時に視覚でもすぐに理解させることをめざしている。その結果、「手を動かす」斬新な装置が生まれた。宇宙飛行士はこの装置で自分が上下どちらに向かっているのかを「視覚的に感じ取る」ことができる。と同時にこの装置は進行方向、速度を示す重要な情報を正確に数値で示す。

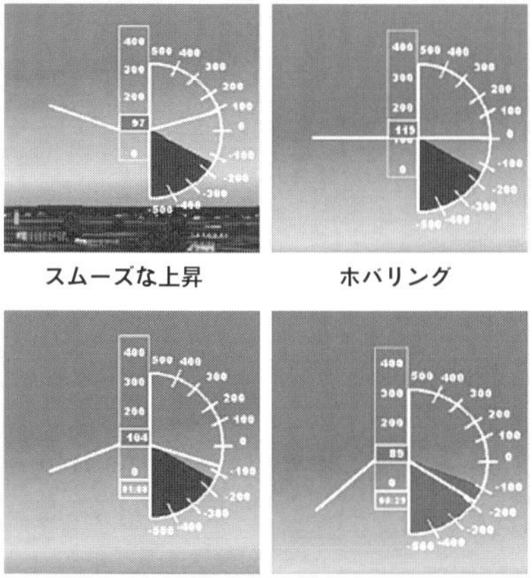

スムーズな上昇　ホバリング

スムーズな下降　危険な下降

垂直の距離および速度表示器

ミッシーのチームの新しいVAVIは宇宙飛行士が上昇と下降の速度を視覚的に感じ取るために「手を動かす」機能を備えている。

ミッシーのチームはVAVIをアメリカ海兵隊の戦闘機ハリアージャンプジェットでテストし、大成功を収めた。今後は航空産業の商業市場に参入するつもりだ。このさき当分のあいだ、NASAが月を目指さなくても、ミッシーはチームの成果に満足している。質と量の両方の情報を単独の計器盤用装置で提供することをめざし、実用レベルの試作機を完成させることができた。彼らは多くのことを学び、それをビジネス用のコントロールパネルの設計に応用できる。この装置に比べれば、今日のデジタル式の計器盤など草創期の飛行機の置き土産のように見えるだろう。

質問3：構想か、それとも実現か？

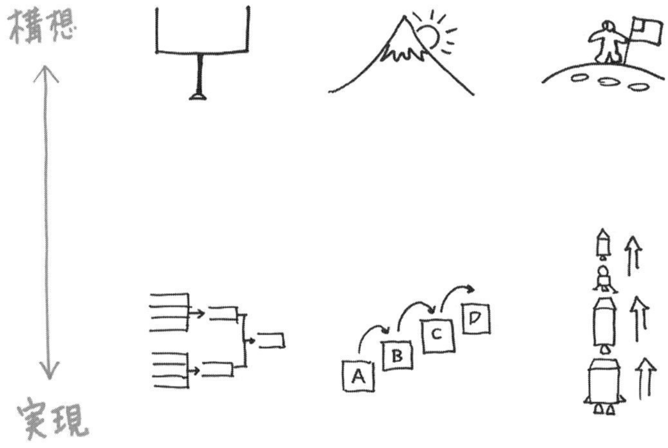

ビジネスの世界でリーダーが部下に話をする時、聴く側は「わが社はどこに向かっている」というメッセージをもっとも重要なものとして聴き取る。あるいは「そこに到達するにはどうすればいいのか」を聴き取ろうとする。これはそれぞれ構想と実現にあたる。強力なメッセージを伝えるには、目を通じて〈聴いてもらう〉ことが最善の方法という場合がある。

1992 年、コンサルティング会社の大手ベイン・アンド・カンパニー社の次期会長が社員を奮起させようとメッセージを伝えることにした。かつて華々しい業績をあげていた同社は経営難に陥っており、ただちに新しい構想を明確にしておかなければ士気が低下し会社が崩壊してしまうだろう、と次期会長のオリット・ガディーシュは考えたのである。洞察力のあるビジョンが求められていた。社員と共有するのにふさわしいビジョンを打ち立てることができるはず、と彼女は信じていた。

オリットの夫は船に乗ることが大好きで、単独で航海する時のよろこびと恐ろしさをよく彼女に語ってきかせた。ある時彼は、地球の〈2 つ〉の北極の話をした。一般にはあまり知られていないが、これは船乗りにとっては生死にかかわる問題なのである。磁石の針がつねに指している方向、つまり磁北とは別に、ほんとうの北が存在している。実際にその地点を中心に地球が自転しているという場所だ。真の北の位置は決して変わらないが、磁北は時とともに移り、航海をして地球を移動しているあいだに位置が変わってしまう。船乗りがコンパスだけを頼りにしていると、遅かれ早かれ迷って難破してしまうのだ。

オリットはその話を自分の会社に重ね合わせた。2 つの北というモデルはそのままビジネスコンサルティングの世界——短期の市場の変化と最新流行のビジネス論の影響が大きい世界——でも通用する真実だ。市場と一時的な流行という磁石だけに頼って舵《かじ》を取るコンサルタントはつぶれてしまうが、ビジネスに対する基本的な信念と文化、つまり真の北を追跡する者は成功するだろう。

一世一代のスピーチの準備をしながらオリットは何度もこのイメージを思い浮かべた。いっそのこと、これに賭けようと彼女は決断した。1992 年の 8 月、会社がかつてない苦境に陥っているさなかにオリットが行ったスピーチは、「数字を出さない」、叱咤《しった》激励を含まないものだった。明瞭なアイデアを明瞭に表現し、社員が誇りとともにめざすべき方向に向かって進んで行けるようなスピーチだった。彼女はコンパスの針が磁北とはややずれた真の北を指している簡潔な絵を見せ、この会社の創設時の方針をあくまで守り抜くと明らかにした。

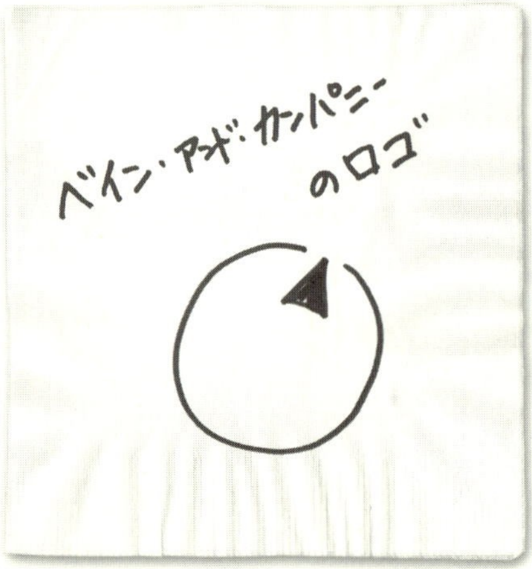

ベイン・アンド・カンパニーのロゴの見本。磁石の針が磁北ではなく真の北を指している。

オリットはスタンディングオベーションを受け、大手のコンサルティング会社では初の女性トップの座に就いた。彼女のリーダーシップで同社はそれからの 5 年で 25% の成長を遂げ、カバーする地域を倍に増やした。今日、ベイン社はもっとも革新的な大手コンサルティング会社に返り咲き、同社のコンサルタントの献身的な働きぶりは伝説となっている——そしてコンパスの針が真の北を指している絵は同社のロゴとなった。

「われわれがめざすところ」として構想を述べることの対極にあるのが「そこに到達するための段階を追ったプロセス」

の表である。ベイン・アンド・カンパニーも他のビジネスと同様、複雑なプロジェクトを計画し納品する。期限とガントチャートに従って業務が行われている。ガントチャートとは1910年代にヘンリー・ローレンス・ガントが考案したものである。ガントは機械工学者であり、ビジネスの研究をして経営コンサルタントの草分けとして活躍した。ガントチャートは20世紀のプロジェクト・マネジメントにおいて、もっとも重要なブレイクスルーといってもいいだろう。

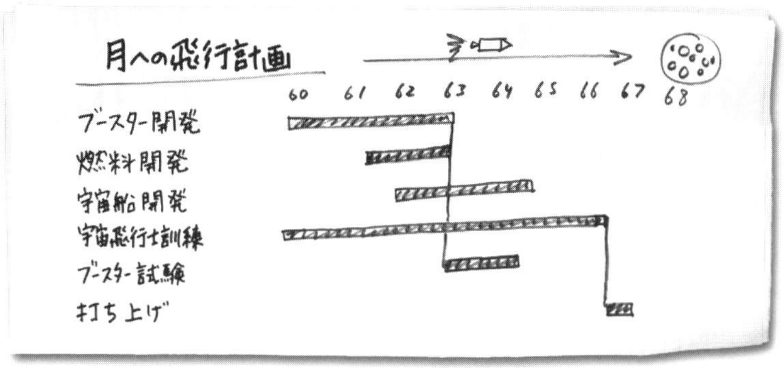

ガントチャートとはひとことでいうと、棒グラフを横向きにしたものである。それぞれの棒の長さはある特定の業務を終えるために必要な時間を示している。プロジェクトを成功させるのに、なぜガントチャートが有効なのか。それは、踏んでゆくべきステップを〈絵〉で順序よく示し、ひとつひとつのステップが互いにどのように関係しているのかが一目瞭然だからだ。

いまやビジネス用のソフトウェアでガントチャートをいとも簡単に作成でき

る。現代のコンサルタント、プロジェクト・マネジャー、テクニカルアーキテクチャー、建築業者にとって、そのような視覚的な表現が存在しなかった時代など、想像がつかないだろう。1930年代のフーバー・ダムの建設から1960年代の月面着陸計画、そして今日では技術関連の主要なプロジェクトでおおいに利用されている。わたしたちが〈どこ〉に向かっているのではなく、そこに〈どのように〉到達するのかを示すガントチャートは、時の試練に耐えてしっかり生き残っている。

質問4：個性か、それとも比較か？

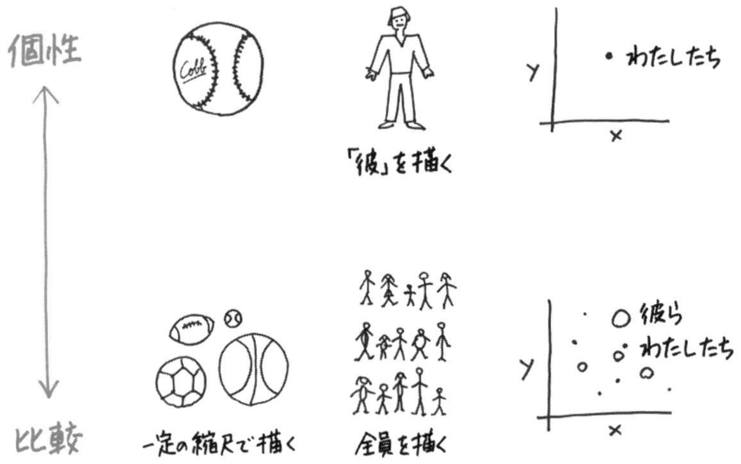

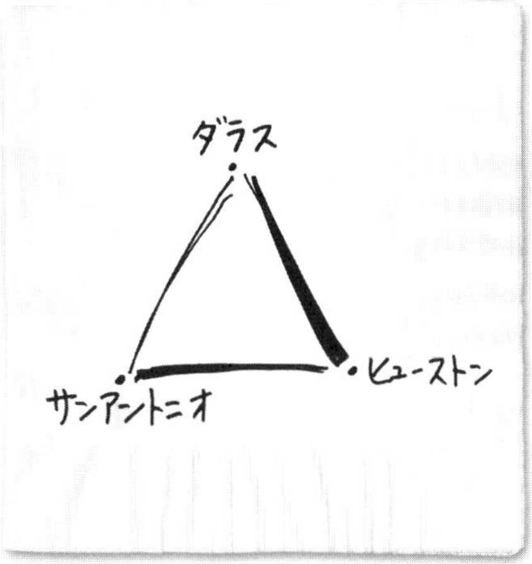

テキサスでもっとも有名な紙ナプキン：ハーブ・ケレハーとロリン・キングがサウスウエスト航空を始めることとなったスケッチ。

ハーブ・ケレハーはニュージャージー出身の弁護士。妻の故郷である広々としたテキサスこそ起業するにはもってこいの場所と思い定め、一家で荷物をまとめてサンアントニオを目指した。

1967年のある日の午後、ハーブはサンアントニー・クラブという一流クラブで腰を下ろし、クライアントのロリン・キングの書類づくりを手伝っていた。ロリンが経営に失敗した地方航空会社をたたむための書類だった。しかしロリンは航空ビジネスに愛想を尽かしたわけではなかった。彼は紙ナプキンを１枚取り、三角形をひとつ描いた。頂点ひとつずつに〈サンアントニオ〉〈ヒューストン〉〈ダラス〉と書くと、ハーブに向かって航空会社のアイデアを説明した。それは突飛《とっぴ》なアイデアであり、これは４年後に「サウスウエスト航空」として実現したのだった。

小さな町を結ぶ小規模の航空会社を経営するのではなく、大都市を結ぶ小規模な航空会社を経営してはどうだろう――具体的には、テキサスの３大新興都市を。わずか３つの都市を結ぶだけなのでテキサスの民間航空委員会の規制を受けることはなく、財政的には好きなように経営できる。ダラス・ラブフィールド空港に飛ぶので、ダラスを拠点とする出張者は移動が格段に楽になった。

サウスウエスト航空の伝説によると、ハーブはロリンに対し２つのことを同意したそうだ。第一に、そのアイデアはあまりに突飛である。第二に、そのアイデアはすばらしい。簡潔に描かれた地図は、その夜ハーブとロリンが開業を合意した会社の根本的な経営方針を示していた。人が多いにぎやかな大都市を結ぶ短いルートを飛ぶ、ハブ空港は避ける、主要空港ではない小規模な空港に飛ぶ。1枚の紙ナプキンとひとつのグッドアイデアと利潤が出る航空会社がそこにあった。

だが、その紙ナプキンの独自性が鮮明になるのは、当時の大手航空会社のルートマップと比較した時である——アメリカン航空、コンチネンタル航空、ブラニフ航空と。いまそれを並べて見ると、なぜこのプランが成功する運命にあったのか、一目瞭然である。

サウスウエスト航空のプランは成功するべくして成功した。ライバルのルートと比べると、3つの天才的なひらめきとしか思えない。

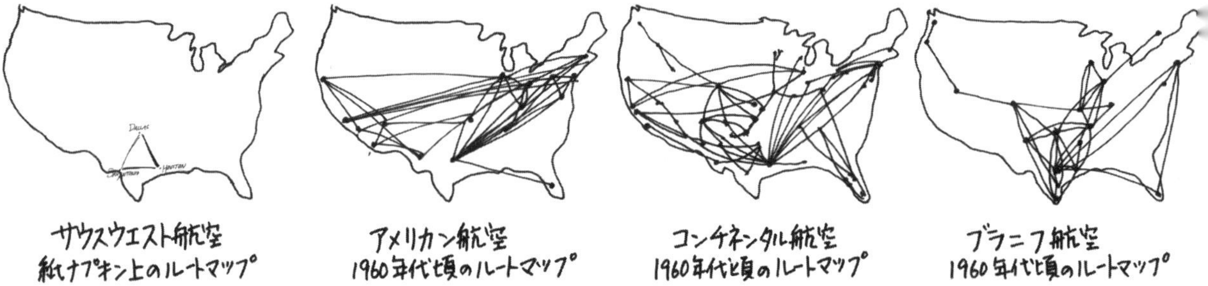

さきほど述べたように、1967年当時テキサスに乗り入れる大手の航空会社はすべて「ハブ・アンド・スポーク」方式の航空輸送を行っていた。それは最大限の旅客をもっとも効率よく運ぶ方法だった。たくさんのスポークから中心のハブへ

旅客を運び、それから別のスポークに運ぶという方式は、都市間の直行便を無数に飛ばすよりもはるかに容易だった。このモデルは航空会社にも、長距離を移動する旅客にも都合がよかった。が、短距離を飛行機で移動したい地元の人々にとっては不便きわまりなかった。

法的な論争に4年かかった末にハーブは同社の事業をスタートさせ、1971年にはサウスウエスト航空の飛行機は空を飛んでいた。限られた都市に焦点を絞ることで同社は効率的な経営を実現した。テキサスを本拠地とするビジネスマンにとっては、じつに使い勝手がいい航空会社となった。しかもホットパンツ姿のスチュワーデスや正規料金でチケットを購入した旅客にはシーバスの5杯目を「無料」で提供したり、といった精力的なサービスも実を結び、サウスウエスト航空は間もなく国内線でピカイチの存在となった。30年間連続の黒字という記録も達成し、航空業界では前代未聞の伝説的記録となった。

質問5：ものごとの現状か、それとも変化の可能性か？

最近、アメリカ最大の銀行で業務効率について行われた内部調査の結果、ある数字が注目を浴びた。電子メール、インスタントメッセージ、ウェブを基盤としたツールに加えカンファレンスコール、ビデオカンファレンスを通じて密なコミュニケーションが実現したために、上級管理者が同一業務を継続して行えるのは平均わずか4分だというのだ。データによれば、部長、副社長、取締役、一般社員は中断されるまでの間隔がほんのわずかだけ長かった。銀行で働く誰もがやるべきことを先送りし、やるべき仕事は溜まるいっぽうだと感じていた。

この数字が明らかになった以上、手をこまねいてはいられなかった。迅速な解決が求められた。もっとも高給を取っている意思決定者が中断されずに業務に専念できる時間がわずか4分だとすれば、果たしていい決断を下すことができるだろうか。社内の有識者により小規模のSWATチームが結成され、対処の方法について話し合うことになった。ホワイトボードのある部屋に集まると、チームは問題を絵ですみやかに示した。

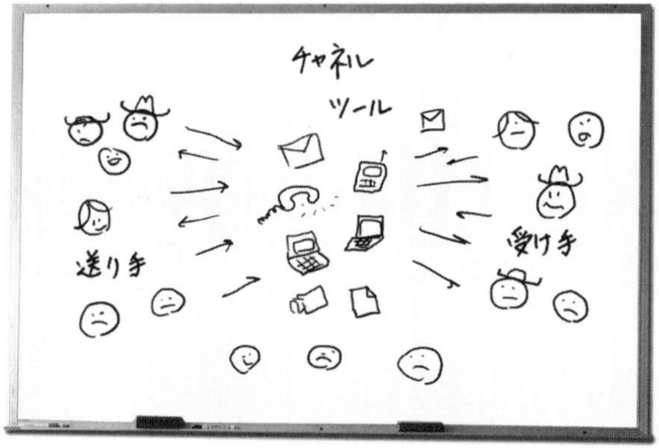

現状　銀行のSWATチームは自社が直面している時間の危機を絵にした。

社員の「現状」が簡潔な絵であらわされている。その銀行では意図的にオープンな対話を尊重する環境づくりをしていた。支店長は上級管理者に直接話をして地域の問題を迅速に解決する仕組みになっていた。

だが、いつでもたがいにコンタクトがとれる環境のなかで社員は満足度が高まるどころか、むしろメッセージが過剰に流され、多くの社員は〈どの〉機器からのメッセージに対しても返事ができない状況に追い込まれてしまっていた。これは由々《ゆゆ》しき問題だった。大量に流される無駄な情報のなかに、価値ある情報が多く埋もれていた。

現状を明確にあらわすだけで後はプロジェクトが動くという場合もあるが、このケースはそうではなかった。経営陣が解決方法を編み出す可能性は低いと察したSWATチームは、自分たちで編み出す必要性を感じた。自分たちは「問題点が明らかになりました」と報告するためだけに集まったのではない、こたえを見つけなければならないと自覚していたのである。

彼らがまずやったのは、万事うまくいった場合の状態を想像することだった——必要に応じて必要な相手とコミュニケーションを取ることが可能で、しかも情報の受け手はメッセージを受信する時間と方法を選択できる。

それこそチームにとって満足のゆく状態だった。〈どのように〉実現するのかという手がかりはまったく含まれていないが、実現後の状況は明確である。よりよい未来を想像するスタート地点として役に立っていた。だが、彼らはその絵と自分たちとのあまりの距離を思い知らされていた。自分の時間を確保しようとするあまり、入ってくる情報につねにフィルターをかけてしまっていた。そして自分から発信する情報に関しては無頓着《むとんちゃく》だった。

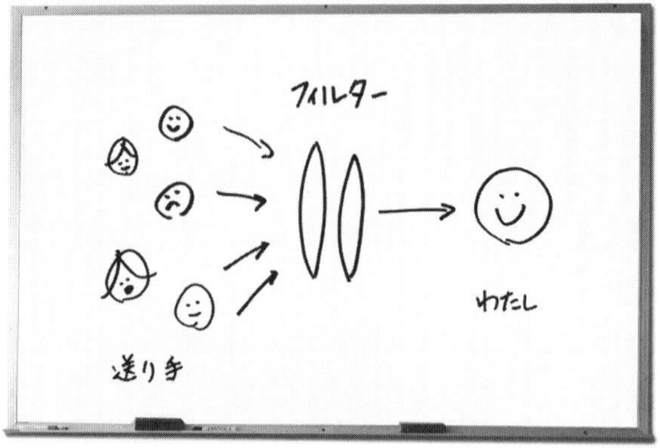

チームは、理想的な状態を想定してみた。
最優先、緊急、個人的な好みなどの区分で
送り手側がすべてフィルターをかける。

そこで彼らは絵をつくり直した。今回は、すべての情報の送り手は受け手でもあることを認識する。情報の受け手として、入ってくる情報がフィルターにかけられていることを望むのであれば——緊急な用件、具体的なプロジェクトに関連する用件、総合的に重要と判断できる用件など——送り手として同様のフィルターを設ける責任を負う。

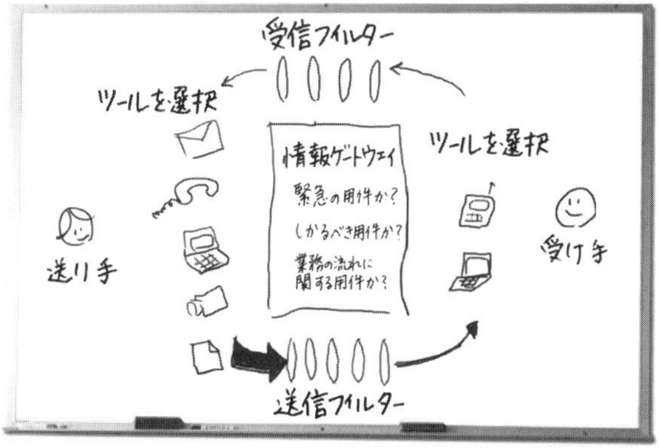

「望ましい状況」を描いた第2弾の絵をもとに、チームはさらに現実的な解決法を編み出した。情報をやりとりする際にフィルターにかけるという方法である。

送り手と受け手のあいだに１組のレンズがある。レンズはさまざまな基準のフィルターに相当する。メッセージが相手に届けられるかどうか、そこで振り分けられる。フィルターにかけられたメッセージをやりとりする「チャネル」（電話、電子メール、インスタントメッセージ、郵便）は、送り手あるいは受け手が好みで選択できる。

これでめざすモデルができたと意見が一致した。まだ相当に概念的で、こたえよりも問いかけのほうが多いが、チームのメンバーは午後の時間を割《さ》いて出した成果に満足した。とりわけ、途中で中断されずにこのレベルまで構想を練り上げることができたのは、大きな満足につながった。

ホワイトボード・ワークショップ：SQVIDと散歩に出る

1　アイデアを選ぶ

同僚に伝えたい考えがあるとする。どんなものでもいい。財務の集計表からひらめいたものでも、インターネットで読んだすばらしいブログでも、提案したい新しい広告メッセージでも。すぐには思いつかないかもしれないが、あなたの関心を引くもの、比較的説明しやすいものを選んでみよう。

思いつかないという方のために、いくつか例を挙《あ》げてみよう。

- 自社製品の新しい広告。「カエルの王女」を素材としたもの。
- 自社の採算性の計算法は正しくない。
- この1年で、中国はアメリカについで自動車生産高第2位となった。

2　円を描いて名前をつける

便せん大の白紙6枚と黒ペンを用意する。1枚目のまんなかに円を描く。

あなたの考えに名前をつける。「利益と損失の計算法を見直すプラン」のように説明的でもいいし、「カエルキャンペーン」のように抽象的でも、「中国、1000万台を突破」というシンプルなものでもいい。名前を選ぶのに時間をかけすぎる必要はないが——使うのは、目下あなた1人なので——なんでもいいというわけでもない。

あなたの考えの名称を円のまんなかに書き入れ、円の下にSQVIDと書き入れる。

3　SQVIDのページをつくる

残りの5枚の紙それぞれの左端の上部と下部にSQVIDの項目を書く。5枚書き終えると、それぞれつぎの文字の組み合わせが書かれた5セットができあがっていることになる。

- 簡潔—精巧
- 質—量
- 構想—実現
- 個性—比較
- 変化—現状

こんな感じになる。

4　あなたのSQVIDを記入する。

5枚の紙に書いた10項目に従ってあなたの考えを描いてみる。たとえば「カエルキャンペーン」を選んだとしたら、つぎのようなものになるかもしれない。

それぞれの紙にシンプルな絵を描いてみる。うまく思いつかないという場合は、本章の最初で登場したリンゴを見てみよう。

なにが起きているのか

SQVIDの項目に記入してゆくには、自分の考えを心の目で多面的に観察する必要がある。これはそのための構造化された方法なのである。5つの問いかけにこたえる形でさまざまな要求に応じて自分の考えを〈視る〉ことで、脳のさまざまな思考センターが活性化する。そして数値と形を認識し、時間と空間と変化を認識する。こうして基本的な要素に注目しながら自分の考えを視た結果が、あなたが描いた絵なのである。このエクササイズは単に想像力を広げるためだけのものではない。自分の考えに注意を集中し、仕上げ段階として人に見せる準備を整える作業なのだ。つぎの章では見せることについて取り上げていこう。

第7章
〈見せる〉ためのフレームワーク

ビジュアルシンキングのプロセスについて説明を始めて早々に、絵を使って問題を解決するときいても、すぐに身を乗り出す人ばかりではないと述べた。自分はうまく絵が描けないから無理だと思ってしまうからだ。そのようにビジュアルシンキングには凝《こ》って洗練された絵がつきものと考えることは、断じてまちがっている。それではせっかくのビジュアルシンキングのプロセスが力を発揮できない。人にはみなすばらしい問題解決能力が備わっているのに、それを抑え込んで活用しないのはもったいない。

〈見せる〉というステップは――このステップには、お絵描きの稽《けい》古《こ》らしきものが含まれている――ビジュアルシンキングのプロセスの最後のステップだ。最初に絵を描くわけではない。このプロセスを見せることからスタートしようとするビジネスマンたちは――90％はそういうことが起きる――絵を描くスキル、コンピュータ・プログラム、絵の上手下手にばかり気を取られ、このステップのほんとうの価値をとらえそこねてしまう。〈見せる〉ステップとは、自分の考えを整理して人に伝えるだけではない。最大のブレイクスルーをこのステップがもたらしてくれるのである――〈ただし、わたしたちがじゅうぶんに見て、視て、想像している場合に限られるが〉。

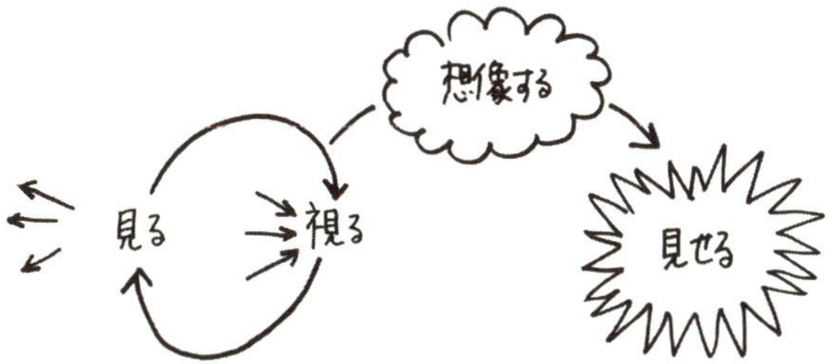

見せることは、総仕上げである。これまでに見て、視て、想像してパターンを発見し、意味を見出し、それをいままでに視たことのない絵にする方法を探った。そうしてできあがった絵を、他者と共有するのが見せるということだ。彼らに伝え、彼らに納得してもらうために――もちろん、相手はまちがいなくわたしたちと同じものを視ている必要がある。

〈見せる〉とはつぎの３つのステップを踏むことである。正しいフレームワークを見つける、そのフレームワークを使って自分の絵をつくる、その絵を他者に説明する。絵を描くことはこのうちのひとつだけに関係している。それなのに、誰もがそこにこだわってしまう。

見せることの3つのステップ

1　正しいフレームワークを選択する

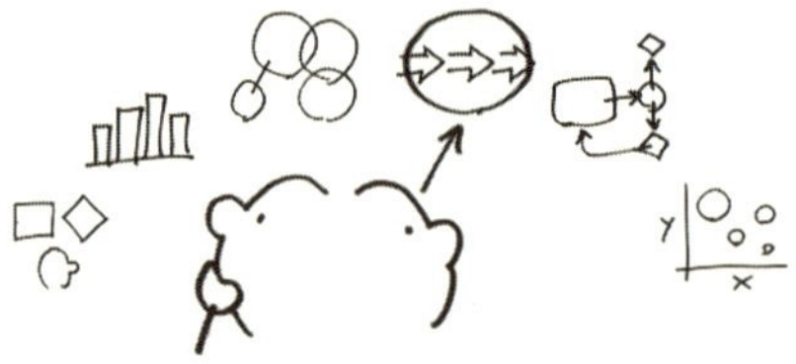

正しいフレームワークを選ぶためのツールは2つある。すでに紹介したSQVIDは考えを絞るために利用したツールだが、ここでふたたび活用する。もうひとつの新しいツールはすぐに紹介するが、この2つを使って絵をつくるためのベストのフレームワークを選択する。難しい作業ではない。なぜなら選択肢となるフレームワークは6つ、しかもすでにおなじみのものだからだ。

2　フレームワークを使って絵をつくる

問題を解決するためにもっとも適切なフレームワークを選び、適切な座標系を決める。そこにデータ、詳細を加え、伝えたいストーリーを見せる（そして話す）ための絵をつくる。

3　絵を見せて説明する

絵を見せる相手が1人でもそれより多くても、絵には説明が必要だ。1000の言葉が必要な場合も、言葉をまったく使わない場合もある。どちらにしても、問題解決のためのすぐれた絵は、たとえどんなに複雑な中身や意味をあらわしていたとしても、容易に説明できるという点では変わらない。6つの方法で問題を視ることに加え、直感に訴える特徴を備えていれば、どんな相手でも説明を最後まできかなくても「わかる」のだ。

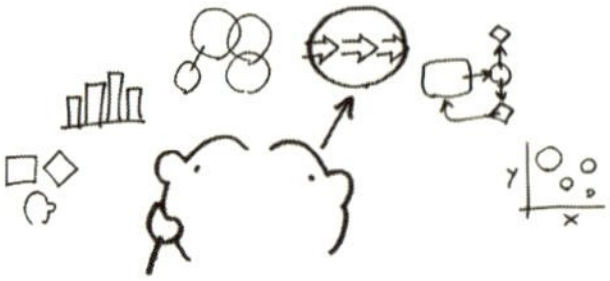

正しいフレームワークを選ぶ

第5章では、意識しながら視ることで問題を分解して絵であらわせるようになる、と同時に〈見せる〉際にも役立つと述べて締めくくった。もう少しくわしく説明しよう。通常、わたしたちの視覚系は特定の経路に従ってものごとを視ている。ならば、人に見せる絵をつくる際にもその経路を利用するのは理にかなっている。つまり、わたしたちが6つの方法で〈視る〉のであれば、同じ6つの方法で〈見せる〉ことができるはずではないか。

これは重要なポイントである。本章のこれからの部分で、ビジュアルシンキング全体においてカギとなる。このつながりを明確にするために、6つの方法で視る、とはどういうことかを手短にふり返ってみよう。

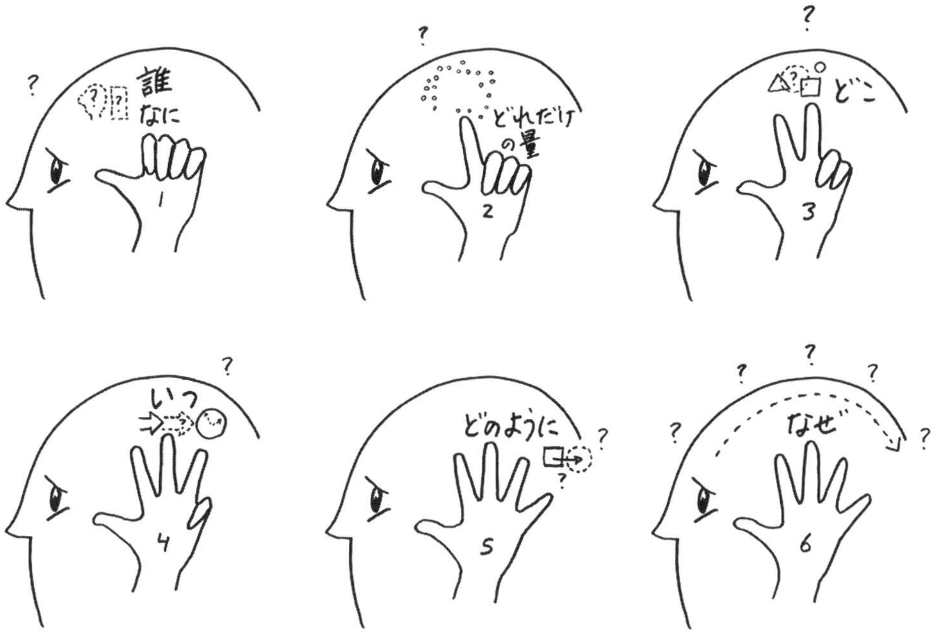

6つの方法で視る（復習）。〈誰／なに〉〈どれだけの量〉
〈どこ〉〈いつ〉〈どのように〉〈なぜ〉。

ここからはさらに目をしっかりあけて注目していただきたい。なにしろ次のステップでは、本書が誇るビジュアルシンキングの〈6-6〉のルールが登場するのだ。

〈6-6〉ルール

6つの方法で視ると、それぞれに応じて見せる方法は変わってくる。

6つの方法で見せるために、あるフレームワークを利用してスタートする。

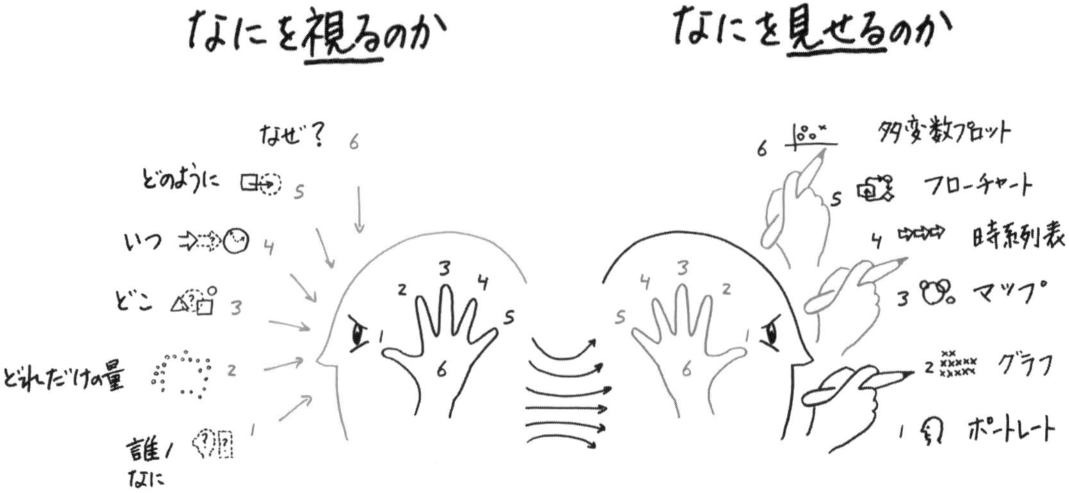

左の絵から右の絵へとたどってみよう。６つの方法で視た情報を心の目が処理し、今度はそこからスタートして６つの方法で〈見せる〉様子をあらわしている。〈誰／なに〉はポートレート、〈どれだけの量〉はグラフ、〈どこ〉はマップ、〈いつ〉は時系列表、〈どのように〉はフローチャート、〈なぜ〉は多変数プロットとなる。

本章ではこれ以降、このコンセプトが軸となるので完全に理解しておくことが必要だ。わたしたちはつぎのように目で見る。ちょうど自分のアイデアを「裏返し」の状態で見ている状態だ。

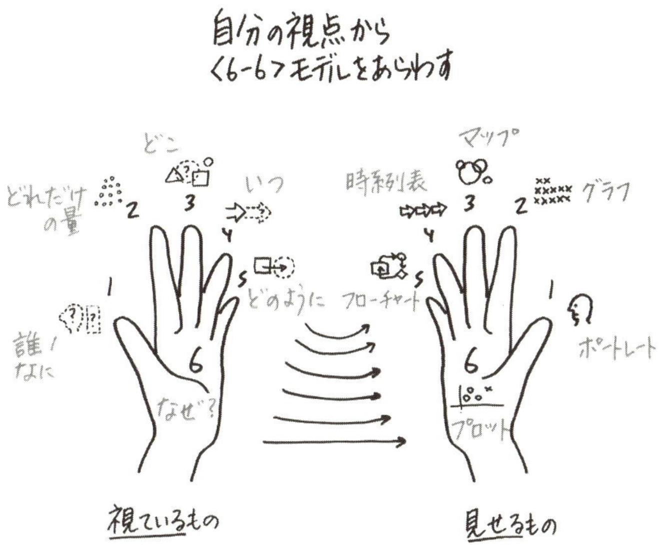

むろん、現実には手を通じて視覚的な情報をインプットしたり、それに応じたアウトプットをしたりするわけではない。けれど、いずれにしても絵を描くには手が必要なので、少し早いが登場してもらうことにしよう。手をモデルにこのルールを説明すれば目で見てわかりやすく、記憶に留まりやすい（片手の指と手のひらでちょうど6、合わせて12になるのも都合がいい）。

ビジュアルシンキングへの影響

〈6-6〉モデルはビジュアルシンキングにさまざまな形でプラスに働く。

●基本となるわずか６つの「見せるフレームワーク」（あるいはその６つの組み合

わせ）から、何千種類ものチャートを作成することができる。
- ６つのフレームワークを適切に使い、適切に描く方法を学ぶことで、どんな問題でもほぼすべて絵であらわせる能力を身につけることができる。

逆もまた同じく真実である。

- 問題を〈視る〉ことができれば（そして基本となる６つのＷに分解できる問題であれば）すべて、同じ６つのＷで表現して〈見せる〉ことができる。
- 視覚から取り入れた特定の情報（〈誰／なに〉〈どれだけの量〉など）を効果的に見せるには、現実の世界でそれを視る方法をくるりと反転させることだ。空間のなかでの対象同士の関係をもとに〈どこ〉を視ているとすれば、空間のなかにその通りに対象を配置して描けばいい。ある対象が時間の経過につれて変化する様子で〈いつ〉を視ているならば、複数の時間を設定して同一の対象を描けばいい。

ビジネスの現場では何百種類にも及ぶチャート、グラフ、ダイアグラム、統計図表、回路図、プロット、マップ、完成予想図、イラストなどの視覚的表現に出会うが、ひとまずそれは忘れてしまってかまわないということだ。とはいえ、膨大な量の絵を使うなという意味ではない——それどころか、正しい文脈で活用すればおおいに役に立つはずだ（実際にそれが効果的に使われる様子をこの先で紹介しよう）——が、〈見せる〉プロセスを理解しようとする時には６つの根本的なフレームワークだけでじゅうぶんであり、それ以外の無数の情報は脇に置いておこう。

これからは問題に突き当たるたびに「困ったぞ、この問題を解決するにはどんな絵を使えばいいんだろう？」と悩む必要はない。「自分が視ている問題は、６つのフレームワークのどれで描けるかな？」と自分に問いかければいいだけだ。

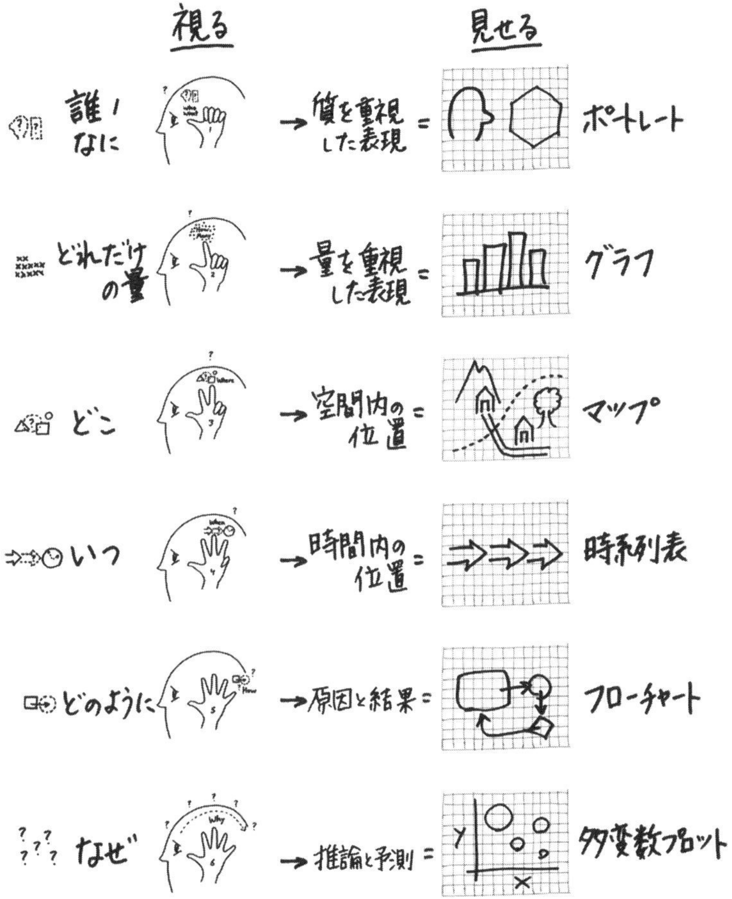

６つの方法で〈視る〉ことと、６つの方法で〈見せる〉こと。

どのようにして見せるためのフレームワークを決めるのか？

問題をビジュアルシンキングでとらえるスタート地点として、そして実際の絵を描くためのツールとして役立つとあって、このフレームワークは包括的なものとなっている（なにしろ、わずか6通りの選択肢であらゆる絵を描くことができるのだ）。しかも、ひとつひとつの区別が明確で選択に迷うことはない。適切なフレームワークを選ぶ際の指針となる基準はつぎの4つである。

1 **どんなものを見せるのか**。
〈誰／なに〉〈どれだけの量〉〈どこ〉〈いつ〉〈どのように〉〈なぜ〉。〈6-6〉モデルに照らし合わせて決める。

2 **基礎となる座標系**。
絵の根本的な構造。空間、時間、概念的、一時的なものかどうか。

3 **対象同士の関係**。
対象の特徴、量、空間における位置、時間における位置、互いへの影響、ここに述べた複数の要素の相互関係。

4 **スタート地点**。
トップ、中心、始まり、最後など。

ひとつひとつのフレームワークについて述べていこう。この4つの基準をもとにフレームワークを明確に想定し、実際の絵につなげてゆける。

フレームワークをどのように使うのか？

見せるフレームワークは、3つの意味で奥深い。第一に、問題解決のために活用する絵は、決して思いつきでつくったものではないことが明らかになる。なぜこの絵を選んだのか、論理的な根拠を与えてくれる。さらに、このプロセスは構造化されており、身につけて繰り返し利用できる。第二に、フレームワークをひとつ選択する際には、自分が〈視た〉もののうち、なにをもっとも〈見せる〉必要があるのかを徹底的に考え抜くことになる。いちばん重要なのが人間であるとしたら――〈誰〉――ポートレートを使う。時間がいちばん重要だとしたら――〈いつ〉――時系列表を使う、といった具合に。最後に、明確な座標系とスタート地点が決まれば、混乱も不安もなく絵をスタートできる。

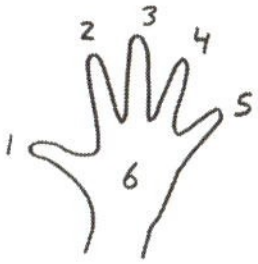

ビジュアルシンキングのフレームワーク　特徴とちがいのまとめ

フレームワークの種類	なにを見せるか	座標軸	対象同士の関係	スタート地点	例
1. ポートレート 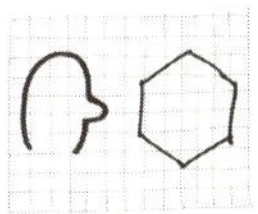	誰／なに	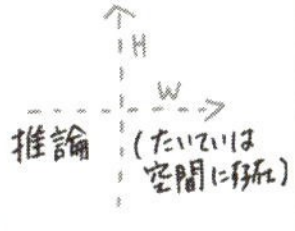	対象そのものの具体的な特徴で決まる	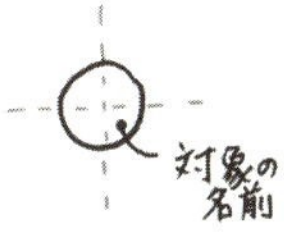	

2. グラフ 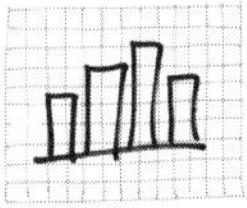	どれだけの量	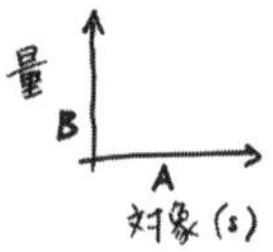	対象同士の量の比較	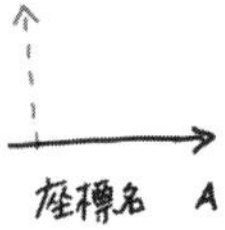	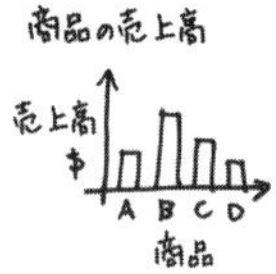
3. マップ 	どこ	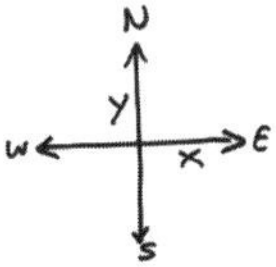	空間での対象同士の位置	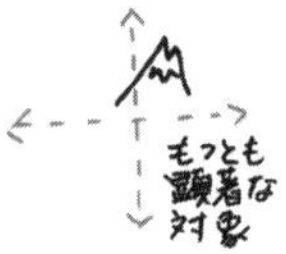	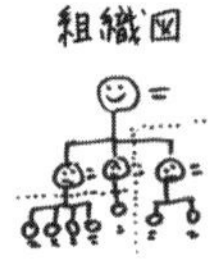
4. 時系列表 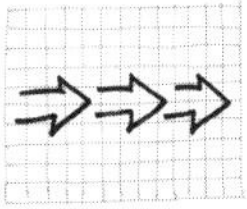	いつ	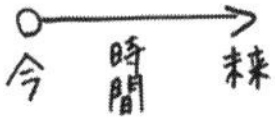	時間での対象同士の位置		
5. フローチャート 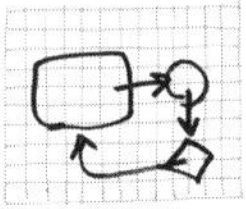	どのように	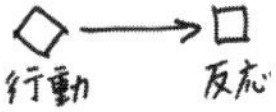	対象同士のお互いへの影響	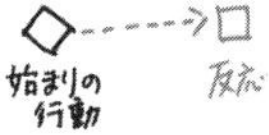	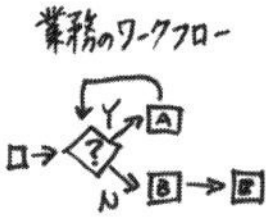
6. 多変数プロット 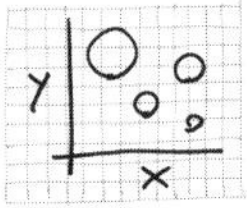	なぜ	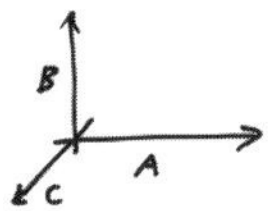	上記の2種以上の関係を含む対象同士の相互作用	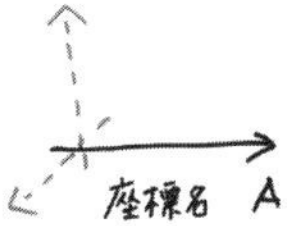	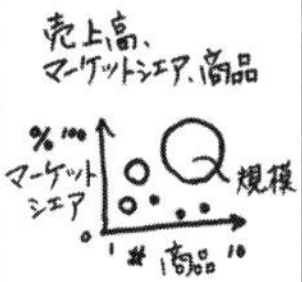

ビジュアルシンキング・コーデックスを使いこなす

さて、これで問題を見せる際に役立つ2種類の方法を紹介した。〈6-6〉モデルから導き出した6つのフレームワークと、想像力を集中させるためのSQVIDの5つの質問だ。この2つのモデルは別種のものであり、機能も異なる。それぞれに応じてわたしたちは異なる方法で考えを深めることになるだろう。フレームワークを選択する場合は、より分析的に。そしてSQVIDで考えを絞る際にはより直感的に頭が働くだろう。こうしたちがいは重要だ。この2つのモデルは相互補完的に使える。だから両方を同時に利用すれば、みるみるうちに解決法が姿をあらわす。

想像してみよう。あなたは大きなプロジェクトを運営している。チームリーダーたちに対し、期限通りの引き渡しをするために個々の工程を確実に完了しなくてはならないと説明することになった。この場合は時間〈いつ〉が重要な要因である。〈6-6〉モデルから、この情報を見せるのに正しいフレームワークは時系列表であるとわかる。スタート地点としては申し分ない。が、果たしてどの程度くわしい時系列表が必要なのか。そこまではわからない。ひとつひとつのステップを記入すればいいのか、だいたいの期間なのか、分刻みの締め切りとして示すべきなのか、典型的なプロジェクトの時間割のようなものでいいのか、それとも今回は緊急性が求められるのか。

要するに、直面している状況と聴衆にふさわしい時系列表の種類を決めなくてはならない。簡潔か、精巧か、質を重視したものなのか、量を重視したものなのか、構想にポイントを置くのか、それを実現する部分にポイントを置くのか、このプロジェクトだけを見せたいのか、同時に行っている他のプロジェクトと比較するのか、この先の変化を示すのか、現状を示すのか。ここで必要となるのがSQVIDである。SQVIDを使えば、こうした質問にこたえるために考えを絞らなくてはならない。これで絵を描くための重要な選択が可能になる。

〈6-6〉とSQVIDをひとつの表にしてマスターリストをつくる。これ以降本書で使う主要な問題解決の絵はすべてこれにより説明と分類ができる。右のリストは〈ビジュアルシンキング・コーデックス〉というもので、使い方は簡単だ。それぞれのフレームワークとSQVIDの5つの問いかけをたどっていき、交わったところのマス目に2種類のアイコンがある。SQVIDの2つの項目によってどちらかを選択する（簡潔vs.精巧、質vs.量など）。このアイコンが絵をつくる際の理想的なスタート地点となる。聴衆、情報の重要度、データ、個人的な視点によりいちばん強調すべきものが明らかになる。

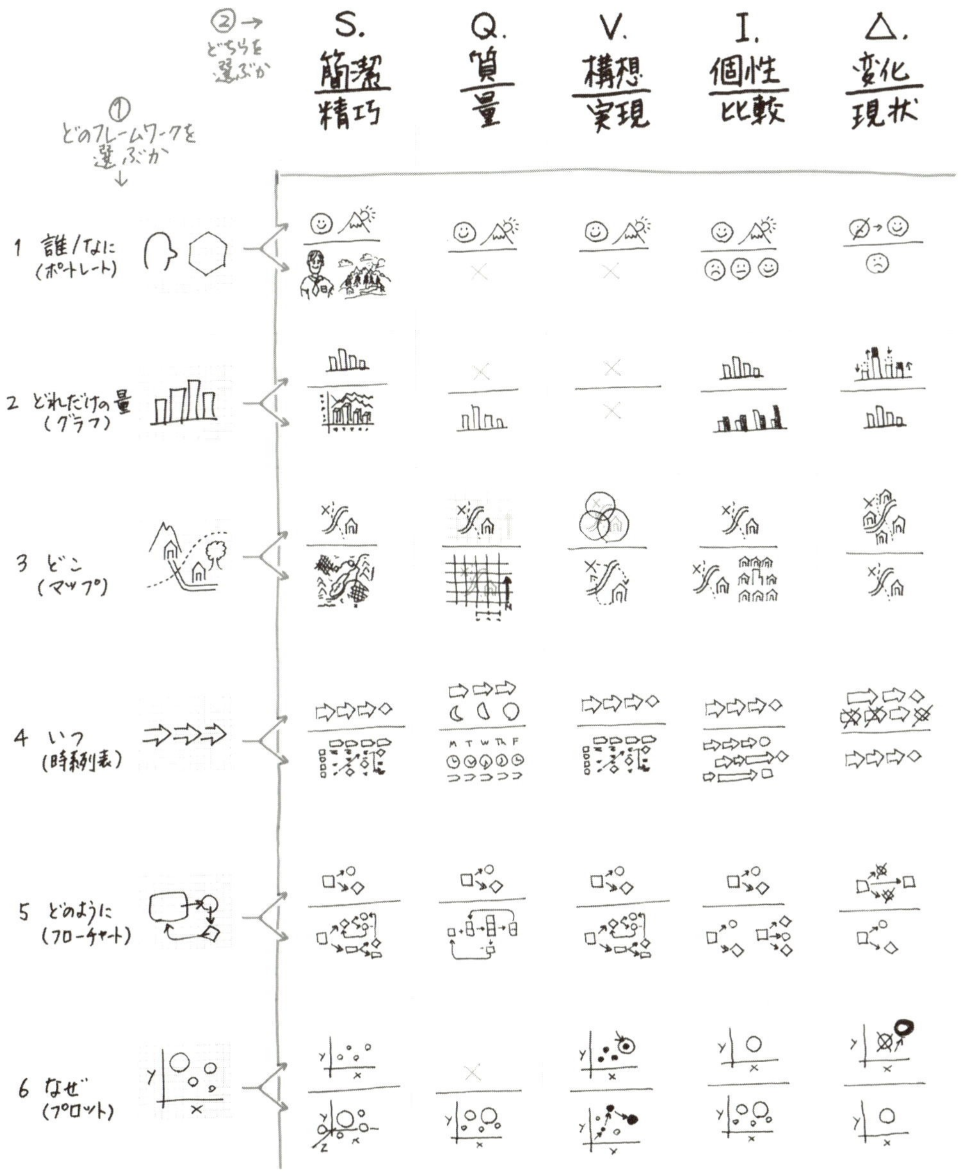

②→
どちらを選ぶか
①
どのフレームワークを選ぶか
S.
簡潔
精巧
Q.
質
量
V.
構想
実現
I.
個性
比較
Δ.
変化
現状
1 誰/なに
(ポートレート)
2 どれだけの量
(グラフ)
3 どこ
(マップ)
4 いつ
(時系列表)
5 どのように
(フローチャート)
6 なぜ
(プロット)

このコーデックスを使うには、まず縦軸から適切なフレームワークを選択する（〈誰〉はポートレート、〈どこ〉はマップなど）。それから横軸を移動してSQVIDのなかからもっともふさわしいフレームワークを選ぶ。場合によってはアイコンがない。それは適切なフレームワークが存在しないということだ（たとえば、〈どれだけの量〉を質的に示す必要はない）。

さて、先に登場したプロジェクト・マネジメントの例でコーデックスを使ってみよう。

ステップ1　最終的な期限に間に合うようにひとつひとつの工程を済ませる必要がある、というのは主として〈いつ〉の問題だ。コーデックスの縦軸を〈いつ〉の欄まで降りる。これから作成するのは時系列表とわかる。

ステップ2　チームリーダーには詳細で正確な情報を伝えなくてはならない。SQVIDの問いかけにひとつひとつこたえてゆくと、これから作成する時系列表は精巧で、量重視で、実現を主軸としたものであると明らかになる。プロジェクトの数多くの構成要素のそれぞれの正確な期限の関係を見せる、スーパー時系列表と呼ぶにふさわしいものをつくることになる。これでスタートできる。

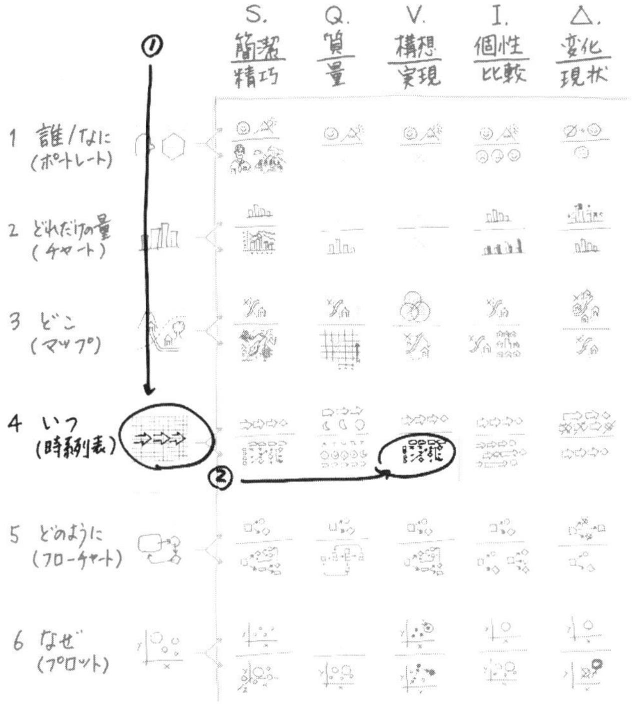

今度は第2章で登場したダフネの例でコーデックスを使ってみよう。世界規模で業務を展開する出版社のブランド・マネジャーだ。ブランドづくりのためのプロジェクトを新しくスタートさせるために、CEOにサポートを求めることになった。こういう場合は〈なぜ〉の問題となるだろう。なぜわが社の成長にとってこれが重要なのか？　なぜいま行動を起こす必要があるのか？　なぜウォール街はそれを歓迎するのか？　これは第2章で取り組んだ問題とは異質であり、まったくちがう絵をつくる必要がある。

ステップ1　縦軸を〈なぜ〉のところまで降りる。必要となる絵は多変数プロットと判明する。おやおや。作成するのも見せるのも、これがいちばん難しい。しかしCEOのサポートを取りつけようというのだから、そう簡単にいくはずはない。これは、少々勉強をする必要がある。

ステップ2　うまく相手に納得してもらうには、このプロジェクトがCEOが掲げる会社の構想とどのように直接的に結びつくのかを見せることが必要だ。だから、構想を軸とした絵にしよう。

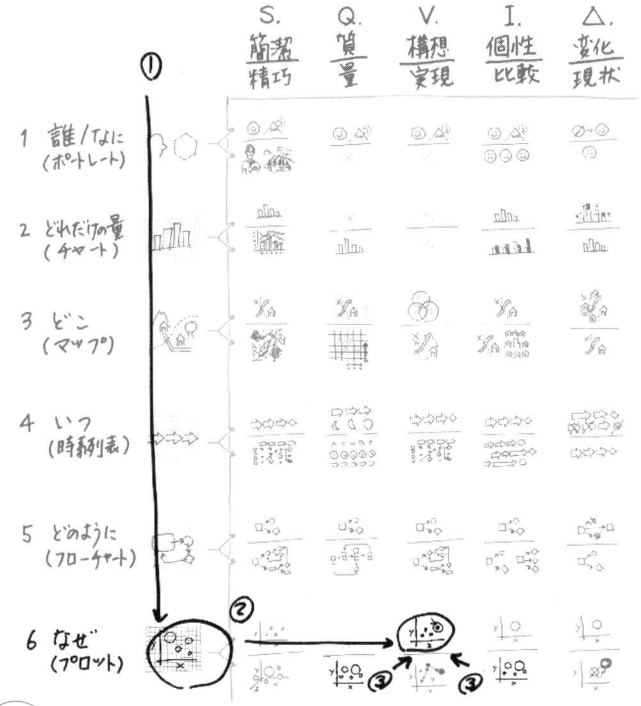

ステップ3　さらに、このプロジェクトによって市場でのわが社の位置がライバルの上位に移行できると絵で示せば、より説得力が増すはずだ。市場での地位を上げることは、CEOが長年掲げてきた目標だった。コーデックスを使えば、CEOに見せる絵は〈構想〉と〈比較〉を重視した〈多変数プロット〉としてスタートすればいいとわかる——手の込んだものになるだろうが、絵が完成すれば見せたいものを完全に見せることができるのだから、努力するだけの価値はある。

大プロジェクトの運営に必要な詳細な時系列表を作成する場合も、適切な説得法を探るダフネの場合も、これで絵のフレームワークと種類が決まった。いっぽうはスーパー時系列表、もういっぽうは構想と比較を軸とした多変数プロットでスタートする。これでコーデックスは任務を終えた。今度はいよいよ絵を描く作業だ。

フレームワークについてのメモ

〈6-6〉モデルはじつにシンプルだが、そこからできあがる絵はバラエティ豊かで（いずれも視る方法に対応した6つの方法に分類できる）、見せたいものをほぼ完璧に見せるための適切なスタート地点を探し当てるには強力な助っ人だ。

じつは、わたしたちは〈どのように〉と〈なぜ〉の組み合わせだけで視ているわけではない。わたしたちの視覚系は絶えず〈すべて〉を組み合わせて視ることで、自分の置かれた環境を理解しようとする。まさに奇跡的なすばらしさだ。たとえば〈いつ〉と〈どこ〉を組み合わせ、〈どれだけの量〉と〈なに〉を組み合わせて視る。このような組み合わせは――基本の6つの方法のうちの2つを組み合わせた複合型のフレームワーク――〈見せる〉際にひんぱんに利用できる。これ以降、基本的なフレームワークをひとつひとつ見てゆきながら、あわせて取り上げよう。

まずは時系列グラフだ。これは〈どれだけの量〉の表が〈いつ〉の時間記録に重ね合わされている。この組み合わせについては第12章の〈いつ〉のフレームワークの部分で述べる。第二は、価値連鎖図であり、これは〈いつ〉の時間記録と〈どのように〉のフローチャートの組み合わせだ。これは第13章で〈どのように〉のフレームワークを扱う際に登場する。

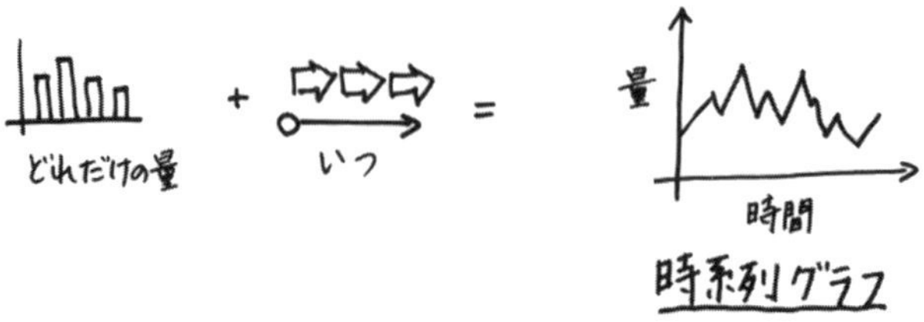

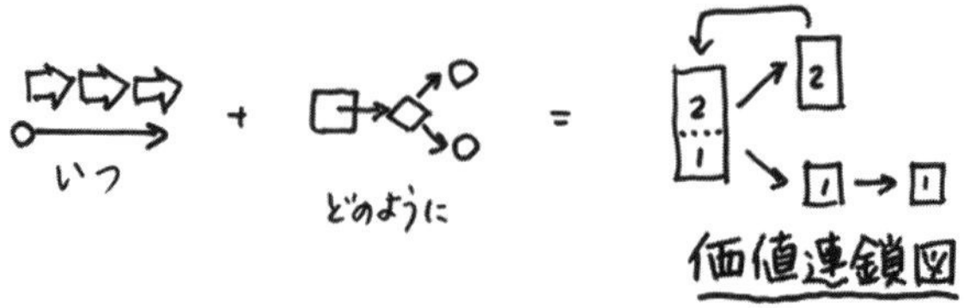

これから問題解決の絵を詳細に検討するが、2つのフレームワークの組み合わせはたびたび登場することになる。

第III部

アイデアを発展させる

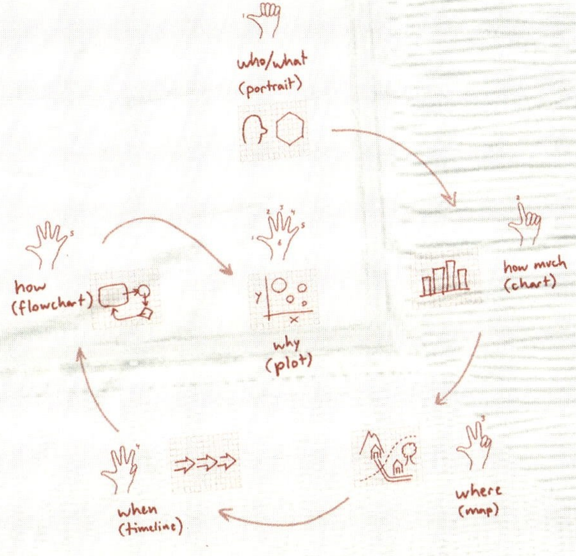

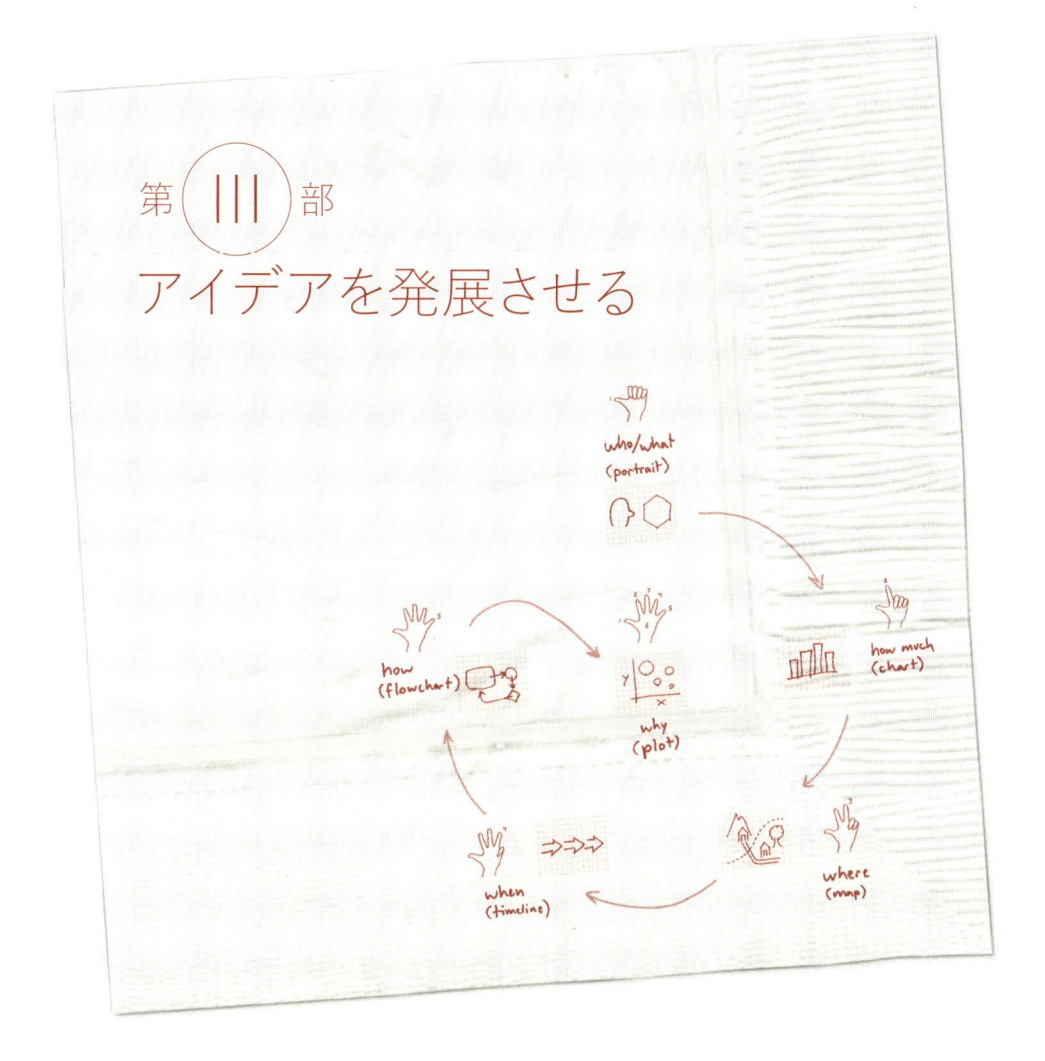

第8章
〈見せる〉ことことビジュアルシンキングMBA

みなさま、ペンをお取りください

問題を明確にし、見せるための適切なフレームワークを選び、SQVIDを使って考えを絞った。つぎに進むステップは、ペンを紙に（あるいは紙ナプキンでもホワイトボードでも）当てて絵を描き始めることだ。これについては2通りの考え方がある。黒ペンの人間は、この世でこれほど簡単なことはないと思うだろう。赤ペンの人は、とても無理だ、人に見せられるような絵なんて描けやしないと思うだろう。どちらもおおまちがい。芸術の才能に恵まれた人は、意外にも絵を描くことに苦心するだろう（なぜなら、分析的なプロセスという慣れない作業を脳に強《し》いることになるので）。そして「わたしは絵を描くのが苦手」という人は、あっさりと描いてしまうはずだ（ふだん使っている分析的な能力が意外にも役に立つので）。どうか忘れないでほしい。あなたはすでになにをすべきかわかっている。よく〈見た〉、明確に〈視た〉、自信を持って〈想像した〉――スタートするためのフレームワークも選択ずみだ。

ざっとつぎのように進めていこう。絵を描くといっても、ひとつひとつのフレームワークによってアプローチのしかたはさまざまだ。そこで、それぞれについていくつかの例を紹介しながら進んでゆこう。これまで本書で述べてきたことはそれでじゅうぶんに網羅しているが、現実の世界で遭遇する問題はとうていカバーし切れない。しかしご安心を。どんな問題でも数種類のフレームワークとルールだけでたやすく絵として表現できるのがビジュアルシンキングのすばらしさであり、それを納得するには大量の絵は必要ないのである。

ビジュアルシンキングMBAのフレームワーク

ビジネススクールでは、MBA の学生とエグゼクティブが教室で財務、営業、マーケティング、経営の理論を学び、ケーススタディでそれを活用する。実際の企業が直面した問題をそのまま使うケースもあれば、架空の会社と問題を設定して行うケースもある。どちらにしてもケーススタディは抽象的なアイデアを「リアル」なものとして実践するためのものであり、いわばMBA プログラムのバックボーンといえる。第 III 部ではその方式を拝借し、詳細なケーススタディに取り組みながらビジュアルシンキングのツールとルールに命を吹き込んでみよう。

危機に陥っている架空のソフトウェア会社を設定し、そこから立ち直るためにこれまで話したビジュアルシンキングのプロセス、SQVID、〈6-6〉モデル、コーデックスのすべてを使ってみる。ビジュアルシンキングは複雑なビジネスの問題を理解する際にたいへん効果的だ。それをわかっていただくために、こうしたツールを活用して、ビジネススクールのセミナーに匹敵する内容をカバーする絵を作成する。まずは顧客調査でスタートし、それからマーケティングと商品開発、財務分析、プロジェクトプランニング、最後に戦略的意思決定へと移る。ひとことでいうと、たくさんのものを見ることになる。

厳密なケーススタディは2つのアプローチ法がある。いちばん重要な部分を精査するアプローチと詳細に深く潜《もぐ》るアプローチだ。ここで扱うケースはすばやく精査したいと望む読者のために6つの章に分け、それぞれの章で6つのフレームワークをひとつずつ紹介する。フレームワーク自体に関心のある読者には、章の冒頭の要約を読むことをお勧めする。ビジネスのストーリーを追うにはおそらくそれでじゅうぶんだ。

論理的思考をくわしくたどることに関心のある読者は、ぜひ最初から順を追って進んでいっていただきたい。フレームワークを使ってステップを踏みながら、アニメーションの1コマ1コマのように絵ができて、それが組み立てられてゆくのを正確に理解できるだろう。どちらのアプローチを選んでも――精査する、深く潜る――絵でビジネスの問題を解決することをリアルに実感できるはず。

ケーススタディのシナリオ

わたしたちは会計ソフトの会社の社員だと想定してみよう。社名はスーパー・アカウンティング・エクスチェンジ社、略してSAX社と呼ぶ。SAX社は1996年以来、大組織向けに専門的な会計ソフトを設計し販売している。SAX社は会社としての規模こそ大きくはないが、ほぼ10年にわたって同社の主力商品は業界のベンチマークと位置づけられてきた。

このニッチ業界では、目下SAX社の主なライバルは5社。各社とも独自のアプローチでビジネスに取り組み、強みと弱みも各社まちまちだ。わが社と競合相手はつぎの通り。

- SAX社（われわれ）
- SMソフト社
- ペリドックス社
- ユニバース社
- マネーフリー社

さて、わが社が抱えている問題だ。過去2年間、他社は売上を伸ばしてきたのにわが社の売上は横ばいだったのである。わが社の最新の商品は1年前に発表したソフトウェアだ。いままでにない多くの特徴があり、他の商品と比較すると際立って豊富な機能を備えている。しかし顧客の反応はにぶかった。わが社の営業の話では、ここ1年で「オープンソースの無料ソフト」が台頭し、高価なソフトウ

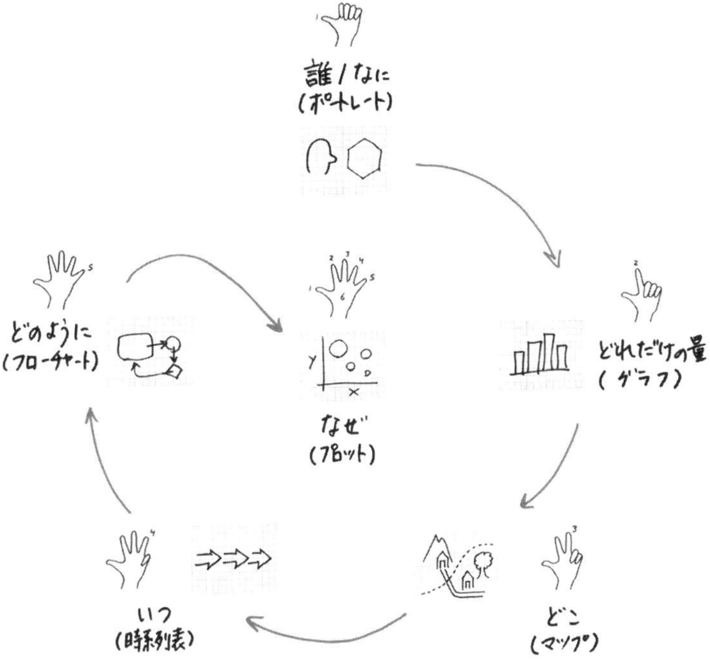

まずはSAX社の〈誰〉の問題について、6つのフレームワークを経て数種類の絵を作成する。それは問題の定義から解決に至る道のりだ。

ェアの売り込みに苦戦しているという。そのような無料ソフトが——たいていは緩《ゆる》やかに提携した技術者たちが作成し、わが社を始めとする企業につきものの間接費という重荷や株主の要求とは無縁だ——ハイテク業界の至るところで勢力を強めてきていた。いまのところ、わが社の特徴あるソフトに匹敵するオープンソースの無料ソフトはないが、出てくるのは時間の問題だろう。マーケットシェアを大幅に失う前にどんな手を打てばいいのか、確実なことは誰にもわからない。第９章に進み、まずは顧客について考えるところから始めよう。

わたしたちがつくる絵について

スタートする前に、本書に登場する絵についての前述のコメントをここで取り上げておきたい。これから作成する絵はすべて、ホワイトボード、ごくふつうのレポート用紙、紙ナプキンなど目についたものにどんどん手で描いていく。「はじめに」で、ダフネの絵は本書のなかで唯一コンピュータで作成したものだと述べた。それにまちがいない。コンピュータは無数の用途に利用できるじつに便利なツールだが、ビジュアルシンキングのこのレベルには必要ではないとわたしは考える。逆に、コンピュータによって失われるものな

ら、いくつか思いつく。そう、コンピュータを使うと基礎的な認知の働きが発揮できていないように感じられるのだ。とりわけ、紙にペンを当てた時に生まれる意外なアイデアの数々がコンピュータでは出てこないように思える。この段階でコンピュータに頼ってしまうと、ビジュアルシンキングの能力が向上するよりも弱まってしまうおそれがある。

今度はプラスの面を見てみよう。コンピュータを使えば、手描きの絵よりもはるかに高度な構成の絵を難なく完成させてしまえる。量を重視した絵を正確に作成する時にはとても頼りになる。プレゼンテーション用のツールとして、コミュニケーションのツールとしてかけがえのない存在だ。この事実は強調しておきたい。そのために本書には巻末の「付録B」を添付し、ひとつひとつのフレームワークをさらに発展させるために使えるソフトウェアを紹介した。そしてデジタル一本やりで行く（つまり全面的に機械を取り入れる）と決めた読者にソフトウェアを利用する際のコツを少々添えた。

が、とにかくいまは、ペンと紙ナプキンを使うとしよう。空港のバーで思いがけない人とばったり会った時に備えて、腕を磨いておこう。

第9章

わたしたちの顧客は?〈誰／なに〉の問題を解決する絵

フレームワーク1：〈誰／なに〉の問題を見せるために〈ポートレート〉を使う

顧客は誰か？

自社の商品をどういう顧客が買ってくれるのか、以前に比べて誰もがよくわからなくなっていた。そこで、どういう相手に向かって商品を売ろうとしているのかを考えるために、顧客のポートレートを作成してみる。クライアントのなかからある大手企業を選び、自分たちが知っている情報に基づいて顧客プロフィールの雛形《ひながた》をつくってみる。めざすのはたくさんの情報が盛り込まれ、多方向からそれを見ることのできるものであり、社内だけでなく社外とも共有することになると想定される。作成するだけの価値はじゅうぶんにあるということだ。正しいフレームワークの選び方を教えてくれるのは、ビジュアルシンキング・コーデックスだ。このケースでは、人についての問題（顧客は〈誰〉か）なので、コーデックスから、ポートレート、〈質を重視〉でスタートすればよい。

思い出そう：〈誰／なに〉を見せるためにはポートレート

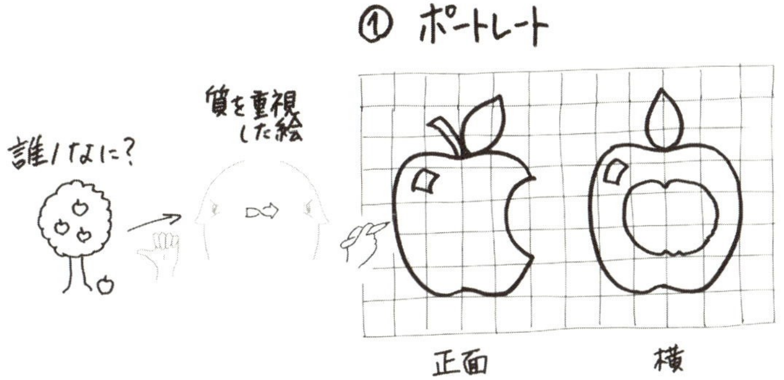

フレームワークの種類	なにを見せるか	座標軸	対象同士の関係	スタート地点	例
1. ポートレート 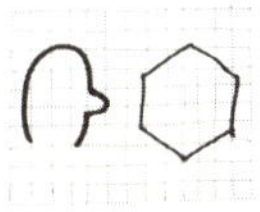	誰／なに	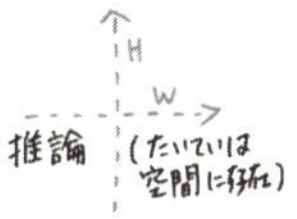	対象そのものの具体的な特徴で決まる	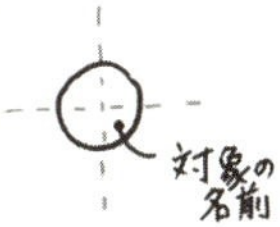	

視る方法の第一番目は〈誰〉と〈なに〉だ。対象の特徴を視覚でとらえ、認識する方法である。対象を構成している要素、形、バランス、サイズ、色、質感といった特徴を視る。自分が視たものを他者に見せるためにはポートレート（質を重視して描く）を作成すればよい。対象と他のもののちがいを強調する特徴を視覚的にとらえ、その情報がポートレートになる。だからそこには、〈どれだけの量〉

〈どこ〉〈いつ〉〈どのように〉との相互作用、といった情報は入らない――そういう情報はそれぞれに合ったフレームワークで見せる。ここでは〈誰が誰〉で〈なにがなに〉かを明確にするためにポートレートを作成し、それをスタート地点としてみよう。

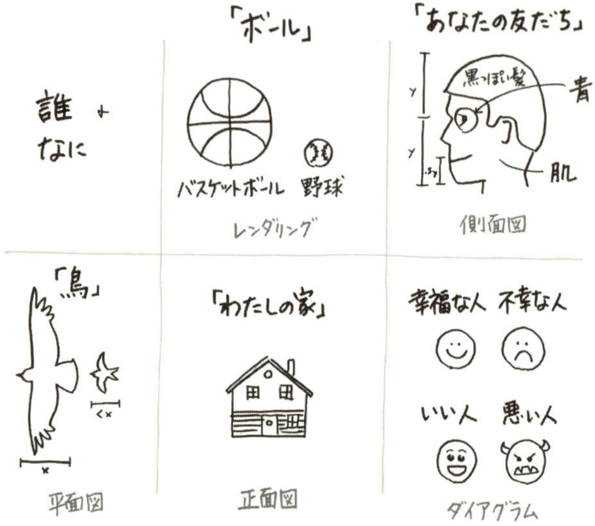

レンダリング、側面図、平面図、正面図、ダイアグラム。ポートレートにはたくさんの種類があるが、どれも見せるものは同じである――対象とそれ以外のもののちがいを認識できる特徴を見せる。

ポートレートのコツ

1　シンプルに考える。

レンブラントをめざす必要はない。実際、あまりにも凝っていたり気が利《き》いていたりすると、絵そのものに関心が集まってしまい、伝えたいアイデアの本質に関心を引き寄せるのに失敗する。シンプルに勝るものはない。絵としての完成を求めるのではなく、視覚的な電報を打ってい

るつもりで描いてみよう 。

2　リストに命を吹き込む。

なぜビジネス上の問題でポートレートを作成するのか。それは、手と心の目が同時に働く時に、意外なアイデアが生まれ、絵となるからだ。単にリストにするのではなく、誰かあるいはなにかを目に見える形であらわすこと（本物に似ていなくても、詳細でなくてもいい）は、洞察力への刺激となるのである。

3　視覚にアピールする。

限られた時間しかない場合（そしてビジネスでは、つねに時間は限られている）、対比をあらわすには言葉よりも絵のほうが効果的である。ニコニコマークが並ぶといったシンプルなポートレートであっても、視覚に訴える工夫をすることで生き生きと印象深く対象を表現できる。

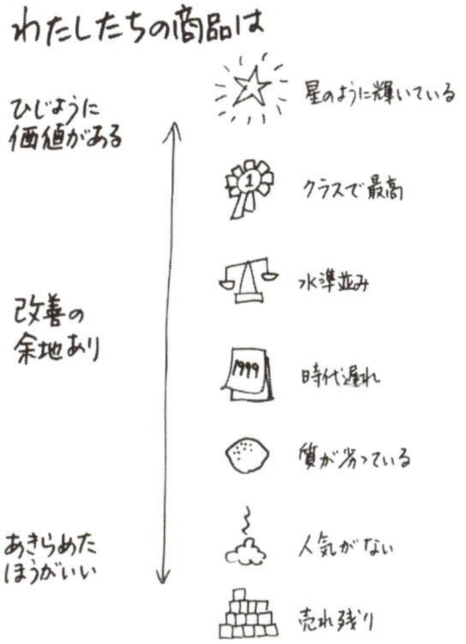

ごくごくシンプルなポートレートを作成するだけでも、心の目が働く。

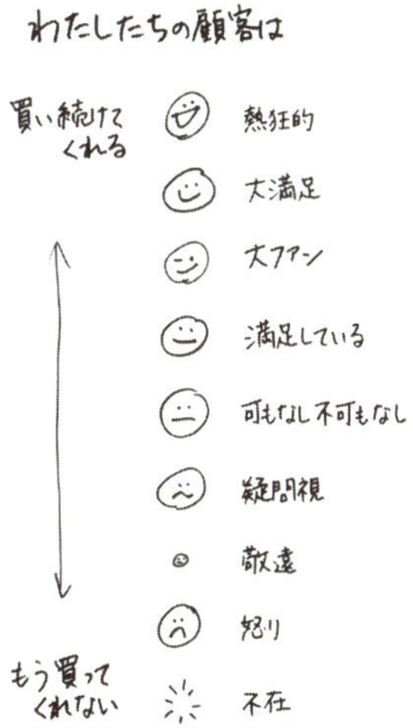

ごくシンプルなポートレートでも、対比を生き生きと表現できる。

こうしたことを心に留めて、顧客のポートレートづくりに戻ろう。フレームワークは選択できたので、つぎにSQVIDをたどり、順に5つの問いにこたえていく。

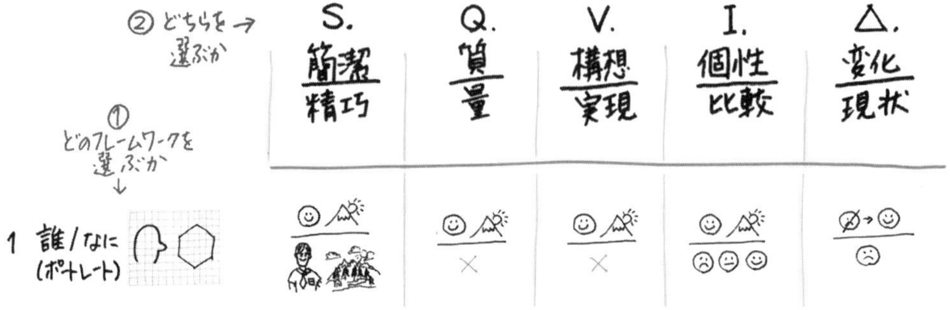

〈簡潔か、それとも精巧か?〉顧客を絵として初めて表現する機会なので、簡潔なものにしたほうがいいだろう。〈質か、それとも量か?〉いまのところ、これは単なるポートレートであり、数字をあらわすものではない。だからこの段階では質を重視した絵になるはずだ。〈構想か、それとも実現か?〉どういう構想を掲げるのか、そこにどのように到達するのかについてはまだ話し合っていない。だからいまつくろうとしている絵に関してこの問いは重要ではない。飛ばしてしまおう。〈個性か、それとも比較か?〉顧客全体を見渡すつもりなので、これは比較になるだろう。〈変化か、それとも現状か?〉いまの顧客の基本的な姿を視ようとしているので、この段階では現状をあらわす絵となるはずだ。だがこれから発見することをもとに、〈変化〉を見せたいと考えるようになるかもしれない。さてここ

でまとめてみよう。この絵はシンプルなフレームワークでスタートする――〈顧客の特徴をあらわす簡潔で質を重視したポートレート。こんな感じだろうか。さあ、ようやく描く準備が整った〉。

どこから描き始めるのか？　紙ナプキンになにを最初に描くのかを決めるのは難しいのだが、あまり考えすぎないように。なにを描いたとしても、たいして重要ではないのだ、と心得ておけば気が軽くなるだろう。最初に描いたものに描き加え、変更し、完全に消してしまうかもしれない。重要なのは紙に〈なにかを描く〉ことであって、〈なにを描くか〉を悩むことではない。描き始めるうまい方法をお教えしよう。円をひとつ描いて、それに名前をつける。〈どんな〉絵でもそれでスタートできる。自社の商品を買ってくれる顧客について、意外にもよくわかっていないということで意見が一致しているので、まずはわかっていることから始めてみよう――つまり〈わたしたち〉のことからスタートするのだ。

**シンプルな円を描き、名前を
つけてスタートする。**

ポートレートはある対象とそれ以外のものを区別するために作成する。「わが社」をきわだたせるために、目で見てすぐにわかるようになにか描き加えよう——たとえば、わが社の建物を。

これはポートレートであることを忘れずに。わが社とすぐにわかるように、建物を加えよう。

こんなふうにわが社をポートレートに描き入れることで、顧客を示すアイデアは湧《わ》いてきただろうか？　彼らのことも同じように描き加えるというのはどうだろうか。

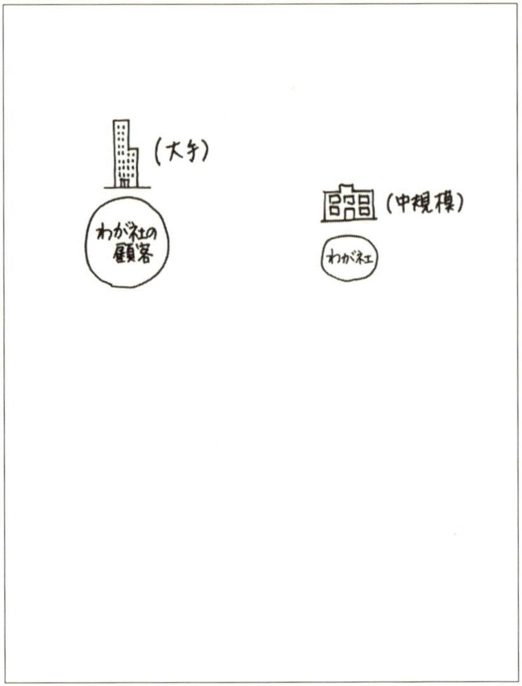

顧客を加え、絵の作成は順調に進む。

簡潔な絵にはちがいないが、わが社と顧客の関係がほのかにあらわれてきた。それをとらえて心の目が顧客のポートレートづくりの方法を想像し始める。

誰かにポートレートを見せることを想定して、これまたわが社について描くことから始めてはどうだろう。その絵は顧客そのものについてはなにも教えてくれないだろうが、〈わが社〉（わたしたちが熟知している対象）を描くことで〈彼ら〉について考えるための適切なフレームワークが明らかになるだろう。

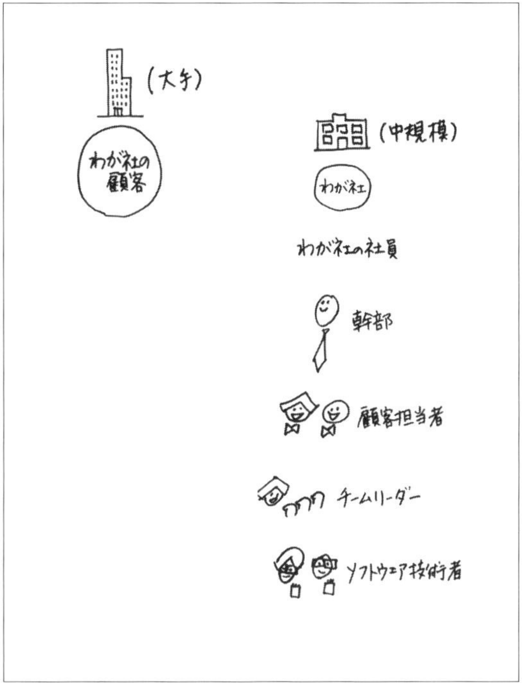

わが社の人間を描き込む。**幹部、顧客担当者、チームリーダー、ソフトウェア技術者**。

　これがわが社だ。会社を構成する人々のニコニコ顔が並んでいる。自分たちを描いて気持ちがなごんだところで、そろそろ顧客を描き入れてみよう。

わが社の人間が販売する商品を購入している相手を描く。クライアント企業の幹部、販売チーム、経理担当者、技術者。

これが彼ら、つまりわが社の顧客だ。じつに興味深い。当初考えていたよりも多くのタイプに分かれていそうだ。こうしてポートレートを1枚作成するだけでも、以前とはちがった視点で顧客をとらえられるようになる。この絵に取り組んでわずか2分。その2分のうちに、わが社の事業に関して知っておくべき人物の絵のベースラインを作成し、その絵を描いたことで多くの新しいアイデアが生まれている。コピーをつくる前に、もうひとつだけやらなくてはならないことがある。名前をつけるのだ。

これまでなにかを描いたら、それに直感的に名前をつけてきた。そう、まずは円を描いて名前をつけるところからスタートしたのだ。描き加えた人物にも名前をつけた。もちろん、それには理由がある。わたしたちの脳の視覚センターは絵を見ればそれだけでハッピーだ。しかし、それ以外の脳の領域は名前を知りたがる。名前を書いていないと、勝手につけてしまう。だから積極的に名前をつけよう。絵をめぐって少しでも誤解が生じないように。

絵には必ずタイトルもつけよう。もちろん、自分としては完璧に明確な絵を描いたつもりだ。しかし他者はちがう視点からこの絵にアプローチするかもしれない。そうすれば、こちらが強調したい点はまったく相手に届かないかもしれない。そういう可能性も念頭に置いておこう。

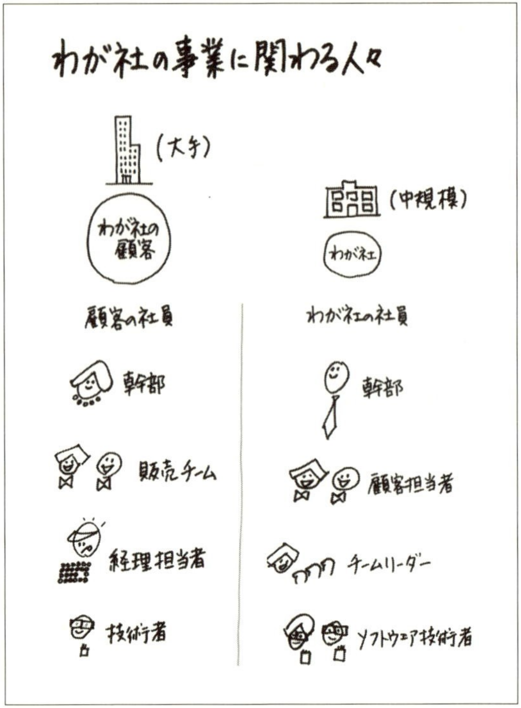

タイトルを加えれば、自分がこの絵に託した意図が相手に明確になる。

この簡潔な絵を土台として、顧客の質についてさらに特徴を描くことができる。たとえば、以前の市場調査の結果から、顧客はそれぞれのタイプに応じて会計ソフトに求めるものが異なるということがわかっている。クライアント企業がわが社のソフトウェアを使っていい成果が出ればもちろん、悪い結果につながったとしても最終的な責任を取るのは幹部だ。だから彼らは内部の人間にはアクセスしやすく、外部からは侵入しにくい商品を望む。彼らがいちばん重要視するのは〈安全性〉だ。販売チームは自社のサービスを売り込みやすくしてくれるものを望む。そんな彼らが欲しがるソフトウェアは評判の高いものだ――〈売り物になる〉ブランドを望むのだ。経理担当者は正確さと安定を求める。〈信頼性〉を高く評価する。そして技術者が望むソフトウェアは、他のシステムに接続しやすくアップデートが容易なものだ。求めるのは〈柔軟性〉。長い希望リストができあがった。こういうものは1枚の絵にすると消化しやすくなる。

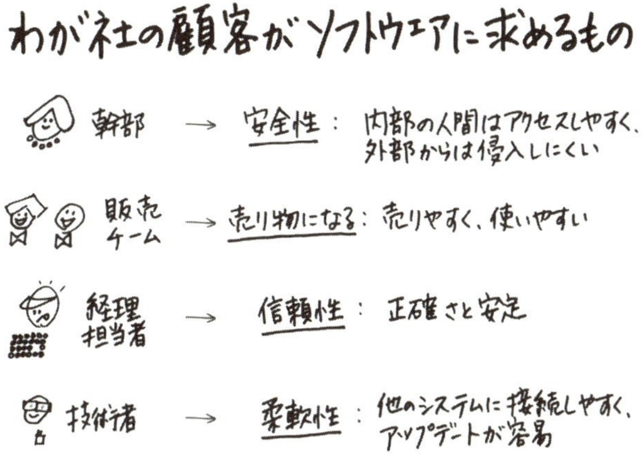
わが社の顧客がソフトウエアに求めるもの
幹部
安全性：内部の人間はアクセスしやすく、外部からは侵入しにくい
販売チーム
売り物になる：売りやすく、使いやすい
経理担当者
信頼性：正確さと安定
技術者
柔軟性：他のシステムに接続しやすく、アップデートが容易

彼らが求めるものを加える。

さて、これでわが社の顧客について2つのポートレートができた。いっぽうのポートレートは彼らがどんな人々なのかを示し、もういっぽうは彼らがなにを望んでいるのかを示している。今回はたまたまこの2つの絵になったが、これでな

くてはいけないということはない。ビジネスが異なれば、状況がちがえば、ちがうタイプの絵になるだろう。レンダリング、平面図、ダイアグラム、展開図といった形を取るかもしれない。けれどすべては本質的には同じ機能を果たしている。わたしたちが〈誰〉あるいは〈なに〉という対象をどのように視ているのかを絵として記録しているのだ。

第10章

どれくらい多くの人が買っているのか？〈どれだけの量〉の問題を解決する絵

フレームワーク2：〈どれだけの量〉の問題を見せるために〈グラフ〉を使う

顧客はどれだけいるのか？

ここまで、わが社の顧客を視てその特徴を記録し、彼らがソフトウェアになにを期待するのかについても思いをめぐらせた。売上を伸ばすには、確かに役には立つ。が、まだまだ足を踏み出したばかり。知る必要のあることはもっとある。タイプ別に顧客を分けたが、それぞれ〈何人〉いるのか、彼らはわが社の製品のようなソフトウェアに〈いくら〉費用を出すつもりなのだろうか。さらに、彼らはわが社とわが社の商品についてどう感じているのだろうか。それを数値として知る必要があるだろう。

焦点は〈誰〉と〈なに〉から〈どれだけの量〉に移った。ビジュアルシンキング・コーデックスを見ると、今度はグラフで量をあらわせばいいことがわかる。数値を基準とした図で対比をあらわすということだ。ポートレートは量に関する情報がなくても作成できたが、グラフとなると数字、測定値、データが必要だ。

思い出そう：〈どれだけの量〉を見せるのがグラフ

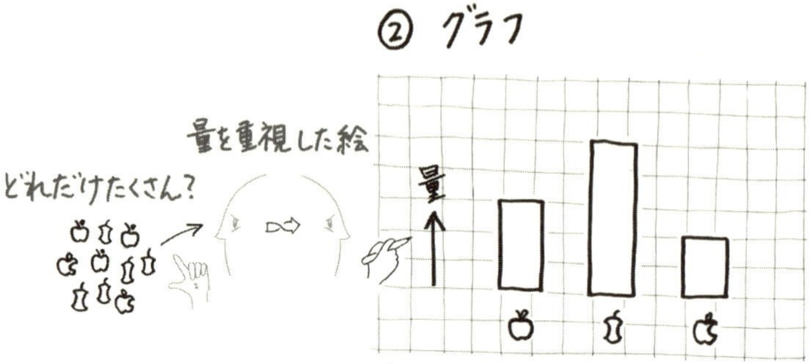

フレームワークの種類	なにを見せるか	座標軸	対象同士の関係	スタート地点	例
2. グラフ 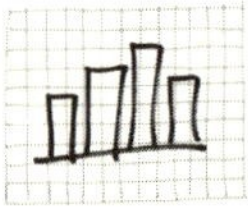	どれだけの量	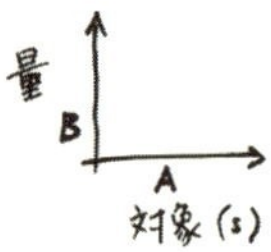	対象同士の量の比較	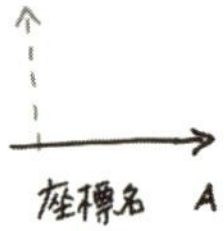	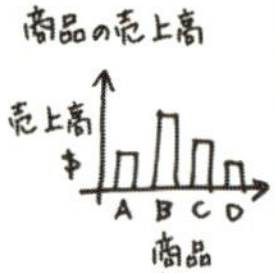

対象について〈誰〉と〈なに〉を視た後は、〈どれだけの量〉あるいは〈どれだけの数〉を視る。数が少なければ暗算できる。多ければだいたいのところを見積もる。大量なら「たくさん」のひとことで済ませる。グラフ（量を描写したもの）を使えばその情報を自分以外の人に見せることができる。頭のなかで抽象的に表

現した数字が、量として目ではっきりとらえることができるようになる。

グラフのコツ

1　重要なのはデータ。だからそれを見せよう。

数字は退屈だと感じる人は多い。だからこそにぎやかで楽しいグラフをつくって見る者の目を楽しませたい。わたしはつぎのように考える。第一に、示唆《しさ》的なデータは決して退屈ではない。聴衆が共鳴できるものを見せれば（聴衆の期待通りのもの、あるいは聴衆をあっといわせるもの）、決して居眠りなどしないはず。第二に、主張を通すコツは絵の枚数をできるだけ抑えること。焦点を絞った絵を限られた数だけ見せるか、さもなければできるだ

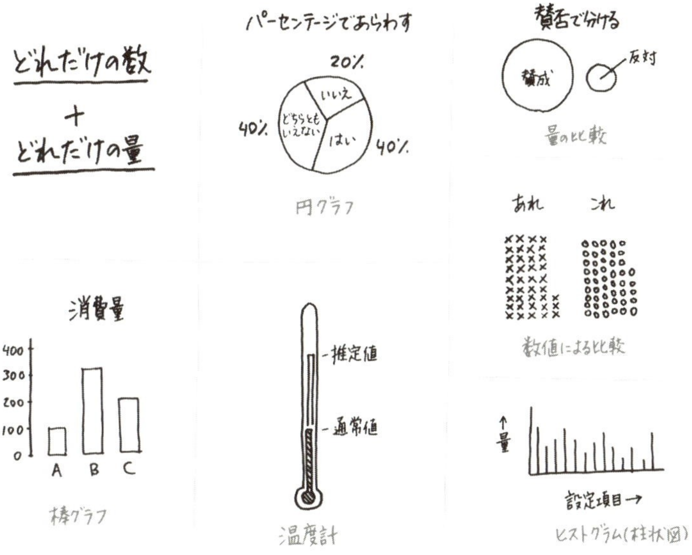

円グラフ、棒グラフ、数値による比較、柱状図。〈どれだけの量〉をあらわす方法は無数にある。すべて同じテーマのバリエーションに過ぎない。量の大きさを視覚でとらえるための工夫の結果である。

け多くのデータをまとめて1枚あるいは2枚の多変数プロット（これについては第14章で取り上げる）にする。第三に、〈適切な箇所〉を選んで少々見にくい絵柄にすると☹😐☺、かえって視線を引きつける。たとえば人数をあらわしているなら、そのまま人の姿を並べて見せるといったように。

2　いちばんシンプルなモデルを選び、重点を明確に示す。

2008年いちばん人気の表計算ソフト*は99種類のグラフがすぐに使えるように装備されている。これだけの選択肢があると、どのグラフにしたらいいのか迷ってしまうだろうが、99種類あるように〈見える〉だけで、実際は4種類だけである――棒グラフ、折れ線グラフ、円グラフ、バブルチャート。これ以外のものは、この4つのバリエーションに過ぎない。そうとわかれば難なく適切なグラフを選ぶことができる。

●棒グラフ：絶対量を比べる（リンゴ1000個、オレンジ800個、洋ナシ120個）。

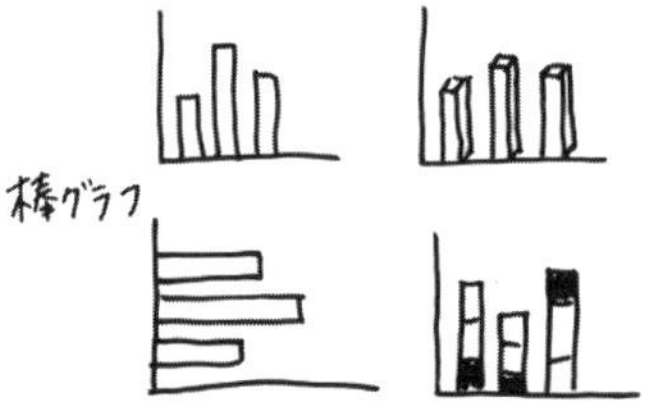

＊多様なグラフの利用法についてくわしく知るための本は多数ある。巻末の付録B「ビジュアルシンカーのための情報資源」を参照していただきたい。

●折れ線グラフと面グラフ：2つの異なる基準あるいは時間の絶対量を比べる（パイはリンゴ1000個、オレンジ0個、洋ナシ60個、タルトはリンゴ0個、オレンジ800個、洋ナシ60個）。時系列表については第12章の〈いつ〉のフレームワークのところで取り上げる。

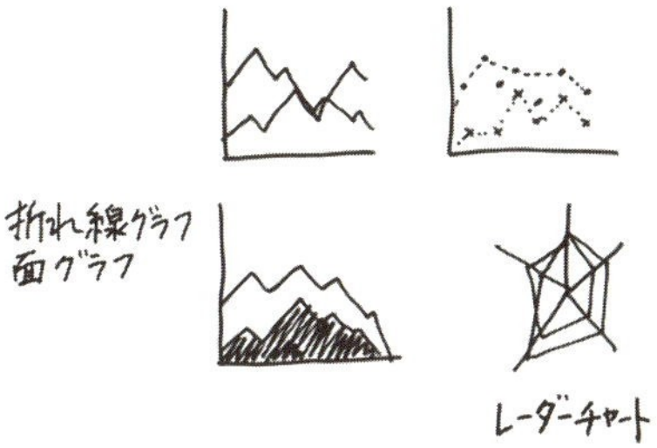

●円グラフ：相対量を比べる（リンゴ52%、オレンジ42%、洋ナシ6%）。

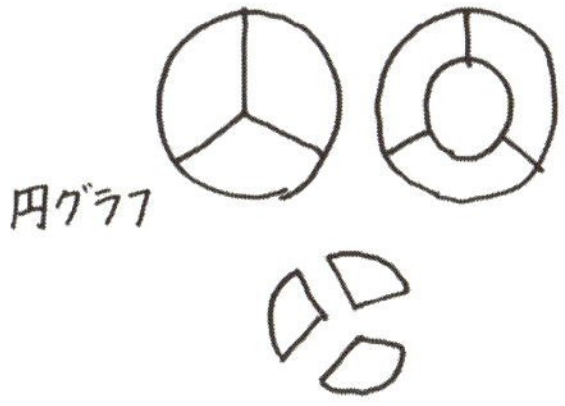

●バブルチャート：2つ以上の変数を比べる（第14章の〈なぜ〉のフレームワークのところで取り上げる）。

3　いったんグラフのモデルを決めたら、最後までそれで通す。

データを伝えるのに適切な座標系を備え、反射的に認識できるものだけで構成されたグラフであれば、聴衆はすぐに理解するだろう。彼らが最初のグラフを読み取る術《すべ》を「身につけ」「視る態勢」を整えたら、それを維持できるように気を配る。いきなり軸を動かしたりグラフの種類を変えたり、毛色のちがう考え方を導入したりしない。ドライブして美しい景色のなかを通り過ぎるように一連のグラフを見てもらおう。穏やかな移り変わりと予想のつく道筋は望ましいが、いきなり崖から飛び出すようなことがあってはならない。

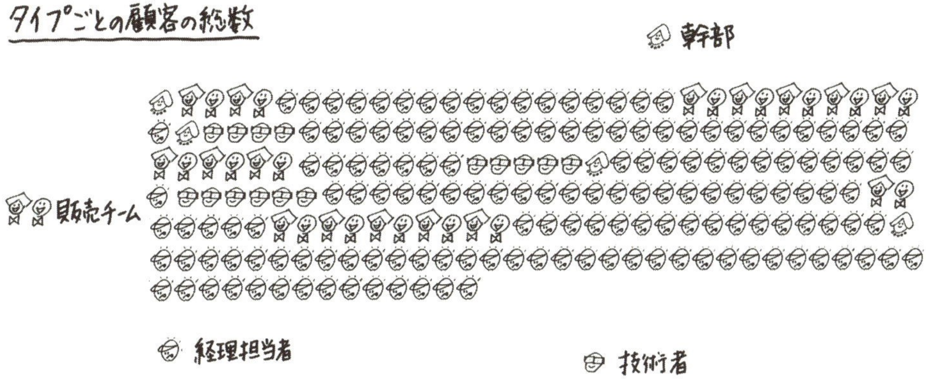

わが社の販売データから、顧客の数を正確に知る。

SAX社のケースに戻ろう。顧客のポートレートを作成しながら〈誰〉についてのデータを収集した。いま必要なのは〈どれだけの量〉だ。つまり数字である。それを知るには売上の記録を見ればよい。わが社のソフトウェアを使用するために登録する際には、「職名」欄の記入も必要だ。この記録を見れば、それぞれのタイプの顧客の人数がわかる。顧客のタイプと人数を絵にして見せるとしたら、こんなふうになるかもしれない。

数値という点からいえば、これ以上正確な表現はない。顧客を駐車場に集めて写真を撮ったようなものだ。正確であるにはちがいないが、大きな問題がある。第一に、タイプは判別できるが、グループとして把握できない（すべてのタイプがいっしょくたに描かれている）。第二に、人数を数えるのは絶望的だ。量は見当がつくが正確な人数はわからず、計算もできない。ならば、適切な座標軸を設定して人数の合計を記入しよう。

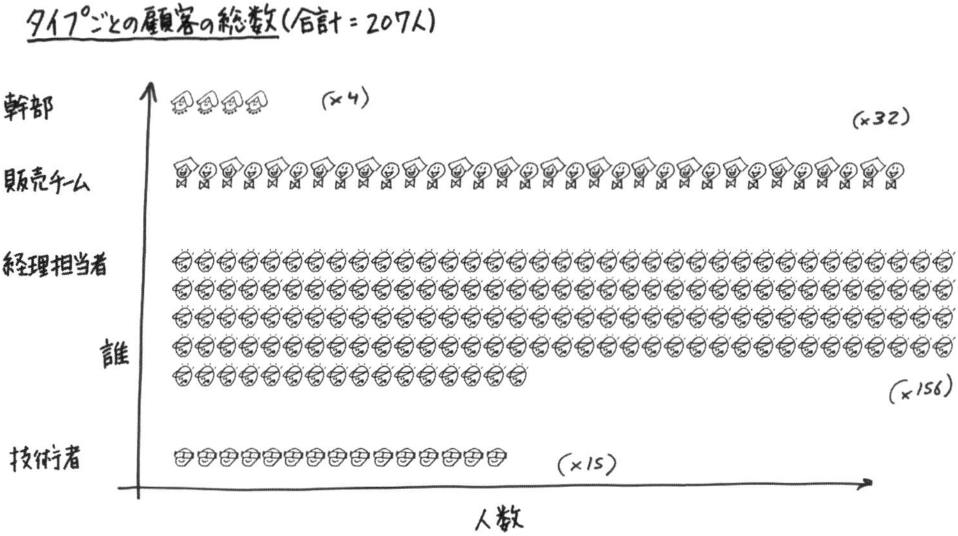

同じ絵。今度は数字と座標軸が加わっている。

　さきほどよりよくなった。これならぱっと見て、タイプごとに比較して順位をつけることができる。ひと目で、経理担当者のほうが販売担当者よりもずっと多い、技術者は販売担当者のおよそ半分、幹部はほんのわずか、とわかる。だがこの絵を描くのは厄介《やっかい》だ。人間１人ひとりを描くのではなく、もっと簡潔に見せることが必要だ。どんな方法があるだろうか。いっそのこと、絵ではなく数字だけを見せればどうだろう。

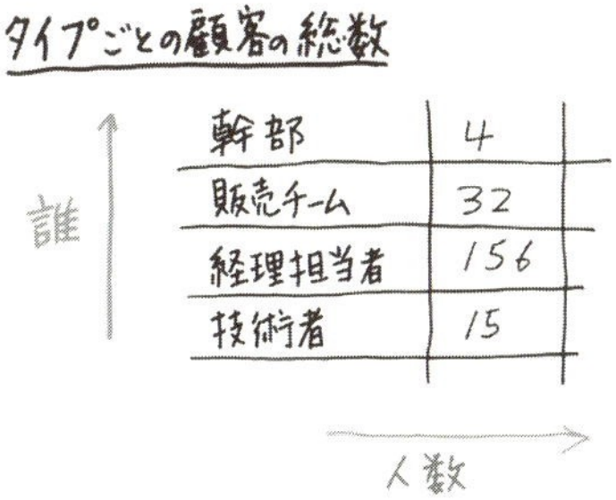

絵をそっくりやめてしまい、表に置き換える。

これも正確な数字を伝えている。が、絵を見てぱっとわかるよさが失われてしまった。タイプごとの比較をするのに縦と横の欄を行ったり来たりして数秒かかってしまう。さらに、表という形は平板すぎて視覚的な記憶として残りにくい。正確な数を記憶しない限り、全体の問題解決のための情報として活かすことが難しい。それならば、両方のいちばんいい部分を結びつけた複合型にしてみよう。たとえば棒グラフはどうだろうか？

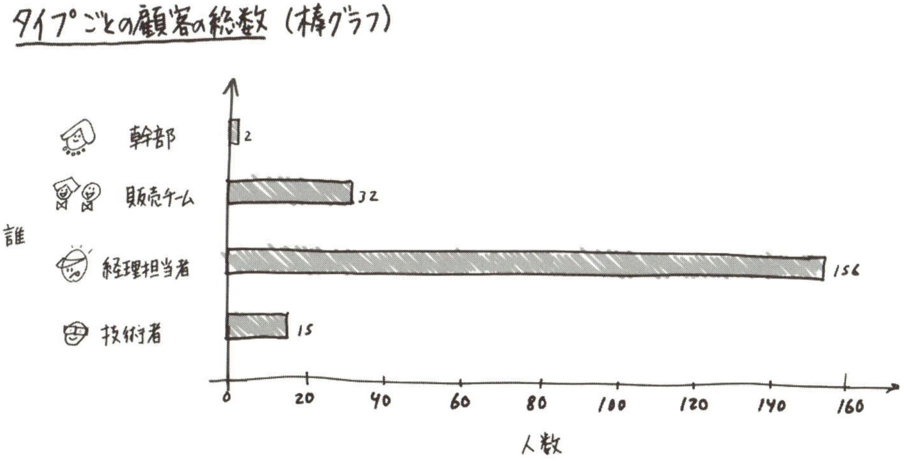

棒グラフにすれば、絵と数字の両方が視えてくる。

さあ、どうだろう。対象は〈誰〉なのか、それぞれ〈どれだけの人数〉なのかが容易にわかる。しかも正確な数字も記されている――棒の長さで量をあらわしているので、反射的に比較でき、数字そのものを忘れてしまっても直感的に思い起こすことができる。「どれだけの人数がいたのかは正確には記憶していませんが、販売担当者よりも経理担当者のほうが明らかに多かったですね」と完璧だ。〈合計〉の人数も正確にわかる。シンプルな棒グラフはいい選択だ。

顧客の正確な人数を知ることは、いわば方程式の一部分だ。ほんとうに知りたいのは、わが社のソフトウェアを購入している幹部と経理担当者と販売担当者の人数の比較である。限られたマーケティングの予算をどの対象に集中的にかけるのかを判断するために。マーケティングの予算でパイがひとつ買えるとしたら、誰にいちばん大きなピースがいくのかを決めなくてはならない。全体に対するパーセンテージを視るには、円グラフが便利だ。

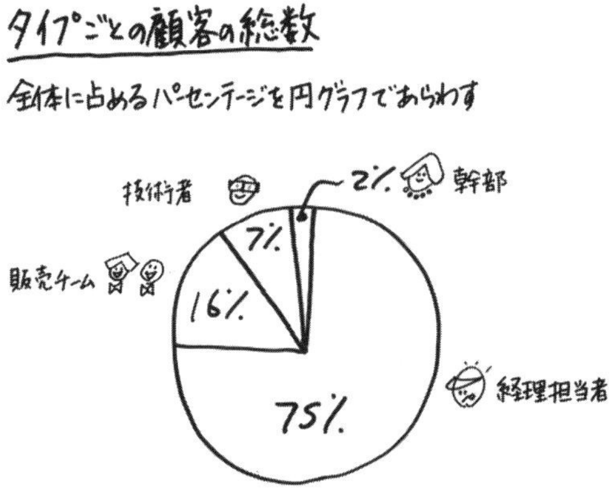

円グラフで全体に対する
量の割合を比較する。

総人数はもはや考える必要はない。いま必要なのは顧客のタイプごとの人数を比較することだ。仮にすべてのタイプが同じだけ購入してくれるのであれば、人数比に従ってマーケティングの予算を分ける。つまり１人ひとりにかけるマーケティングの費用は同一の金額というわけだ。

パイの争奪戦

円グラフがたいへんだ：熾烈《しれつ》な闘いが起きている。

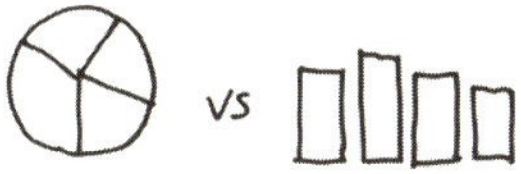

闘いの当事者たち

情報デザインの専門家のあいだでは、データを円グラフで伝える効率性について長年論争が続いている。円グラフを評価する人々は簡単に作成できる（適切なソフトウェアを使う）、視覚的に心地よい、読み取りやすいという意見だ。それに対し、人間の目は円のピースの大きさを正確に比較するのが苦手であり、垂直方向や水平方向にまっすぐ伸びたものを仕切って比較するのに向いている（これは真実である）ので、円グラフを使うべきではないという意見がある。

どちらも時と場合による、といえるだろう。その証拠としてピザを例に出してみよう。幼稚園のお誕生日パーティーをのぞいたことがあるなら、6歳の子どもたちがいちばん大きなひと切れを難なく選ぶのを目撃しているはず。子どもたちにできるくらいなのだから、わたしたちにもできる。だから丸いピザがお好みの方は、どうぞ円グラフを活用していただきたい。四角いピザがお好みの方にふさわしいグラフもある。帯グラフだ。同じ情報を縦あるいは横の方向に並べて見せるのだ。

ピース同士の大きさのちがいがとても重要だが目で見分けるにはあまりにも差が小さいという場合は、絵を使わず表に戻ったほうがいい。

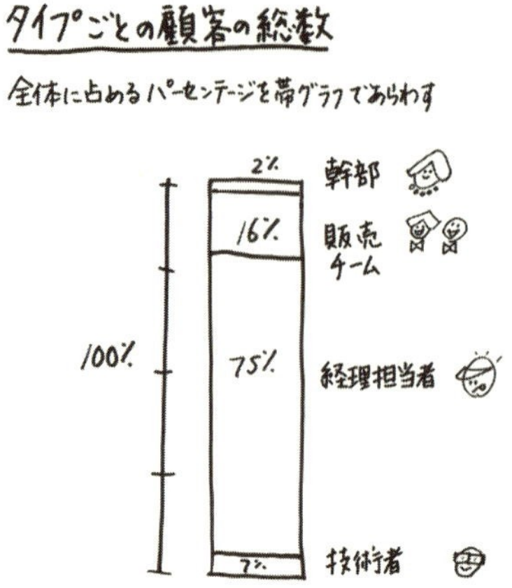

ピザのピースを垂直方向に積み上げてみる。パーセンテージを比較した帯グラフ。

しかし、〈どれだけの量〉を見せるグラフには落とし穴がある。それを見てわかるのは量だけだ。計測の対象となっている項目同士のあいだに、それ以外にも重要なちがいがあるとしても、それが見えてこない。つまり量を比較した数字は正確かもしれないが、そこから誤解が生じる可能性はある。顧客に関しての量の情報がすでに挙げた円グラフの数値以外ないというのであれば、理論上はマーケティング予算の75%を顧客のうち経理担当者に配分するという結論しか出てこない。なぜなら、登録されたユーザーの75%が経理担当者だからだ。しかしそれは販売状況の現実を正確に反映していないかもしれない。

売上の数字をさらに検証して、たとえば実際の購入の注文のデータ（発注書）が見つかったとする。発注書からは最終的に誰がいくら支払ったかがわかる——ソフトウェアを登録した人物ではなく購入者が判明する。棒グラフをもうひとつ作成してみる（ここではパーセンテージではなく絶対的な数字を見るので）。すると顧客のうち経理担当者はその前年、わが社に10万ドルを支払い、販売担当者はわずか5000ドルだけだったとわかる。

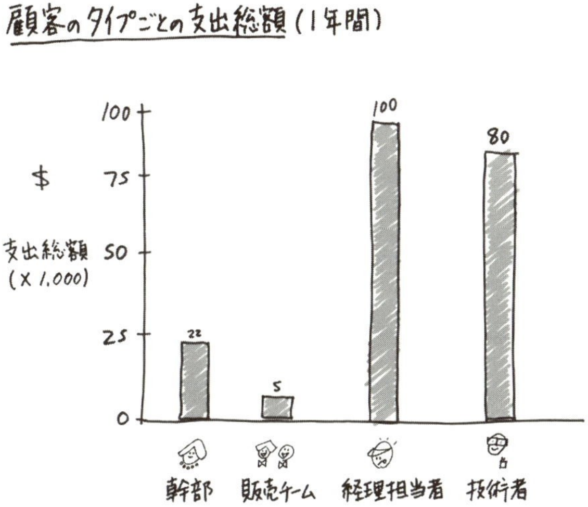

支出額の総額から判断して、わが社にとってクライアント企業の経理担当者は最大の顧客グループである。

ここでもうひとつのストーリーが浮上してくる。経理担当者はわが社の登録顧客全体の4分の3を占めている。それなのに彼らの購入額は技術者よりもほんの少し多いだけ。技術者は顧客グループとしては少ないほうから2番目だというのに！　これは興味深い。技術者がこれほど購入していたとは、まったく意外だ。

実際のところどうなっているのかを知るために、もうひとつグラフを作成してみる。タイプ別の顧客の人数とそれぞれどれだけの金額を費やしたのかを盛り込む。計算の結果（顧客のタイプごとに購入総額を人数で割る）、幹部は1人当たり5500ドルをわが社のソフトウェアに費やし、技術者は5300ドル、経理担当者はわずか640ドルとわかった。

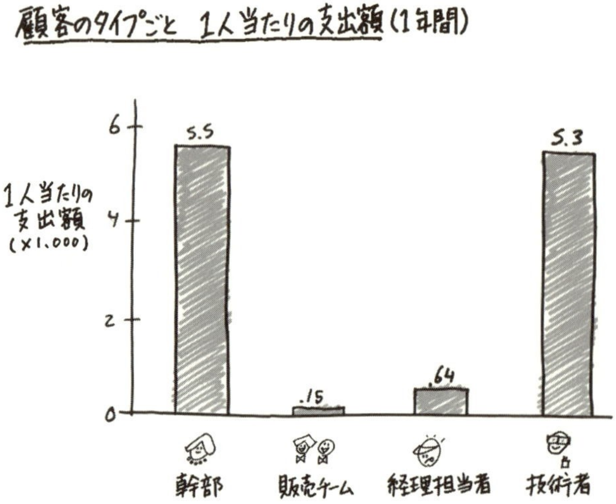

1人当たりの支出額から判断すると、わが社にとって最大の顧客は幹部と技術者である。

驚きだ！　見ていただきたい。幹部と技術者が購入した額は全体のちょうど半分だが、1人当たりの購入額を比べると経理担当者の9倍近くになる。これまでに見たデータからはまったく予想のつかない数字だ。〈なぜ〉このような数字が出てくるのかはこのグラフからは読み取れないが、これを見ていろいろなことが考えられる。おそらく技術者は経理担当者のためにたくさん購入する立場にあるのだろう。それなら技術者はたいへんな購買力を持っているわけだ。その技術者よりもさらに多く購入しているのが、わずか4人の幹部だ。わが社のクライアント企業がどのようにソフトウェアを購入しているのか、その意思決定についてなにかがつかめそうだ。組織のなかではもっともかけ離れた2つのグループに不自然なほど購入の意思決定が偏《かたよ》っている。技術者と幹部の購入のプロセスについて、もう少しくわしく見ていく必要がありそうだ。

さて、わが社の売上の問題はどこから生じているのか、なんとなく手《て》応《ごた》えがつかめてきたのではないか。ということで、つぎに取りかかるのは〈どこ〉のフレームワークだ。しかしそこに移る前に、もう一度ふり返ってみよう。ここで作成した絵——数字の比較、円グラフ、棒グラフ——の他にも〈どれだけの量〉あるいは〈どれだけの数〉を見せる方法はいくらでもある。業種や問題の種類によって、量を示すための適切なグラフは変わってくるだろう。が、ポートレートの作成の時にも述べたようにどれもテーマは同じであり、そのバリエーションに過ぎない。どれも最初のフレームワークで示した〈誰〉と〈なに〉が〈どれだけの数〉あるいは〈どれだけの量〉あるのかを見せるためである。

第11章

わが社のビジネスの行方
絵で〈どこ〉の問題を解く

フレームワーク3：〈どこ〉の問題を見せるために〈マップ〉を使う

マップをつくって移動しよう

前の章では、わが社のクライアント企業の幹部と技術者が不自然なほど多額の購入をしていたことを数字からつきとめた。興味深く、意外な事実だった。わが社のソフトウェアを購入しているのは経理担当者にちがいないと思い込んでいたのだ。使用する当事者が当然購入するものと考えていた。予想外の展開となり、ここで疑問が生じた。クライアント企業の業務上のヒエラルキーについて、わたしたちは正確に理解しているのだろうか。どうやら、技術者はわたしたちが思っているよりもはるかに影響力が強いポジションにいるらしい。

そこで、今度は〈どこ〉の問題に取り組む。といっても、どの会社がどの町のどの建物に入っているか、という地理的な〈どこ〉ではない。構造の問題だ。重要な存在として浮上した技術者は組織のディシジョンツリーの〈どこ〉に位置しているのかを知りたい。経理担当者、販売担当者、幹部との関係を視たい。そのために必要なのは、クライアント企業の構造をあらわすマップだ。地理をあらわす現実のマップをつくるような要領で作成してみよう。

思い出そう：マップは〈どこ〉を見せる

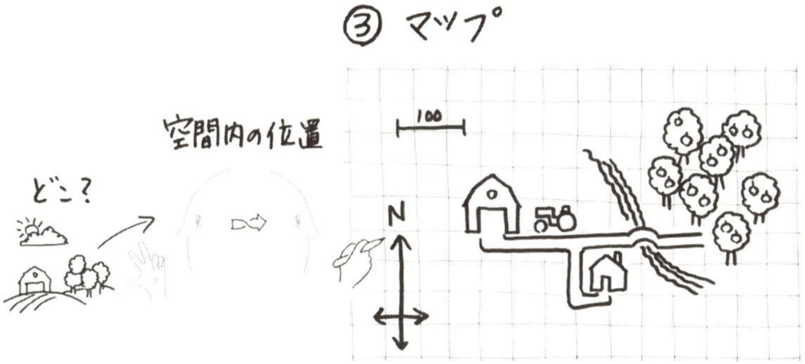

フレームワークの種類	なにを見せるか	座標軸	対象同士の関係	スタート地点	例
3. マップ 	どこ	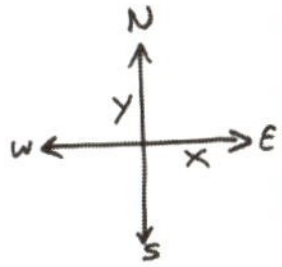	空間での対象同士の位置	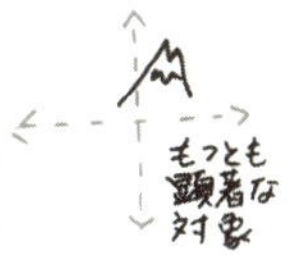	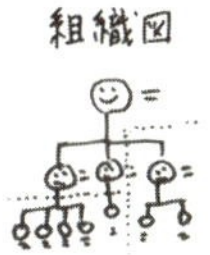

〈どれだけの量〉を視た後、複数の対象はそれぞれどういう関係にあるのか――〈どこ〉――を視た。それぞれの場所、相対的な位置づけ、互いの距離を確認した。これを人に見せるためにはマップで配置、近さ、重なり、遠さ、方向といった地理をあらわす。さらに、マップは空間のなかでの対象同士の関係についても思わぬ発見をもたらしてくれる。

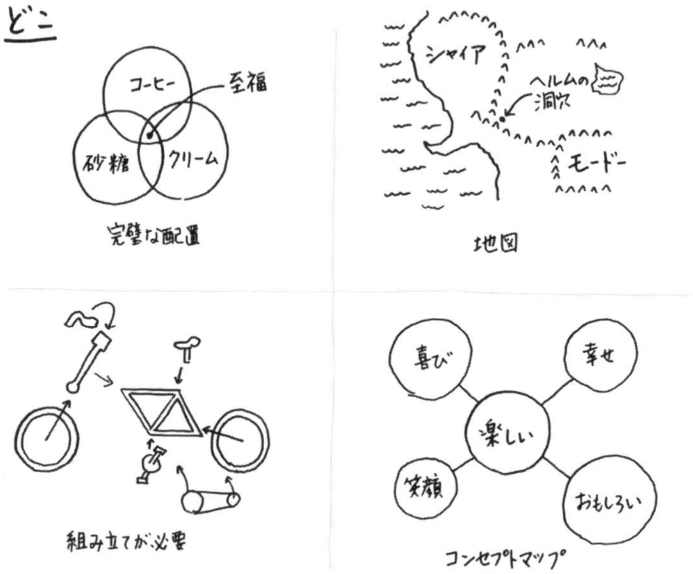

マップには、ベン図、回路図、地形図、「シンクマップ」などがある。見た目はちがっても、描き方、見せるものは同じだ――対象同士の空間的な関係をあらわす。

ひと口にマップといってもじつにさまざまなものがあり、6つのフレームワークのうちでもっとも柔軟性に富む。当然ながら、同じマップとは思えないようなものもあるだろう。実際は、どれも同じである。とりわけ、その作成方法、そこに描かれる空間のなかの関係はどれも変わらない。「地形図」を描く際、まずはもっとも顕著な対象を描き――山でも人物でもアイデアでも――座標系を明確に定めてみよう。その後はかなり自由に範囲を広げ、さらに多くの対象や詳細を加え、補足的なデータを重ね合わせ、境界、距離、つながり、共有されている特徴などを示せばよい。

マップはビジュアルシンキングのフレームワークのうち、いちばん身近な存在だ。組織図（誰でも描ける）、ベン図（誰でも理解できる）、古い宝物の地図（誰が見てもわくわくする）など、このフレームワークは至るところで使われている。

マップのコツ

1　どんな地理でもマップにできる。

複数の構成要素から成り立つもの——町、川、コンセプト、アイデアなど——はマップになる。ビジュアルシンキングを実践する際にはつぎのように問いかけてみる。「このアイデア（あるいは名詞、コンセプト、要素、部品など）が国であるとしたら、国境はどこだろう。どんな道路でつながれているのだろう？」

2　北はどちらだ。

マップに欠かせないものといえば、南北、東西という座標軸だ。その座標軸を基準としてわたしたちは場所や対象を、空間の位置に従って描いてゆ

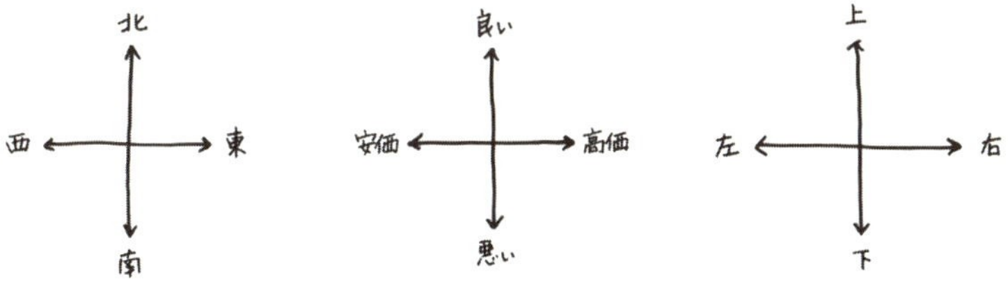

く。2つの極を2種類設定すれば、たいていのものはマップにできる。〈良い・悪い〉と〈高価・安価〉、〈高い・低い〉と〈勝者・敗者〉など。じつは、この座標軸を設定する部分がマップの作成でいちばん難しいといえる。適切な座標軸さえ決まれば、「ランドマーク」をすいすいと描くことができる。

3　明白なヒエラルキーの先を見る。

組織の正式な命令系統を描いたり、誰がどのような責任を負っているのかを描いたりするには、伝統的な（ヒエラルキー的な）組織図はまたとないツールである。しかし、表にははっきりあらわれてこない――だが、たいていは強力な――政治的なつながりの所在を確かめるには、バブルチャートや関係性を基盤とした「影響力のマップ」のほうが優秀だ。そのようなマップを作成するのに必要なデータを収集するのは決して容易ではない。だが、ある組織の内部構造をくわしく知りたい場合は、苦労するだけの甲斐はある。

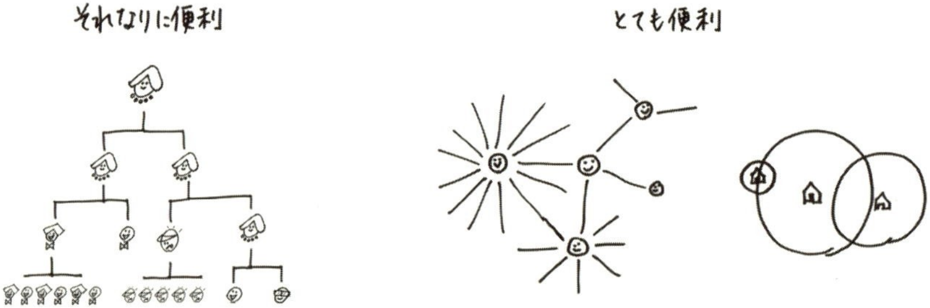

ふたたびSAX社の話に戻ろう。コーデックスをもとに〈どこ〉の問題にふさわしいのはマップであると確認できる。SQVIDの結果は〈簡潔〉〈質〉〈構想〉〈個性〉〈現状〉である。これから作成する絵は企業の構造を見せるものであり、コンセプトモデルと宝の地図のあいだに位置するとわかる。さらに、いちばん顕著な対象を描くところからスタートすればいいということもわかっている。わが社のクライアント企業でもっとも顕著な対象といえば、巨大な経理部門だ。この会社にとっての「工場」といえる。

クライアント企業の経営構造のマップは、もっとも顕著な対象つまり巨大な経理部門を描くところから始める。

経理担当者はすべて経理部に在籍している。が、わが社にとって主要な顧客は、じつはそこにはいないとわかった。だから枝を広げて他の部門も加えよう。

経理の工場を取り囲むのは、業務部門、販売部門、サポート部門である。

それぞれの部門は小さな国のように運営されているので境界線で仕切り、お互いの力関係を視る——そして国境を共有していない国と国を視る。

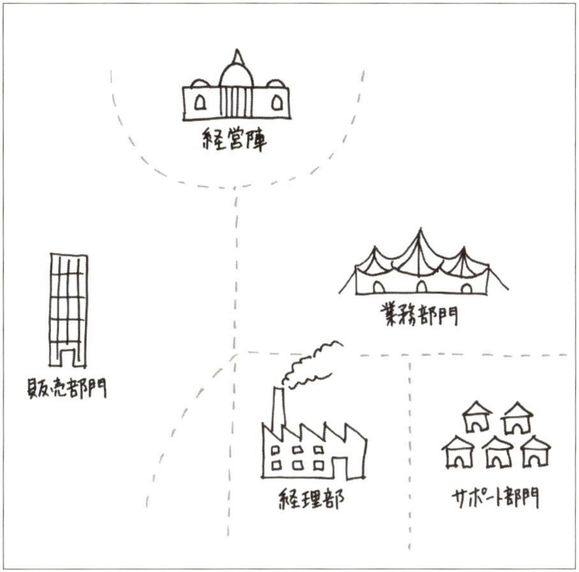

境界線を加えてみると、販売部門は独自のルールで治められている独立した国であるとわかる。いっぽう、業務、経理、サポートは多くの境界線を共有している。

現実の世界では隣り合った国と国は道路で結ばれている。クライアント企業の各部門についても同じことがあてはまる。わが社の販売担当者——クライアントの領土のくわしい地形を知る人物——を呼び、部門間の道路を地図に描き込もう。

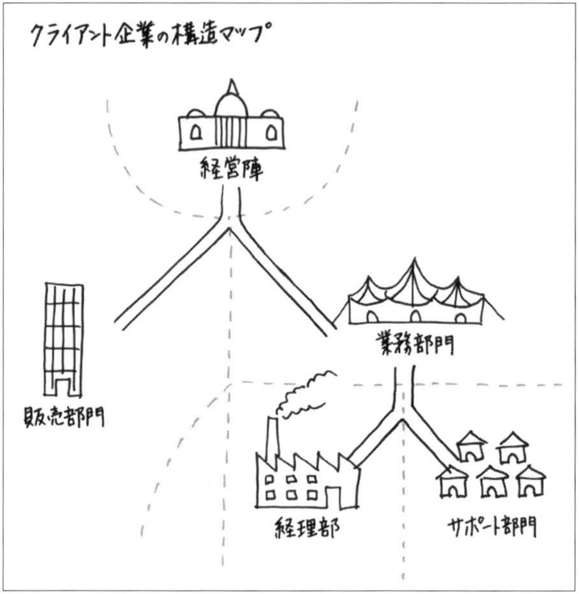

クライアント企業の組織にくわしい販売担当者に
ききながら部門間の道路を地図に描き込もう。

なるほど。販売と経理は道路で結ばれていない。直接のつながりがないということは、互いへの影響がほとんどないという意味だ。ソフトウェアの購入の意思決定にお互いが関与している可能性は低い。よし、これで地図ができた。では、宝物のありかを視ることにしよう。

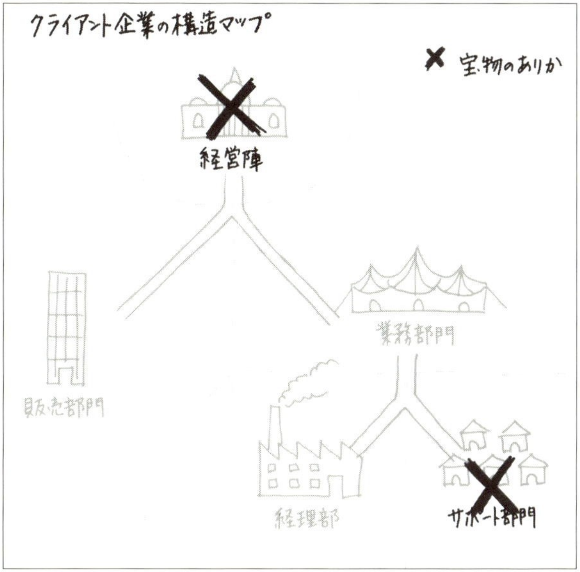

×のマークは宝物のありかを示す
(わが社のソフトウェアを購入する人々)。

これでわが社のクライアント企業の構造がわかった。全体を見ることができて便利だ。だが、マップを見ていくうちに、ほんとうに知りたいのは小さな国と国のあいだのヒエラルキー的なつながりであるとわかってくる。誰がなにを決定し誰に影響を与えるのか。そこで、同じ「地理」についてもうひとつマップを作成することにする。今回焦点を絞るのは、実際にどういう力が働いているのか、つまり人間だ。アプローチのしかたはさきほどと変わらない。もっとも顕著な対象からスタートする。この場合はCEOのマージだ。

もっとも顕著な対象を描くところからマップづくりを始める。まずはCEOから。

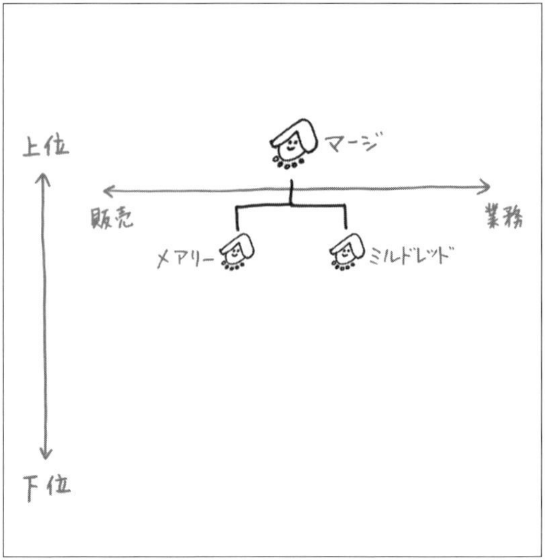

2本の線で座標系を確立し、他の人々を描き込んでマップにしてゆく。

マージと社員のつながりを見たいので、彼女の周囲に座標軸を設定する。そこに彼女のつぎに顕著な対象を描き加える。販売部門を率《ひき》いるメアリーと業務部門を率いるミルドレッドを。

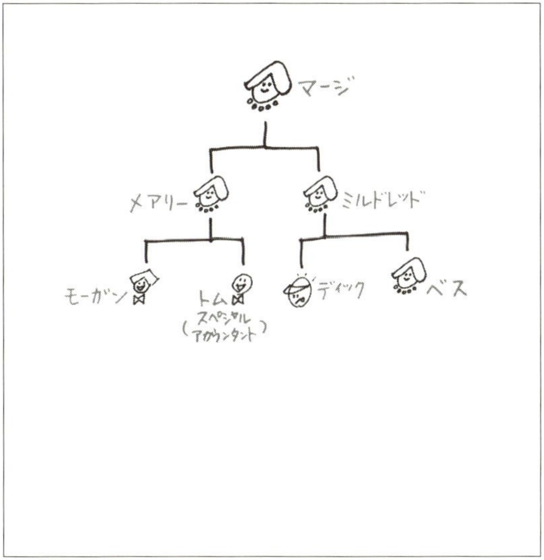

中間管理職を描き入れた。

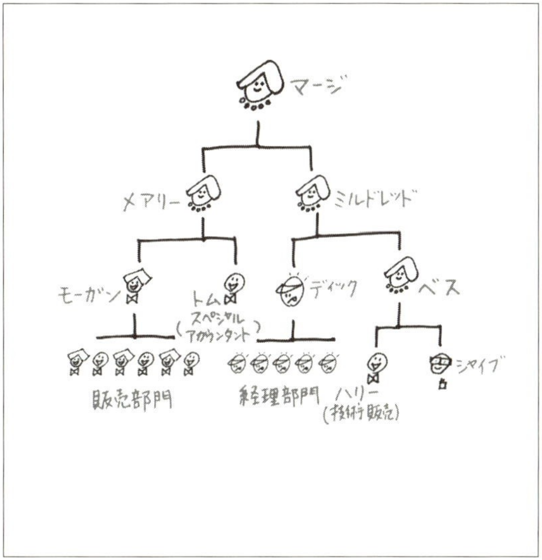

4段目まで来たが、まだ
技術者は見えてこない。

つぎにマップに描き込むのは中間管理職のモーガン、トム、ディック、ベスだ——事業の現場を支えている人材だ。座標軸が目《め》障《ざわ》りなので、ここで消してしまおう。座標軸がなくても、組織図のどちらが上にあたるのかは誰でも知っている。

それから一般社員をマップに描き込む。驚くべきことに、社員の大半をマップにしているというのに、まだ技術者が見えてこない（わが社の製品の半分を購入しているというのにだ）。

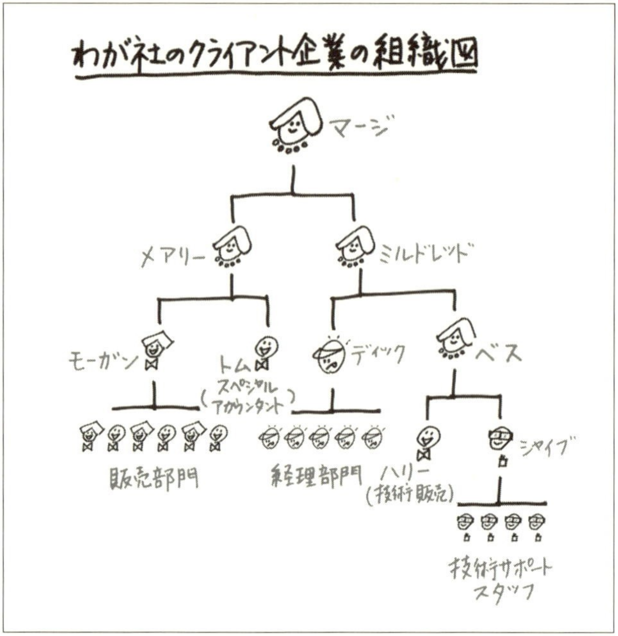

完成した。わが社のクライアント企業の社内のヒエラルキーを示す完全なマップ。

最後の段で、ようやく彼らが姿をあらわした。一番下の段で、マージや他の幹部たちからはるかに遠い。そして販売チームの誰とも目に見えるつながりはない。さあ完成だ。タイトルも書き入れた。わが社のクライアント企業の組織図だ。部門同士の関係とヒエラルキーがわかる。

このような組織図は、〈どこ〉のビジネスマップとして代表的なものだ。組織図をひとつつくればわかるが、複数のアイテムの空間的な関係を簡単に明確に見せることができる。さらに、こういう組織図はビジネスに携わる人であれば誰でも（もちろん〈頑迷に〉「わたしは絵を描く才能はない」という人々も）躊躇《ちゆうちよ》なく描ける。あなたの会社がどのように機能しているのか描いてくれと誰かに頼まれたら、最初に描く絵は（その１枚で終わるという場合が多いだろうが）ヒエラルキー、つまり組織の上下関係を示す全体図になるだろう。

誰でも組織図を見た経験があり、誰でも組織図を理解し、そのなかでの自分の位置に満足であってもなくても、明確なフレームワークのなかに自分と知人がきちんと配置されているのを見ると落ち着く。組織図は自分が世界の秩序のなかに組み込まれているという満足感を与えてくれる。組織内で人と人がどう影響しているのかを正確に把握できるので、わたしたちは組織図を非常に重んじる。組織図はビジネス上の絵としてどんな時でも参考になると考えるのはまちがいではないが、場合によっては誤解を招く。じつは組織図に関するもっとも深い洞察とは、組織図そのものにあらわれていない部分、ということが珍しくない。それを視るには、見方を変えるしかない。

つまりこういうことだ。さきほどの組織図をもう一度見ると、奇妙なことに気づく。

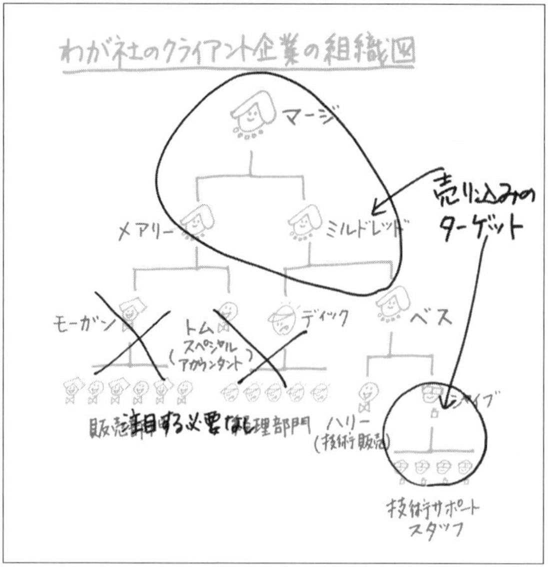

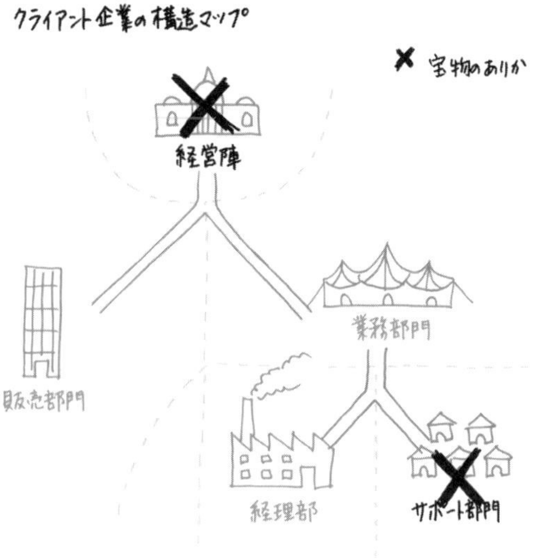

どちらのマップも、幹部と技術者のあいだの直接のつながりがない——いったい、どうなっているのか？

わが社の数字から判断して、幹部と技術者は大のお得意様である。しかし組織のなかで見ると両者の位置はかけはなれている——最初に描いたマップには彼らを直接つなぐ「道路」はない。

それならば、こんなふうに〈解釈〉できるのだろうか。つまり同一のクライアント企業に販売ターゲットが2つ存在し、それぞれに別個のマーケティングのアプローチが必要であると。決めつけてしまう前に、2つのグループの関係をもっと調べてみよう。両者のつながりがわかれば、マーケティングのアプローチを分けずに幹部と技術者の両方にアピールする方法を編み出せるかもしれない。そちらのほうが経費効率の面からも望ましい。都合のいい想像かもしれないが、2つを結ぶ線があるかどうか探すだけの価値はありそうだ。

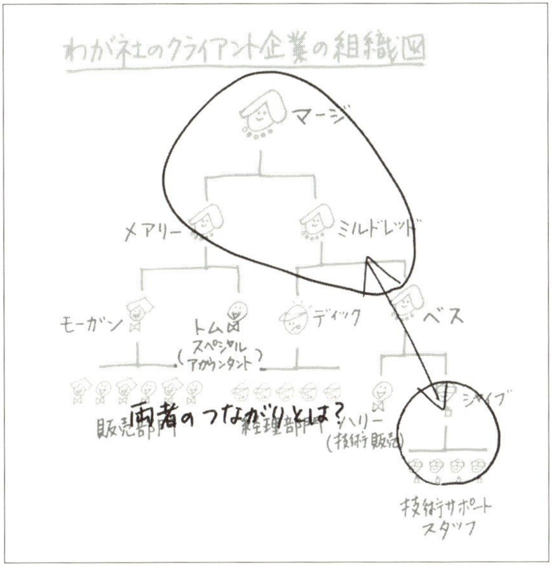

幹部と技術者のあいだの重要なつながりとは？

光が見えてきたのは、わが社の販売担当者から——相手先の内部事情にくわしい——ジェイソンについての情報をきいてからだ。ジェイソンはクライアント企業の社員でずば抜けた才能の若手技術者だ。2年前に工業学校を出てすぐに同社に就職している。彼はラップトップ型のコンピュータの修理にかけては天才的な腕を持っていた。社内での評価は高く、トラブルがあるたびにあちこちから呼ばれた。業務部門を率いるミルドレッドもジェイソンのおかげで大量のトラブルを解決できた。以来、彼女は技術に精通するジェイソンに一目置き、ことあるごとに頼るようになった。そう、ジェイソンこそが2つを結ぶ線だった。ヒエラルキーのいちばん低い部分に位置する若者が、技術面では会社全体にもっとも大きな影響力を発揮していたのである。

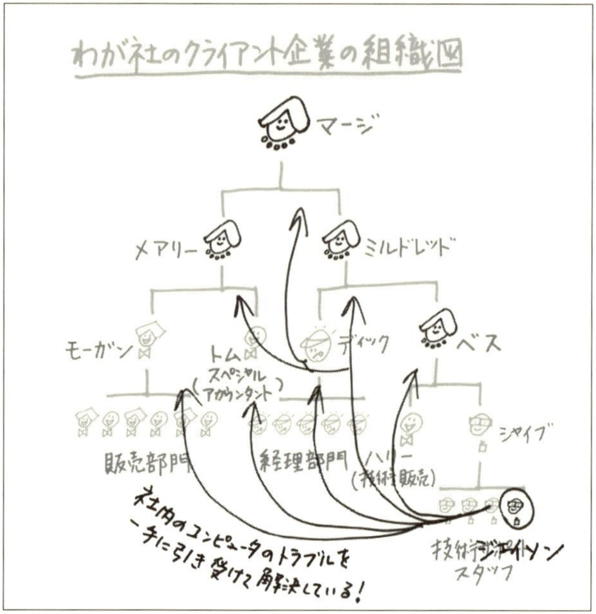

おやおや！　組織のいちばん下の階層に位置する若者ジェイソンが、コンピュータのトラブルに関しては誰よりも信頼されていたとは！

これで伝統的な組織図の弱みと強みがわかった。そこには「正式」な構造だけが示されるので、ものごとをほんとうに機能させる人と人とのつながりには光があたっていない。ここでふたたび組織図を広げ、それを背景として社内で実際にどのような影響力が働いているのかを描いてみる。

わたしたちの視覚はサイズの大小での比較に敏感だ。これを利用して、組織内でのジェイソンの影響力の大きさを組織図上であらわしてみよう。さあ、さきほどの組織図を手に取り、技術面でのそれぞれの影響力を円の大きさで示そう。

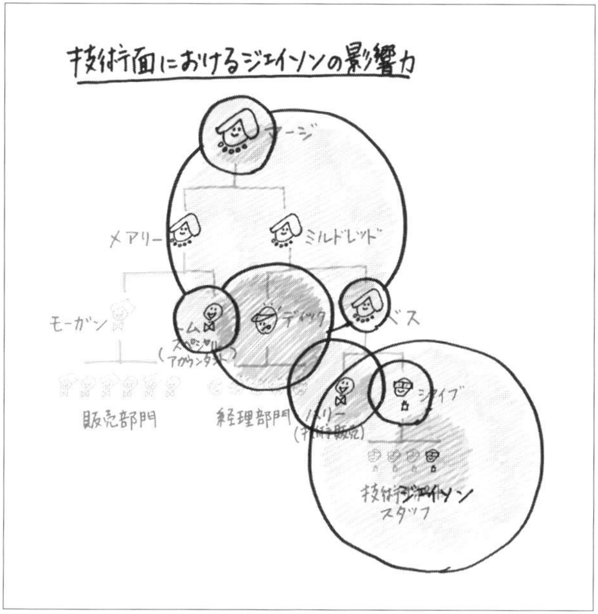

ジェイソンが中間管理職と幹部に対し技術面でどれほどの影響力を発揮しているのかをサイズであらわすと、彼の真の重要性があらわれてくる。

とうとうミッシングリンクを見つけた。ジェイソンだ。社内の意思決定者がこぞって彼の話に耳を傾けるとしたら、ハイテク製品の購入に関する意思決定に彼は強い影響力を及ぼしているはずだ。実際に彼が購入するかどうかはともかく、影響しているのはまちがいない——技術部門と経理部門では購入の〈合計額〉の大部分に、そして〈個々〉の購入に最高金額をかける幹部にも。そうとわかれば、ソフトウェアについてジェイソンが評価する（あるいは評価しない）ポイントを探ってみるのは意味がある。

まずは最初に作成したポートレートに戻り、わが社の顧客がなにを決め手としてソフトウェアを選んでいるのかを確認しよう。そして、つながりをマップにしてみよう。ジェイソンを刺激するなにかを見つけることができるだろう。社内のトップのほうから見てゆくと、幹部が求めるのは安全性である。

幹部はソフトウェアの安全性をなによりも優先して評価する。

経理担当者は信頼性を求め、安全性と少し重なる部分がある。

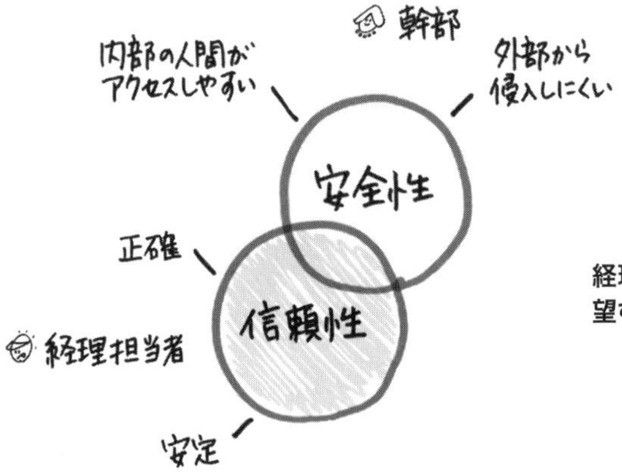

経理担当者が望む信頼性は、幹部が望む安全性と少し重なる。

会社のあらゆる役職の人間と接触する機会のあるジェイソンは、最高のソフトウェアとは彼自身が重視する柔軟性という基準（他のシステムに簡単につなぐことができて、アップデートも容易にできる）を満たすだけではなく、幹部と経理担当者のニーズにもこたえるものでなくてはならないと考えるようになった。トラブルが起きるたびに呼ばれて事情をきくという立場にいたので、幹部と経理担当者のニーズをよく理解していた。つまり彼はソフトウェアに求められているものを把握し、〈おまけに〉ソフトウェア購入の意思決定者に部門の枠を超えて影響を与えることができる存在である。それでいて、組織図をいくら見ても彼の姿は見えてこない。

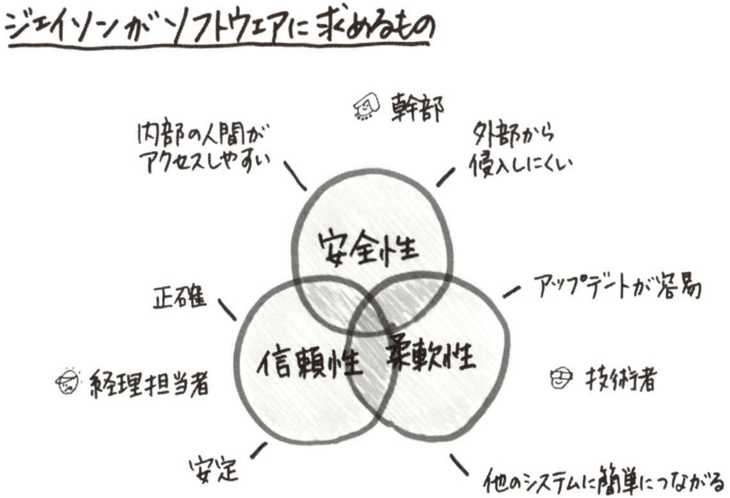

ソフトウェアに対するジェイソンの考えは、
幹部と経理担当者の考えと重なっている。

このマップはベン図と呼ばれるもので、複数の対象、アイデアの重なり具合を見せることができる。ベン図は「コンセプトマップ」という大きなカテゴリーのなかに含まれる。宝物の地図にも、組織図にもまったく似ていないが、実際はまったく同じ目的を果たす。どれも〈どこ〉を視る方法であり、同じ種類の座標系があり（空間、上下、左右、前後）、作成方法も同じ（いちばん顕著な対象を最初に描き、それを基準として周囲に他の対象を加えてゆく）、表現しているものも同じである――〈空間〉における複数の対象の相対的な位置をあらわす。

このケースでは、ジェイソンが会計ソフトに求めているものがベン図でよく理解できる。さてここで〈わが社の〉スーパー・アカウント・マネジャー（SAM）というソフトウェアの基本的なコンポーネントについて、もっと凝ったコンセプトマップで見ていただこう。このマップを使いながら、システムのどこに改良を加え、安全性と信頼性と柔軟性というジェイソンが求める完璧な会計ソフトの基準を満たせるのかを見てゆこう。

ビジュアルシンキングは問題解決のために、まずは〈見る〉ことからスタートするのが基本だ。そこでSAMの主要コンポーネントのリストをまとめてみる。このリストはカテゴリーで分類されたもので、コンポーネント同士の関係は示していない。

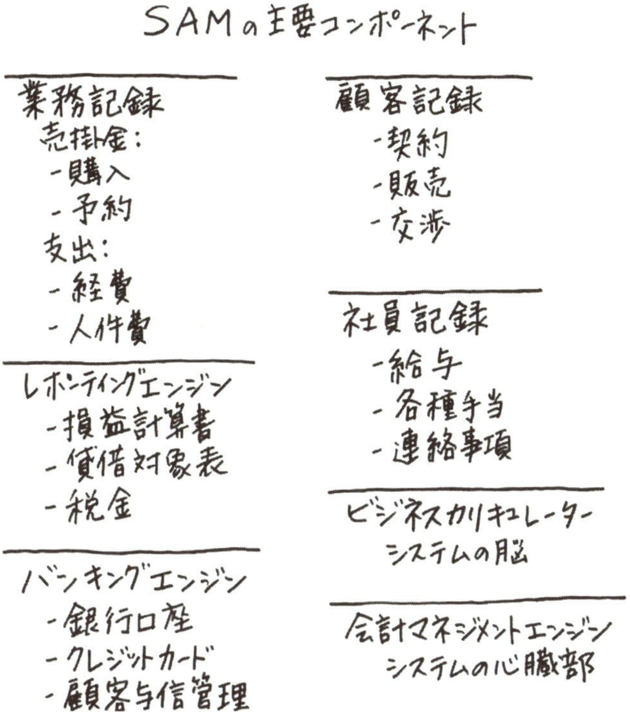

わが社のソフトウェアのコンポーネント：完全なリスト
だがコンポーネント同士の関係は見えてこない。

マップづくりの最高のスタート地点は、いちばん顕著な対象を描くことだった。リストを見ると、最後の項目の会計マネジメントエンジンは「システムの心臓部」と記述されている。これは見込みありそうだ。ほんとに心臓部なら、まんなかに描かなくては。

心臓部からスタートする。

どんなシステムでも心臓部は主要なコンポーネントとつながっているので、周囲にカテゴリーのタイトルを描く。社員記録（社員）と顧客記録（顧客）にはなにか類似点がありそうだ。だからその2つを同じ高さで描く。レポーティングエンジン（レポーター）とバンキングエンジン（バンカー）にも同様のことがいえる。

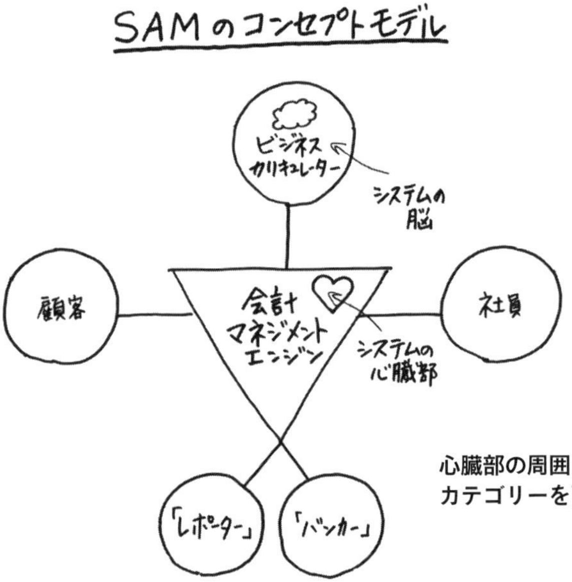

心臓部の周囲に主要な
カテゴリーを配置してゆく。

オーケー。この絵でわが社のソフトウェアの基本的なコンポーネントを見てみよう——コンセプトをあらわすベン図によく似た絵である。ちがうのは、パーツが多いこと、そして重なっている部分があまりないという点だ。主要なカテゴリーがそろったので、その周囲にサブコンポーネントを配置してみる。すると、もともとのリストではわからなかったコンポーネント同士のつながりがあらわれてくる。

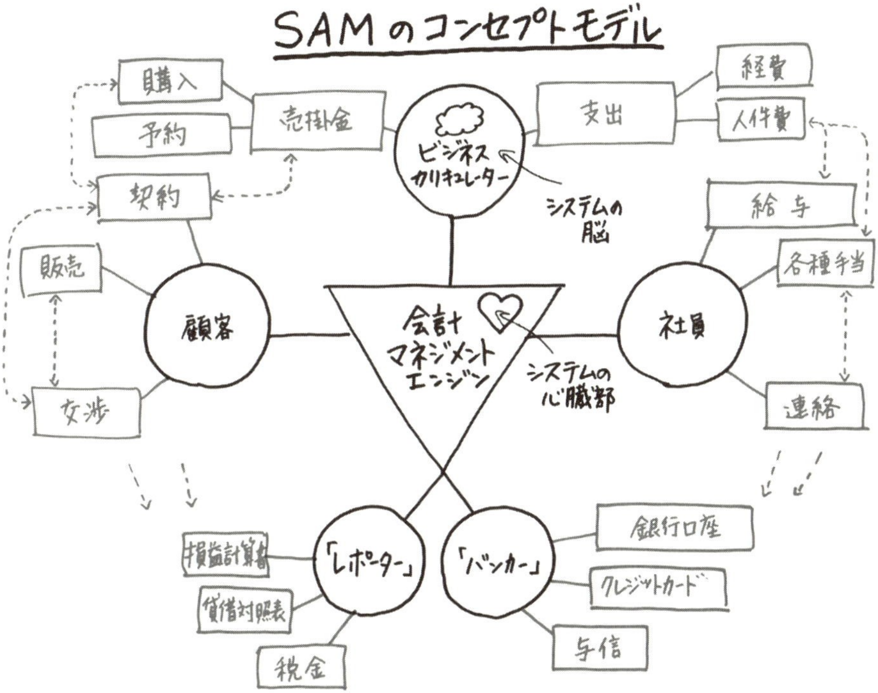

サブコンポーネントを加えて、わが社のソフトウェアの回路図が完成する。リストでは見えていなかったつながりがはっきりとわかる。

これでわが社のソフトウェアを目で見ることができた。よりレベルの高いものを求める顧客のために改良すべき領域をマップに描き込もう。安全性を高めるには、大部分の情報が出入りする領域の保護をさらに強化する必要がある。具体的には複数のシステムと銀行につながっている「バンカー」というコンポーネント、パスワードで保護されたウェブサイトに情報を提供する「レポーター」のコンポーネントだ。

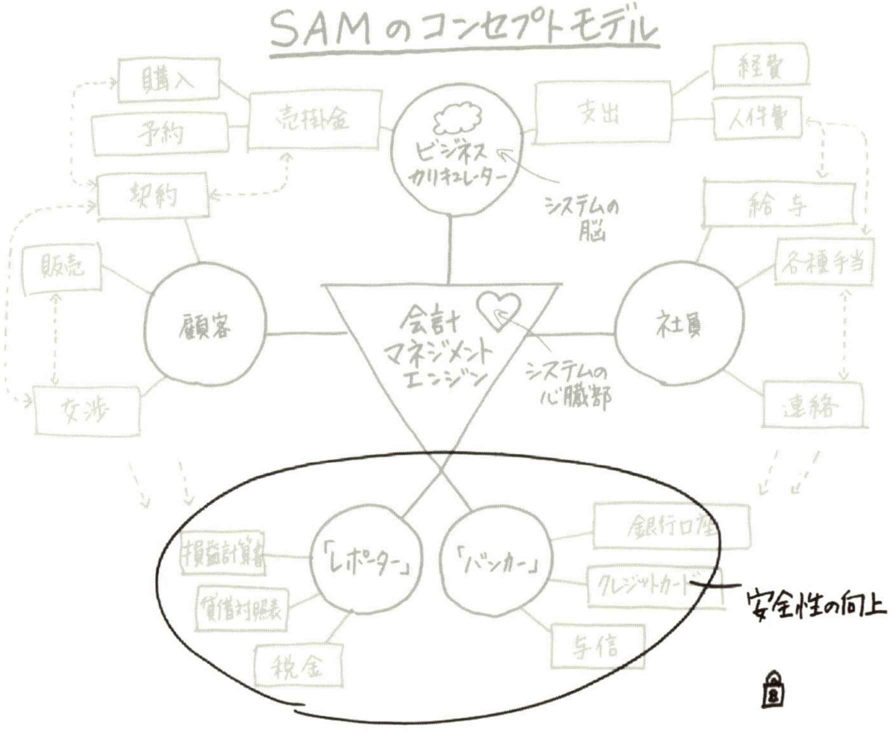

幹部が要求する高いレベルの安全性を実現するためには、わが社のアプリケーションソフトの「バンカー」と「レポーター」の領域を修正する必要がある。

同様に、信頼性を向上させるために修正すべきコンポーネントは明らかだ。ビジネスカリキュレーター、そして会計マネジメントエンジンである。

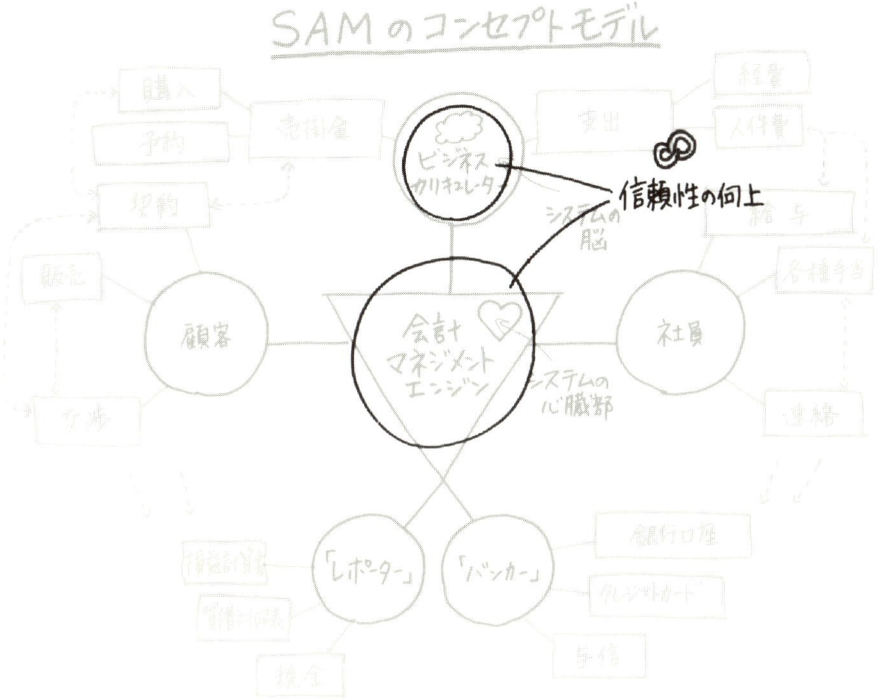

経理担当者は高い信頼性を求めている。それにこたえるにはビジネスカリキュレーター（システムの脳）と会計マネジメントエンジン（システムの心臓部）を修正する必要がある。

そしてジェイソンがもっとも重要視していた柔軟性については、わが社のシステムを描いたこのマップを見て改善すべき部分を判断できる。ひと目見るだけで、多様なコンポーネントが相互作用する領域はたくさんあるとわかる。その部分に重点的に手を入れてゆけばいい。

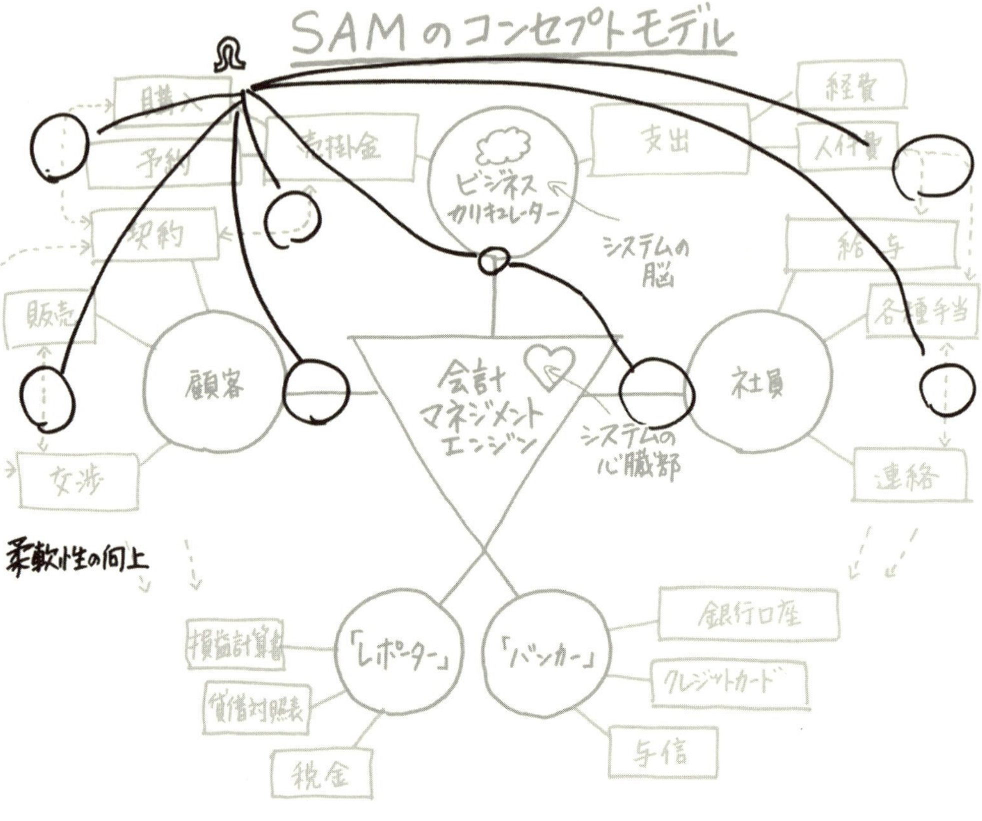

システムのコンポーネント同士のつながりを単純化、標準化できれば柔軟性が高まり、ジェイソンの望み通りに改良できる。

さあ、わが社のソフトウェアに改良を加えるにはどの領域からスタートすればいいのかがわかった。複数のマップは、ソフトウェアの改良のために集中すべき箇所を教えてくれる。さらに、このシステムを完全なものにするにはどれほど手間がかかるのかも教えてくれる。大量の修正を加えるには大規模なプロジェクトを組まなくてはならない——完了までに何ヵ月もかかるだろう。次章では大規模なプロジェクトにかかる時間、ひとつひとつのステップを〈いつ〉終える必要があるのかを時系列表を使って考えてゆく。

第12章

いつ修正作業を実行できるのか?
〈いつ〉の問題を解決する絵

フレームワーク4：〈いつ〉の問題を見せるために〈時系列表〉を使う

一度にひとつのステップ

わが社のソフトウェアのどの部分に変更を加えれば、最大の顧客にもっとアピールできるのかはわかった。売上を伸ばすにはソフトウェアに手を入れることが適切な方法であると経営陣を説得できたとして（大胆な前提である。これについては〈なぜ〉のフレームワークに取り組む際に取り上げる）、つぎに出てくるのは修正にかかる時間をどう見積もるかという問題である。アップグレードは2週間ですむのか、数ヵ月かかるのか、あるいは1年以上必要なのか。これは明らかに〈いつ〉の問題であり、コーデックスを見ると時系列表を使えばよいことがわかる。

思い出そう：時系列表は〈いつ〉を示す

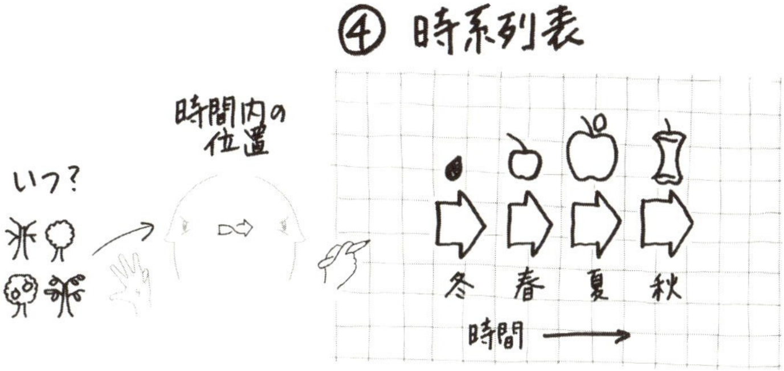

フレームワークの種類	なにを見せるか	座標軸	対象同士の関係	スタート地点	例
4. 時系列表 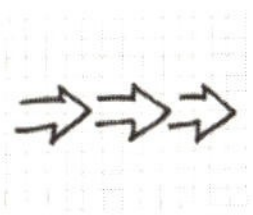	いつ	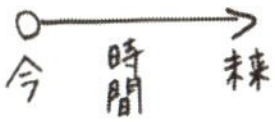	時間での対象同士の位置		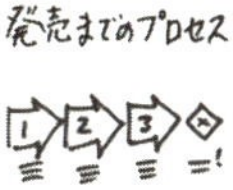

対象が〈どこ〉に存在しているのかを視てから時間が経過すると、同一の対象に変化が起きることはすでに確認した。質、量、位置のどれかが変わる。そういう変化を他者に見せるには時系列表を使い、時間ごとに対象の状態はどうなるのか、時間の経過のなかで対象同士の関係はどうなるかを示す。

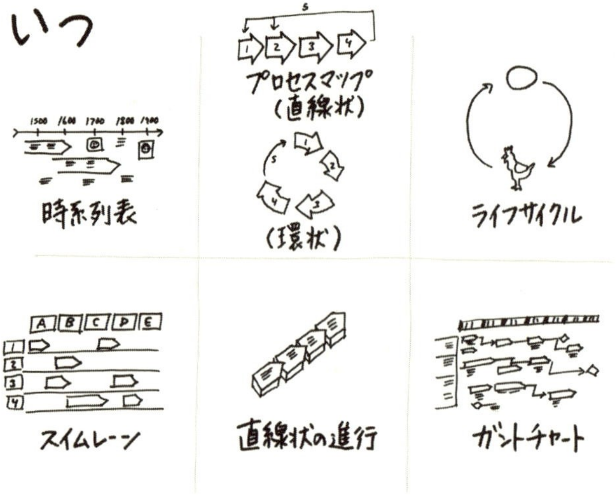

ライフサイクル、プロセスマップ、ガントチャート、進行表、スイムレーンなど、時系列表には多くの形態がある。しかし、あらわしているのはどれも同じだ——ある活動が他の活動との関連において〈いつ〉行われるのか。

時系列表のコツ

1　時間は一方通行

４次元、あるいは時間の本質というのは討論の題材としては魅力的だが、ビジネスではまずそういう分野にかかわりのある問題には直面しない。本書の目的に沿ってここでは時間を、つねに昨日から明日へと一直線に続くものとして考えよう。つねに左から右に流れる、と考えてもいい。前者のルールはタイムトラベラーには真実ではないだろうし、後者は文化的偏見に過ぎないが、一般的に共有できる基準としては便利だ。

2　時系列表の反復はライフサイクルをつくり出す。

ニワトリと卵、市場の上下動のサイクル、１日が積み重なって１ヵ月となり、１ヵ月が積み重なって１年となる——時系列が繰り返される現象は珍しくない。これをライフサイクルと呼ぶ。周期がエンドレスに続いたり、周期の最後に「最初に戻る」という矢印がついたりするような状態だ。時系列表を作成する場合は、繰り返すかどうか重要ではない。どちらにしても作成の方法は同じだ。スタート地点を特定できない場合は、サイクルのなかの大きな節目《ふしめ》を見つけ、そこから始める。

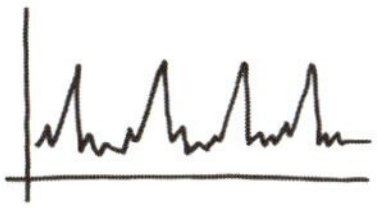

3　円か、それとも直線か。

時計ものさしも、1本の線からできている。時計は線の端が最初に戻ってくるだけのちがいだ。確かにライフサイクルの繰り返しを正確にあらわすには、循環型の時系列表が便利だが、それを除けば時系列表は直線型をお勧めする。描くのが簡単（とりわけ、各ステップにくわしい言葉がつく場合は）であるのに加え、認知的に読み取りやすく記憶しやすい。特定のサイクルが反復するという特徴を強調したい場合は、循環型の時系列表と暦《こよみ》（古代のアステカ時代や現代の占星術師が使うように）は確かにすばらしいのだが、それでも直線型は詳細を描き加えることができるので、やはり使い勝手がいい。

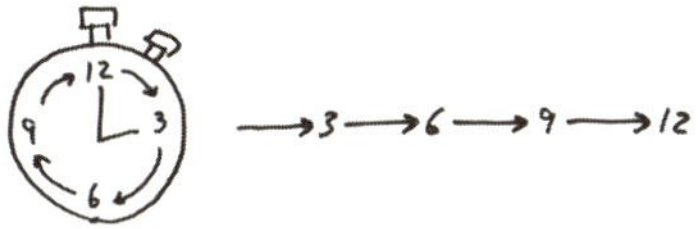

SAX社のプロジェクトの時系列表をつくるには、座標軸の設定からスタートする。時系列表はものごとと時間の関係を示すものであり、複雑なものではない。現在からスタートし、右へ進むとともに時間が経過する。SAX社は長年、ソフトウェアの開発を手がけているので、どこからスタートすればいいのかは明白だ。まずは、発見からこの時系列表を始めよう。

SAX社ではどんな問題に取り組む必要があるのかを決めるところからすべてのプロジェクトを開始する。これが「発見」の段階だ。わたしたちはすでにこの段階をかなり進んでいる。発見すべきことは、ジェイソンが気に入る会計ソフトにするための方法、である。

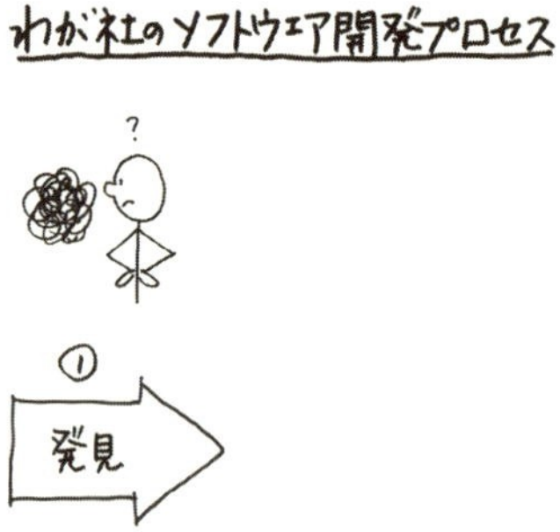

ソフトウェアの開発プロジェクトは必ず「発見」からスタートする。この段階では解決すべき問題を明確にする。

問題がはっきりしたところで、どんな方法で解決すればいいのかを考える。これを「コンセプトのデザイン」と呼び、これからやるべきことの詳細を詰めてゆく。

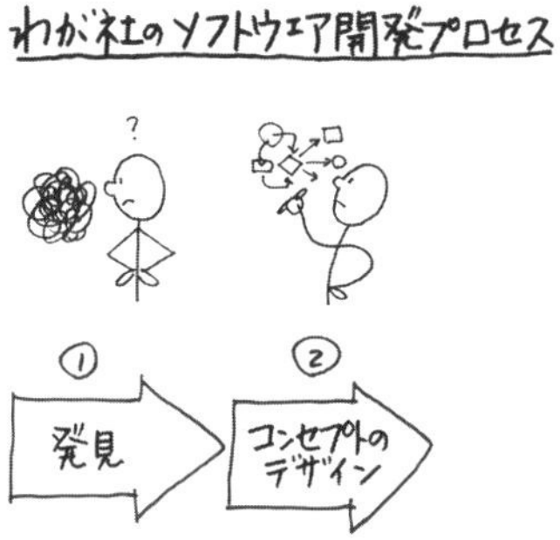

「コンセプトのデザイン」の段階では解決法を考え出し、詳細を詰めてゆく。

解決法をデザインし、詳細を決めたら、つぎは「開発」だ。ここではソフトウェアの個々のサブコンポーネントのために、そしてアプリケーション全体のためにコードを書く。

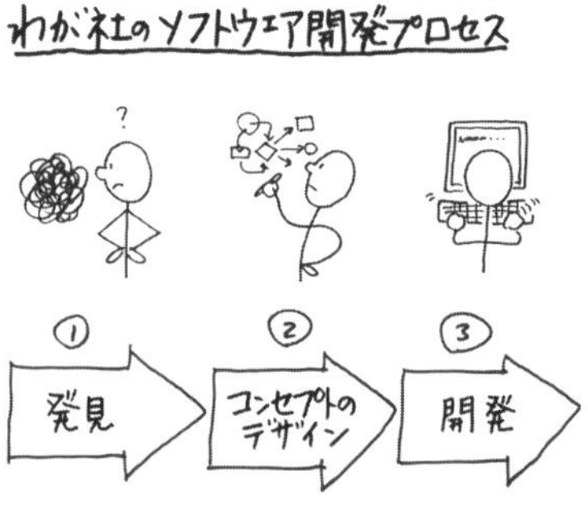

「開発」の段階ではコードを書いてアプリケーションをつくる。

すべてを書いたところでテストをする……繰り返し、何度も。だから、次の段階はひたすらテストだ。第１次のテスト、小グループの顧客とともに行うテスト、最後に大きなグループでのユーザーテストだ。

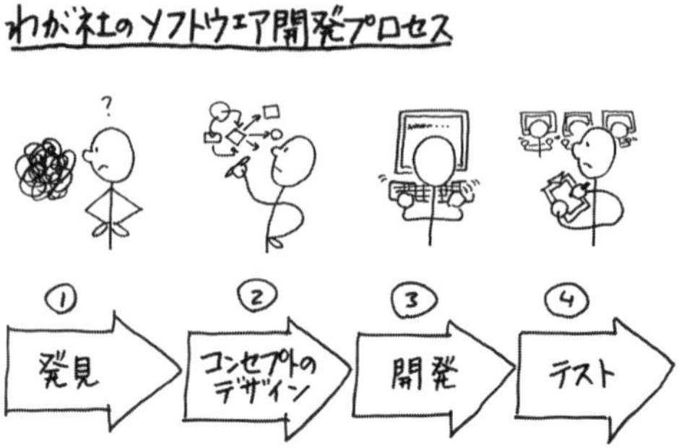

第４段階ではテストを繰り返し、想定通りにアプリケーションが機能するかどうかを確認する。

テストが完了しすべてのバグを修正すると、ようやく販売を開始する準備が整う。この最後の段階をわが社では「展開」と呼ぶ。ソフトウェアを包装して顧客に渡し、使ってもらう。アプリケーションは同じタイミングでわが社のユーザーサポート機関にも渡す。そしてわたしたちはつぎのバージョンに向けて動き出す。

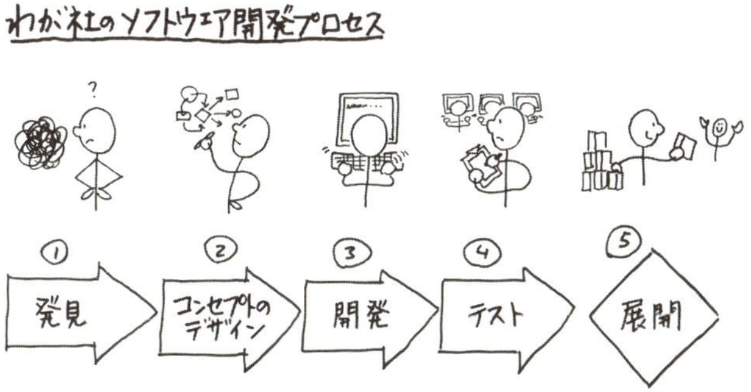

「展開」の段階は顧客へのソフトウェアの販売を開始し、すべてをユーザーサポートのスタッフに引き渡す。開発のプロセスはこれで完了だ。

これがすべてだ。わが社のソフトウェアの開発の時系列表である。さて、わたしたちの聴衆がソフトウェア業界についての知識がなく、おおまかなステップを視たいという人々であれば、SQVIDは〈簡潔〉〈質〉〈実現〉〈個性〉〈現状〉となるだろう。これはスタート地点としては悪くないが、実際の業務のための時系列表を作成するのであれば、もっと詳細でなくてはならない。全体の流れを簡潔に描いたものをスタート地点として、今度は〈精巧〉と〈量〉に焦点を絞って描き直してみよう。時系列表という意味では同じだが、目的はそれぞれ別だ。

最初の時系列表ではひとつひとつのステップにかかる時間が正確に反映されていなかった。時間の経過とともにどんなステップを踏んでいくのかはわかるが、5つの段階は実際にはどれほどの時間がかかるのかがわからない。そこで、まずはそれぞれの段階に必要な時間を矢印の長さで示そう――それぞれに必要な時間は過去の記録から拾い出せる。

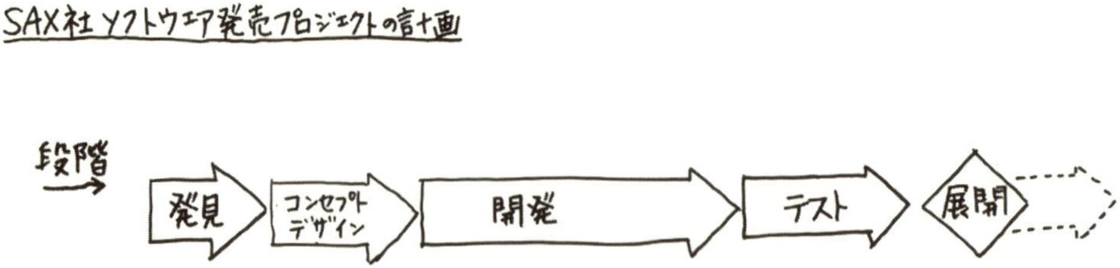

5つの段階は、終了するのに異なる時間の長さが必要である。開発は他のどの段階と比べても2倍以上かかる。

過去の経験をもとに、それぞれの段階に何週間、何ヵ月かかるのかを正確に見積もり、カレンダーに書き込もう。

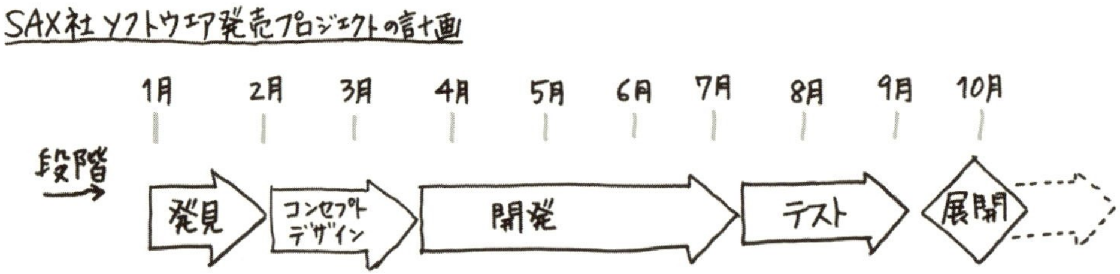

カレンダーに書き込む。より正確な時系列表になった。

　このプロジェクトには多くのスタッフが取り組むことになるだろう。プロジェクトチームのリストを作成しよう。片方の端にチーム名を縦方向に並べ、段階ごとにどのような仕事をするのかを描き込む形にする。

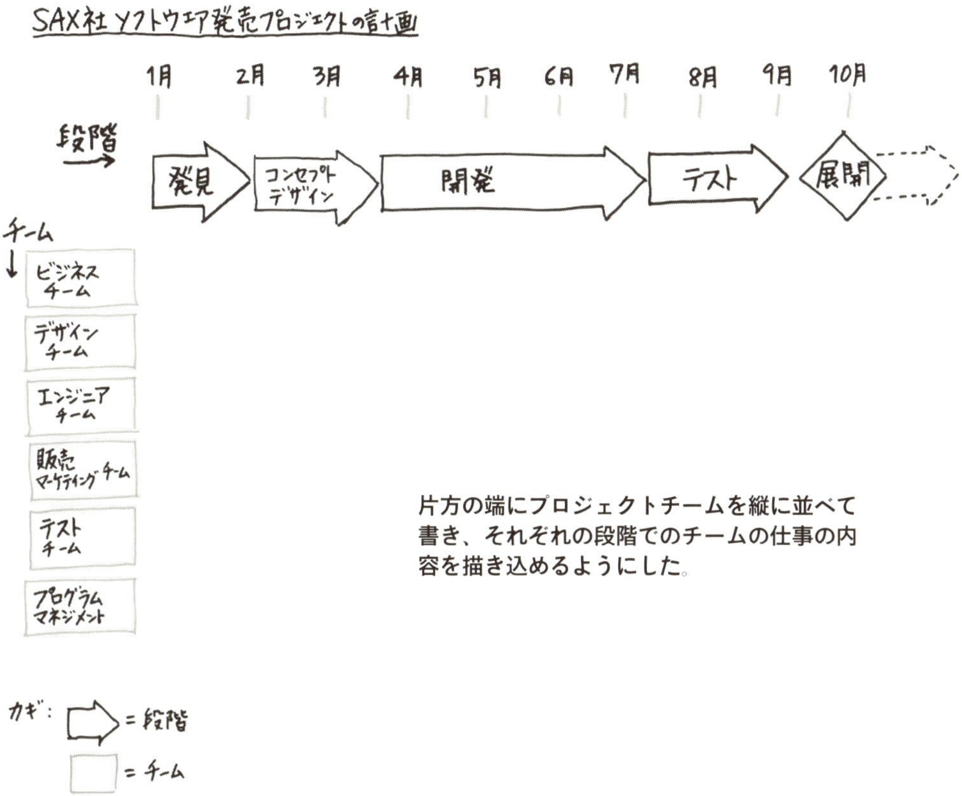

片方の端にプロジェクトチームを縦に並べて書き、それぞれの段階でのチームの仕事の内容を描き込めるようにした。

これで２つの座標軸が設定できた。それはこれまでのグラフとマップと同じだが、今回は〈２種類〉の情報を同時にあらわしている。〈誰〉（わが社のチーム）と〈いつ〉（わが社の時系列表）だ。２つの座標軸がそろったところで、〈なに〉を描き入れてゆく。まずは、ひとつの段階の終わりと次の段階の始まりを示す重要な節目を描く。

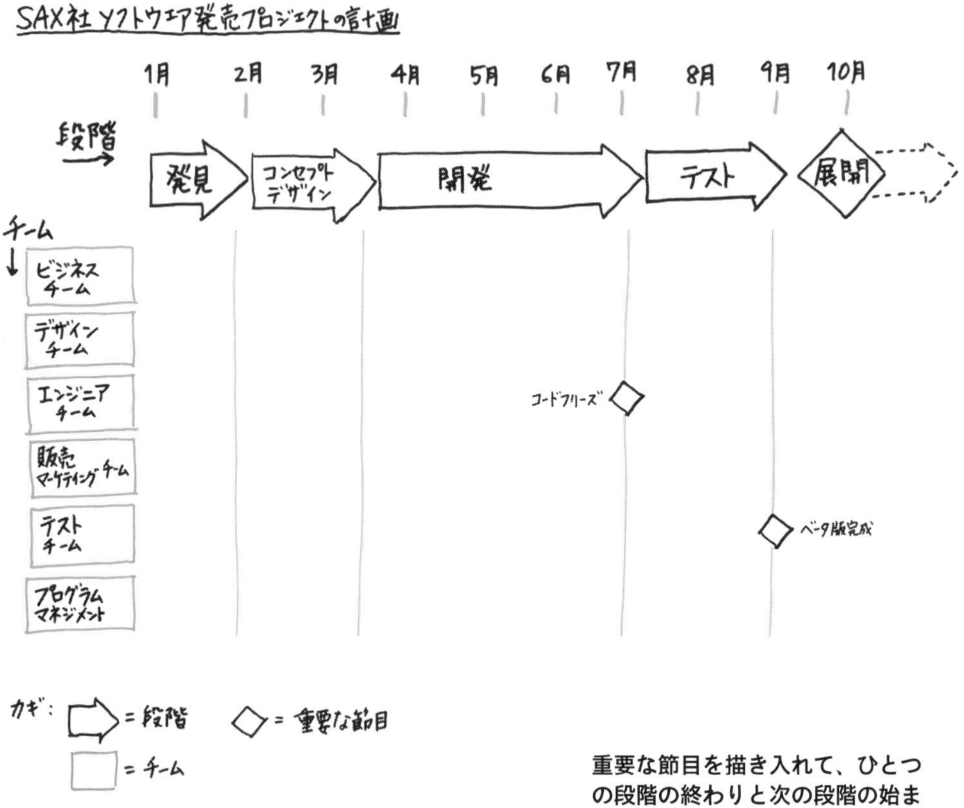

重要な節目を描き入れて、ひとつの段階の終わりと次の段階の始まりの区切りにする。

実際には、節目に到達したことをどうやって知るのだろうか。節目は実在するものではなく、あらかじめ設定しておいた瞬間に過ぎない。節目に遭遇したとわかるために、実際になにができたのかで測る——プロジェクトの場合は、具体的には「成果物」である。たとえば、ビジネスチームが「企画書」を完成した時、デザインチームが「ユーザーニーズ調査報告」をまとめた時、販売マーケティングチームが「マーケット調査報告」を完成した時に、この時系列表での節目に到達したといえる。そしてつぎのコンセプトデザインを開始する。

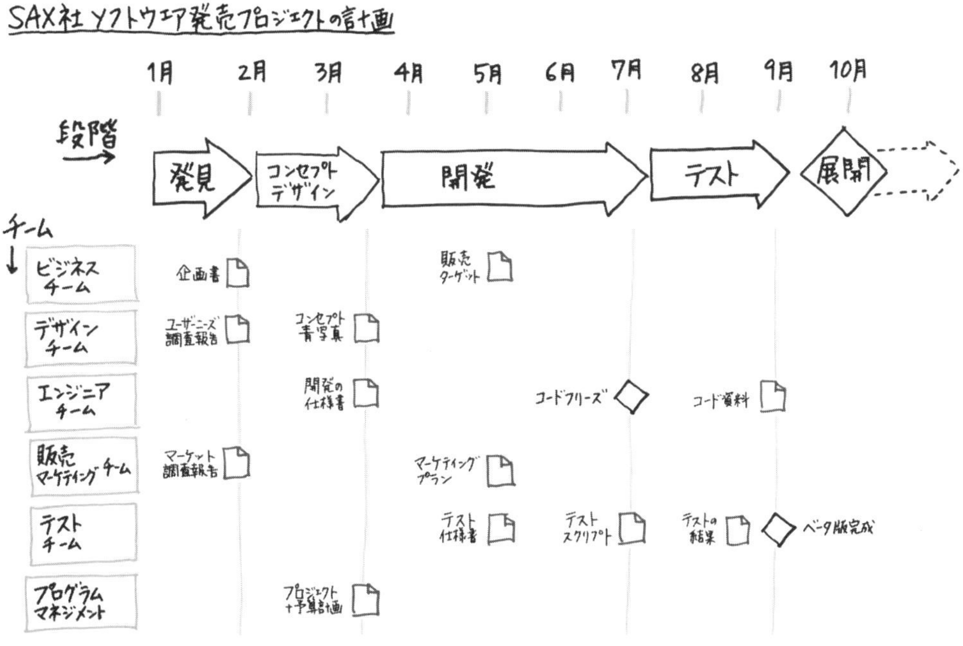

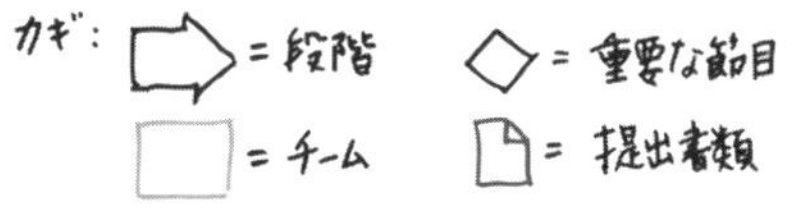

個々のチームの成果物を描き入れて、節目に到達するための具体的なニーズの完了とする。これでひとつの段階が終わり、つぎの段階をスタートする準備が整ったわけだ。

成果物はそれ自体に価値がある。それはまたスタッフが労働力をとことん注ぎ込んだ証《あかし》ともいえる。プランを立てる際には一定の成果を出すための期限を判断しなければならない。と同時に、そのためにどういう労力が求められるのかも判断する必要がある。そのために使うのがワークストリームだ。各チームが一定の成果を出すためにすべきことを示す、仕事のリストである。ワークストリームを描いてくわしい時系列表が完成する。これでプロジェクトにかかる時間がようやくわかる。

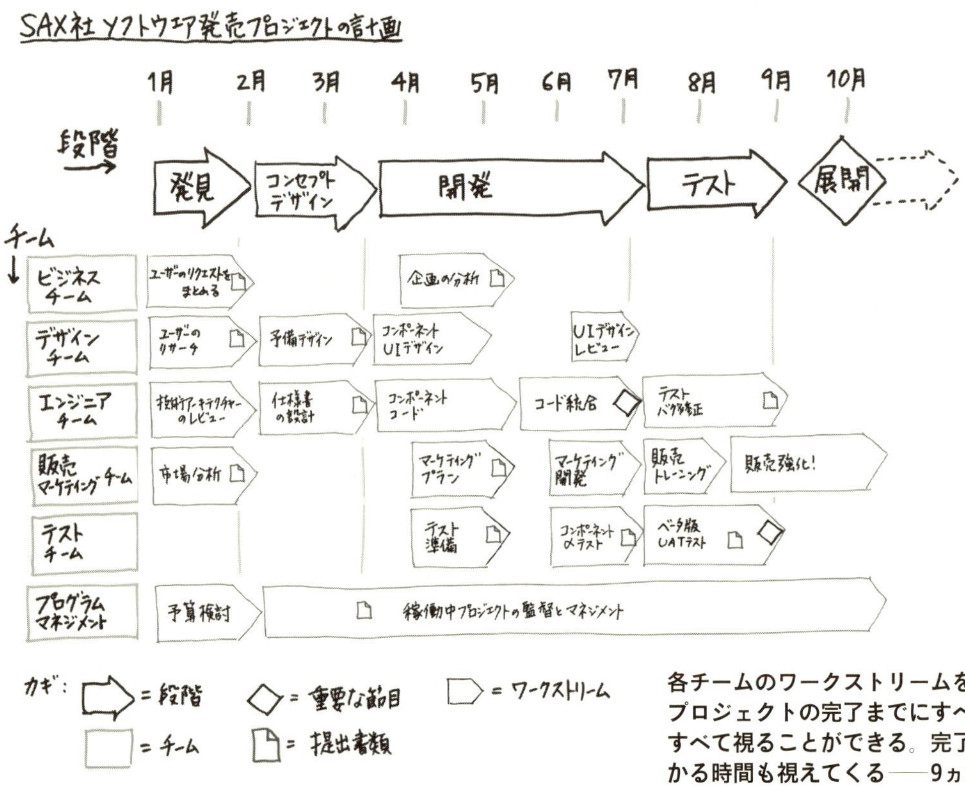

各チームのワークストリームを描くと、プロジェクトの完了までにすべきことをすべて視ることができる。完了までにかかる時間も視えてくる――9ヵ月だ。

作業スタートから顧客向けにソフトウェアを量産するまでに9ヵ月。わが社のアプリケーションのアップグレードを完了させるには膨大な時間を要すると判明した。チームのメンバーの給与と経費はひと月に100万ドル要するので、合計900万ドルになる。わが社の規模の会社としては多額の「要求」となる。幹部に話す前に、この900万ドルという金額を過去の開発プロジェクトにかかった費用と比較する方法を探そう。

これを視るために、複合型のフレームワークに初めて頼ることにしよう。つまり、時系列グラフだ。初めて登場するが、〈どれだけの量〉のグラフを〈いつ〉という時系列に重ねたもの、といえばわかりやすいだろう。わたしたちがすでによく知っている2つのフレームワークの組み合わせである。名前が示す通り、時系列グラフは時間の経過とともにあるものの量が変わってゆくことを描いている。この構造は基礎をなす2つのフレームワークの座標系をひとつにまとめ、価格、割合、数、温度の上昇と下降を示す――時間の経過とともに測定できるものならなんでも。

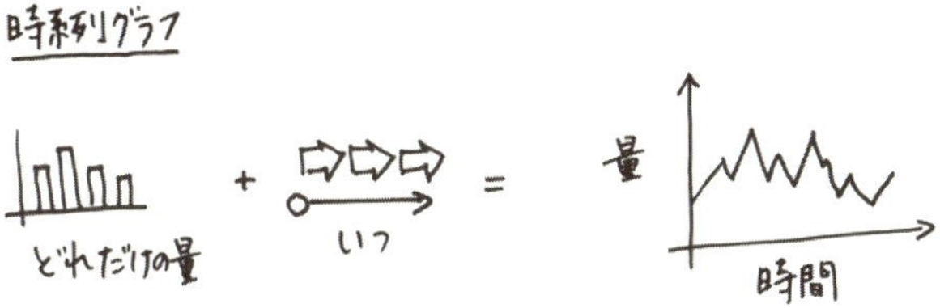

時系列グラフは時間軸を〈どれだけの量〉をあらわす典型的なグラフに重ね合わせたもの。時間の経過に従って変わるものを量で示す。

時系列グラフを利用すれば、ソフトウェア全体をいま新しく開発するための費用と、同じ作業にかかった過去の費用を比較できる。900万ドルの予算を要求するとしたら、その金額は過去の数字よりも多いのか少ないのかをあらかじめ知っておいたほうがいい。少ない場合は比較的簡単に要求が通るだろう。多い場合は相手が納得できるような論理を組み立てて説明しなければプロジェクトを実現することは難しいだろう。

時系列をあらわすグラフはどれも水平軸で時間を示し、垂直軸で量を示す。今回の表も同じく座標軸を設定し、以前にかかった開発費用をグラフであらわす。データは過去のプロジェクト管理ファイルから拾う。SAX 社は 1996 年にスーパー・アカウント・マネジャー（SAM）の初版の販売を始めた。スタート地点はそこだ。最初の年、SAM のバージョン 1 の開発にかかった費用は 50 万ドル弱である。10 人のチームで昼夜をわかたず週末も返上して働き、1 年ちかくかかった。その 2 年後に発売されたバージョン 2 には 4 倍の 200 万ドルがかかっている。これはチームのメンバーが 40 人に増え、人件費がふくらんだというシンプルな理由だ。2000 年に発表した SAM バージョン 3 は業界のトップレベルであり、これには 600 万ドルちかく費用をかけている。

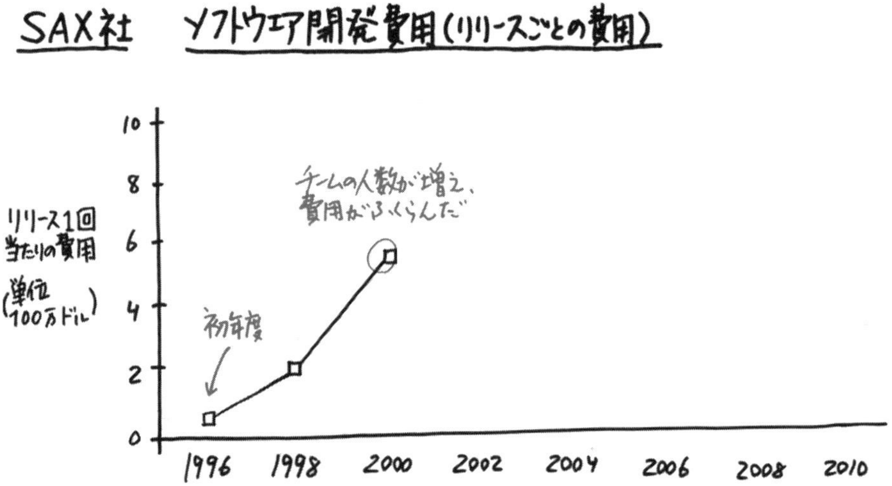

この時系列グラフは 2 年ごとに発表した商品の開発費を比べている。1996 年に SAX 社が初のオリジナルのアプリケーションソフトをつくるには 50 万ドルかかった。2 年後はその 4 倍、その 2 年後はさらに増えて 600 万ドルになった。

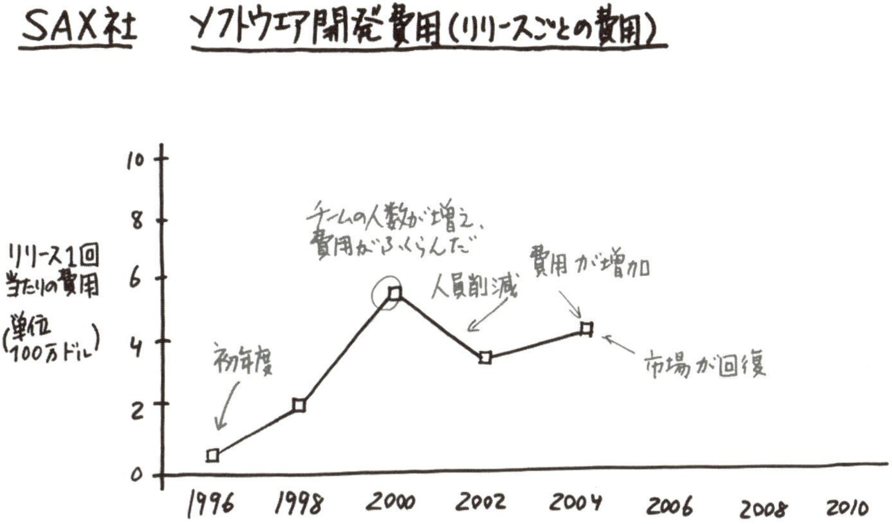

急上昇。市場の崩壊とともにリストラを余儀なくされ、開発費が減った。そして2004年に市場が回復すると、ふたたび上昇を始めた。

危機に見舞われたのはその後である。2001年後半、市場全体が落ち込みSAX社は社の存続のために社員のリストラに踏み切った。SAMのアップグレードのバージョンは引き続き発表したが、開発費は減った。チームの人数が減り、リリースにかける野心的な熱意が一時に比べれば衰えたためだ。

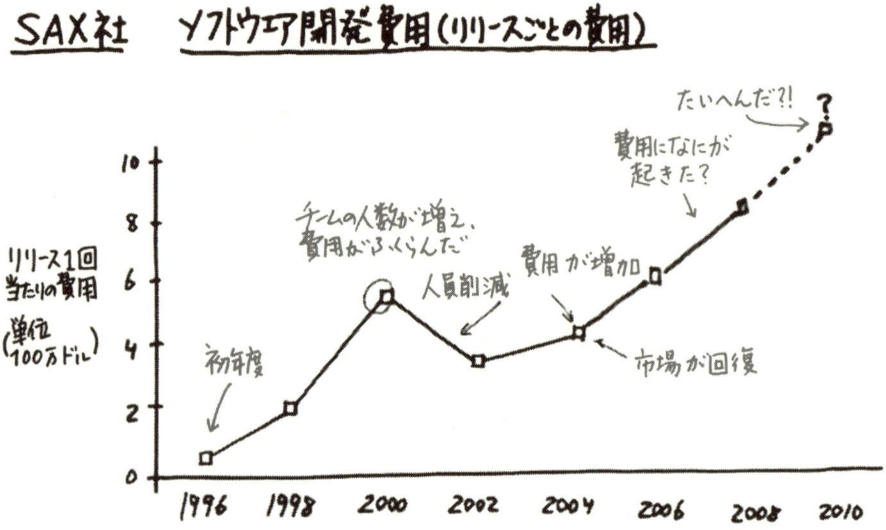

2004 年以来、新しいバージョンを発表するたびに開発費は一貫して上昇を続けている。ここから予測すれば、次のバージョンにかかる費用は 900 万ドルと見込まれる。

以来、開発費はリリースごとに増加の一途をたどった。2006 年に発売されたSAM6 の開発費用は 600 万ドルを突破し、2000 年のピーク時の額を上回った。2002 年からの費用の推移をもとに判断すると、今回かかる費用は 900 万ドルと見積もることができる。

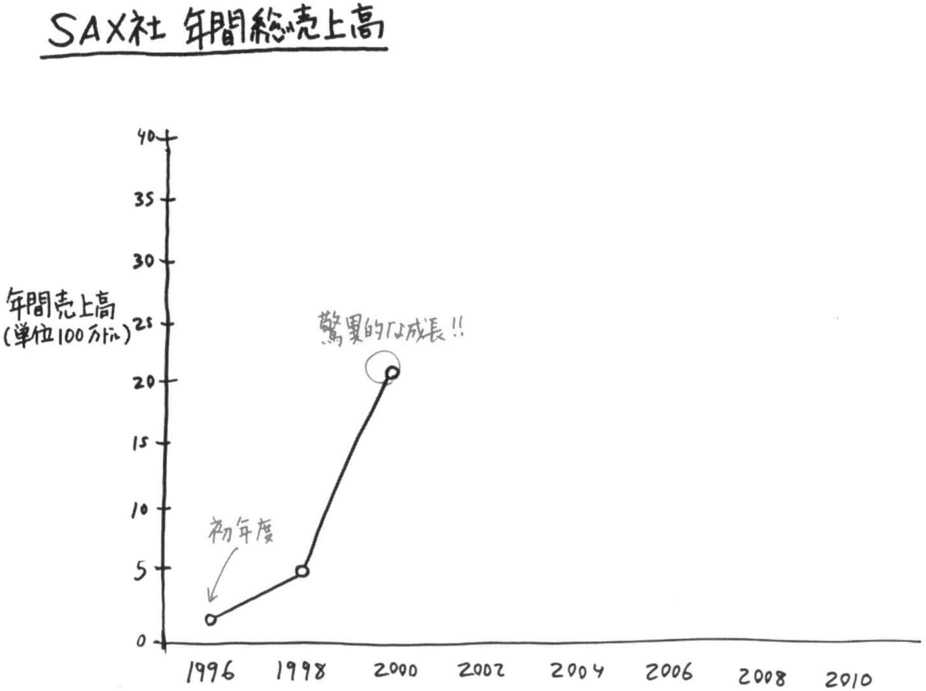

同じ時系列グラフをつくってみる。今回はプロジェクトの費用ではなく会社の売上高を示す。そのためには縦軸の目盛りを4000万ドルまでにする。

しかし、これだけではじゅうぶんではない。すぐにでも幹部のところに行き900万ドルを出してほしいと要望を出し、この時系列グラフを見せて費用の見積もりが正当なものであると説明したいのは山々だったが、おそらく彼らはこのグラフで明らかになっていないことを知りたがるだろう。つまり、支出する費用がどのように会社の売上につながっていくのか、という情報である。

それを明らかにするために、もうひとつの時系列グラフをつくってみる。横軸

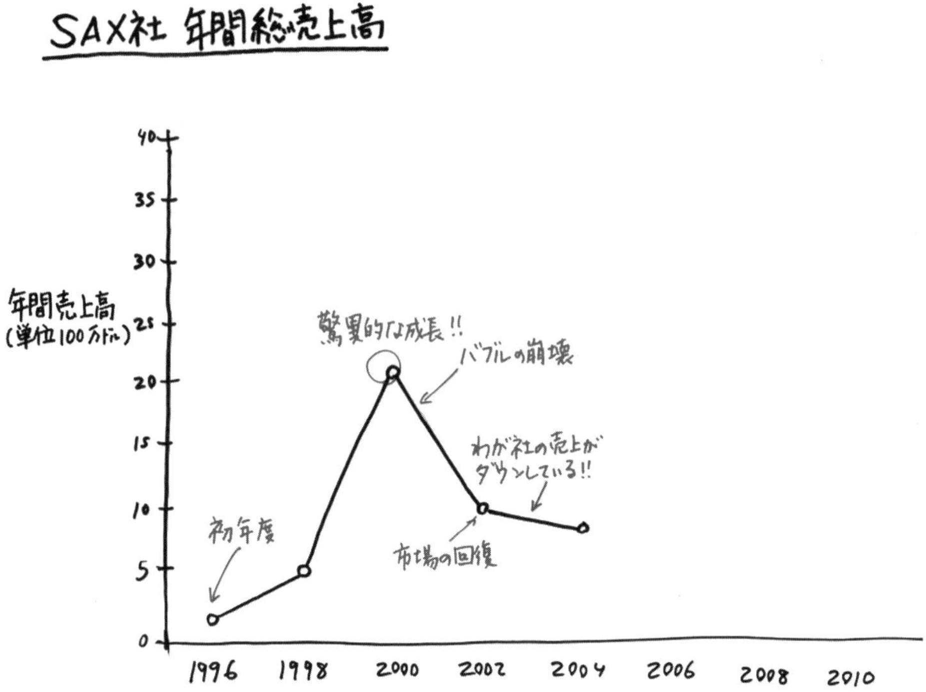

2001年には売上高は下落し、さらに減少し続けた。
市場はすでに回復を見せていたというのに。

はさきほどとまったく同じ時系列でかまわないが、今回の縦軸は会社の売上高を示すので目盛りの上限を1000万ドルから最高の収益の金額4000万ドルへと伸ばす必要がある。今回も1996年の数字を記入することから始める。当時の会社の売上高はおよそ100万ドル。つぎの4年間で2100万ドルまで飛躍的に伸びた。

そして上のグラフでも、2001年にバブルが崩壊している。それからの2年間で売上は半分以下になり、市場が回復した後もさらに減り続けた。

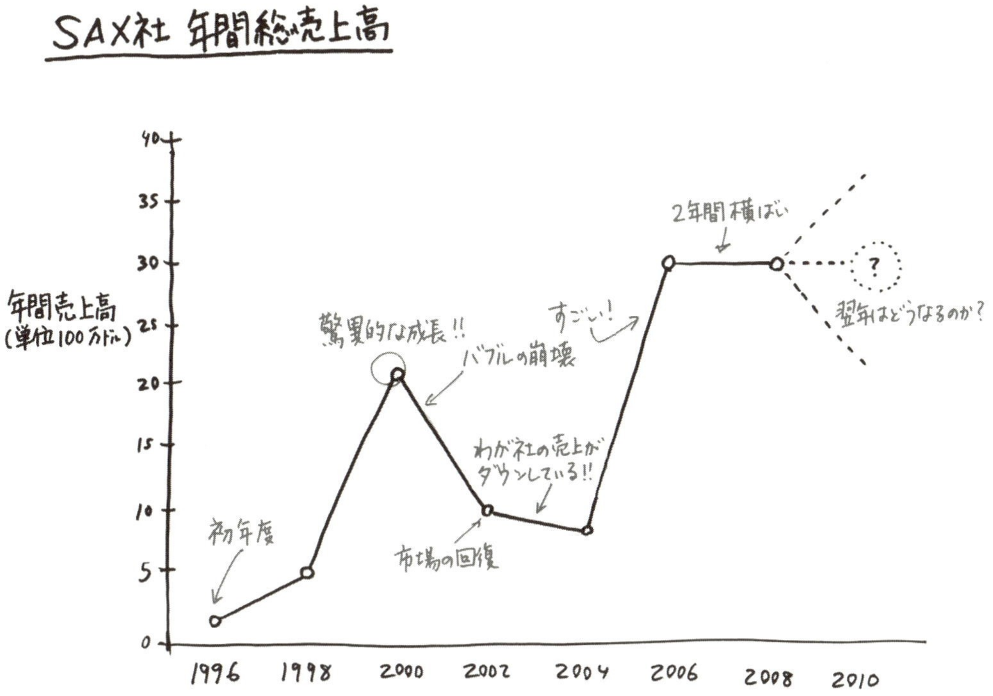

2004年から2006年にかけて売上がぐんぐん伸びて、それからすべてがストップした。

2004年、売上高がすさまじい勢いで回復し、2年で3000万ドルにまで跳ね上がった。以後は……じつはそこからは現状維持が続いている。売上高も、利益も、現状維持である。そこで最初に取り組んだ問題、つまり〈誰／なに〉というフレームワークへと戻る必要が出て来る。

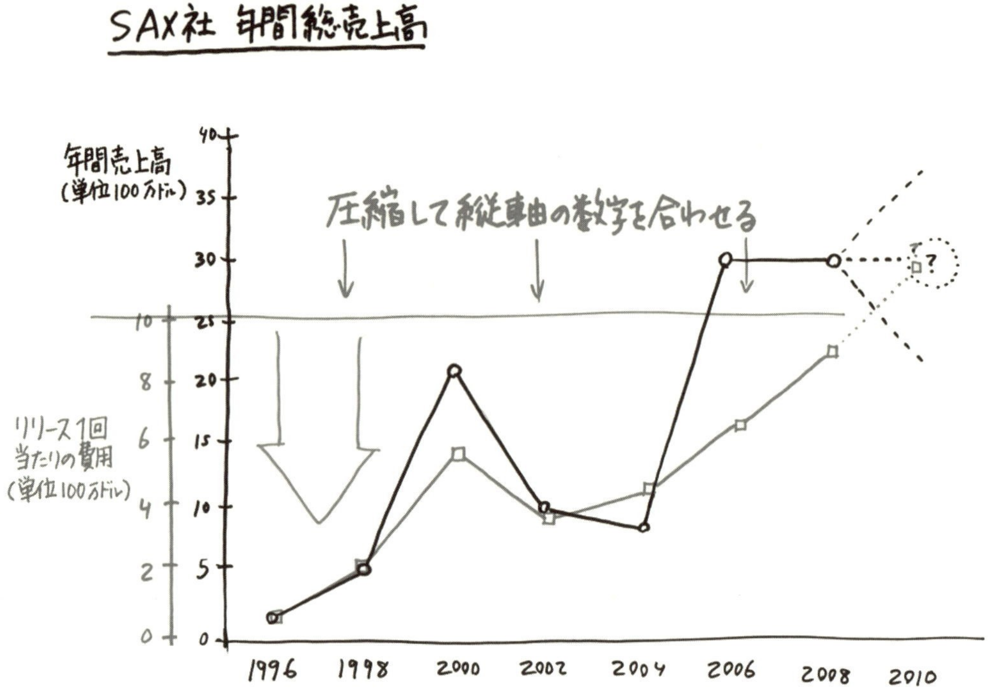

第一のグラフを第二のグラフに重ね、第一のグラフを圧縮して、縦軸の数字を合わせる。

それぞれのグラフから読み取ることができるのは、まず開発の費用はどうやら一定のペースで増えているという事実。そして売上が伸びていないという事実(高い水準で推移してはいるが)。さらに洞察を深めるために——そして問いかけるべきことを明らかにするために——2つのグラフをひとつにしてみよう。そのためには工夫をする必要がある。縦軸が一致していないので、費用のグラフ全体を圧縮して数字を合わせる。

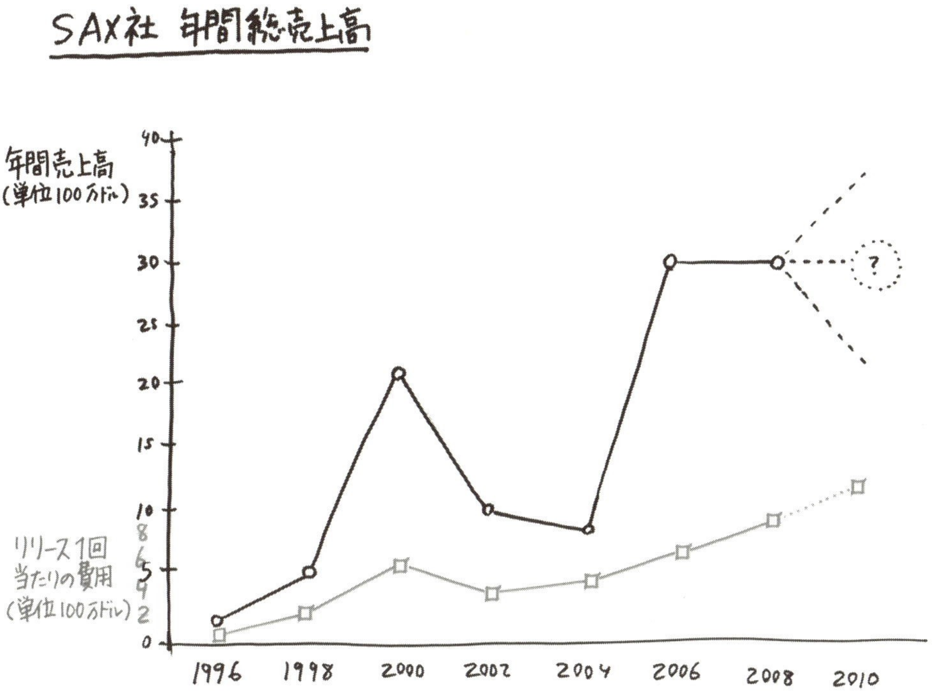

ひとつのグラフで、開発費と売上高を並べてあらわす。こうすれば容易に比較できる。

目盛りを調整し同一条件での比較をする。売上と開発の費用の変化を比べられる。

これで、900万ドルという要望に対する幹部の反応の予測がつく。〈4年前に開発費が30%増加し、売上はおよそ300%にアップした。だが、2年前には30%増えたものの売上は現状維持であった。すると、ここで30%増やせば売上高は増えるだろうか?〉

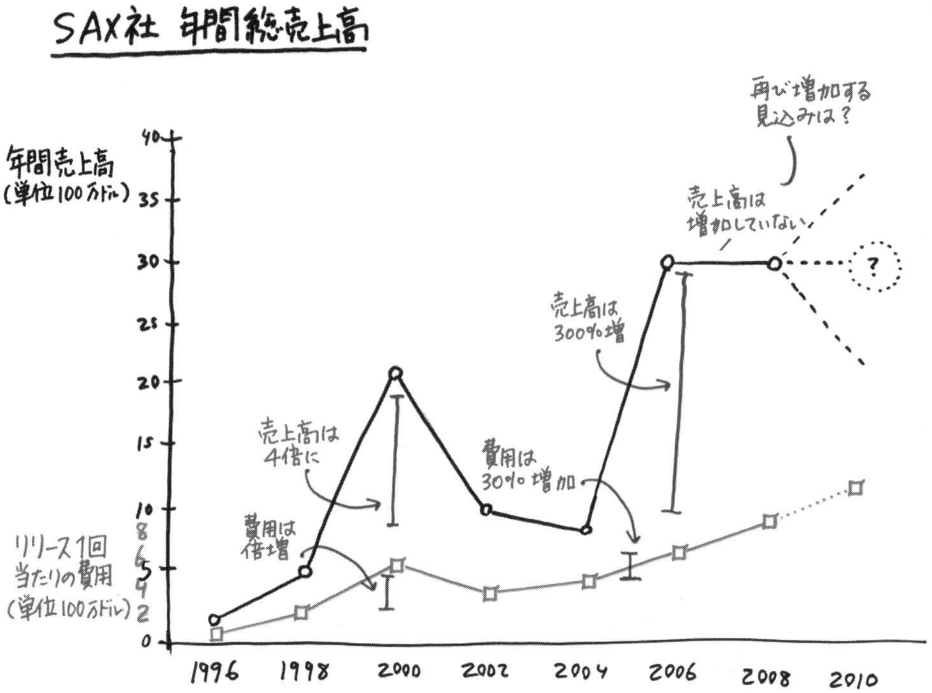

的を射た問いかけ。売上は増加していないのに
開発費を増やす必要はあるのか？

わたしたちは自分たちに投げかけられる質問を予測できた。さて、どう回答するのかを考えなくてはならない。

第13章

わが社の事業をどのように発展させるのか？〈どのように〉の問題を絵で解決する

フレームワーク5：〈どのように〉の問題を示すために〈フローチャート〉を使う

問題を解決するにはどうすればいいのか？

新しい問題に突き当たった。900万ドルを投じてソフトウェアを改良することは、売上をふたたび伸ばすために適切な方法であると幹部を納得させるにはどうしたらいいのか（自分自身をどのように納得させられるのか）？　その問題に取り組んでみよう。組織図のいちばん下の立場で900万ドルの支出を要求することは大胆すぎやしないか？

そういういいかたをすれば、その通りとしかいえない。しかし、それはおそらく適切ないいかたではない。だからここではそういう表現はしない。それよりも、どのようにしてその結論に至ったのかを〈見せる〉ことにする。

思い出そう：〈どのように〉を見せるためのフローチャート

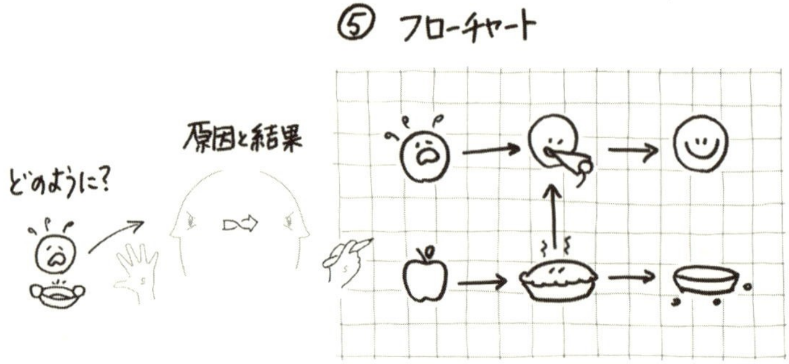

フレームワークの種類	なにを見せるか	座標軸	対象同士の関係	スタート地点	例
5. フローチャート 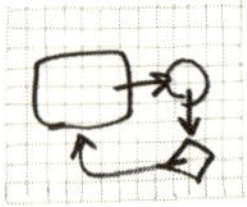	どのように		対象同士のお互いへの影響		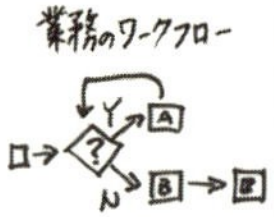

時間の経過とともに複数の対象がどのようにかかわり合うのかを見ていくと──質、数、位置の変化、そして対象同士の関係の顕著な変化──因果関係があるのに気づく。ものごとがどのように機能しているのかが見えてくる。コーデックスを参照すれば、そのような因果関係を示す際にはフローチャートがいいとわかる。

ジェイソンが望むソフトウェアを提供するにはわが社のソフトウェアのプラットフォームを書き換える必要があり、その関係を絵にして見せるにはどうしても凝ったフローチャートとなる。いきなりそれに取りかかるのではなく、まずはもっとシンプルなもの（機能としては変わらない）で練習してみよう。わが社の幹部はこうした財政上の大きな決断をどのように下すのか、をフローチャートにしてみよう。

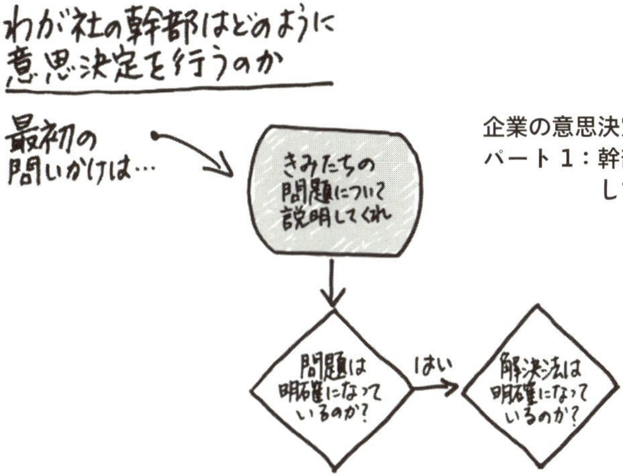
わが社の幹部はどのように
意思決定を行うのか
最初の
問いかけは…
きみたちの
問題について
説明してくれ
問題は
明確になって
いるのか？
はい
解決法は
明確になって
いるのか？

企業の意思決定はどのようになされるのか。
パート１：幹部はまずわたしたちの問題を説明してくれと求めるだろう。

フレームワークの一覧表を参照すると、フローチャートの座標系は〈行動〉から〈反応〉へと流れるとわかる。スタート地点はつねに、発端となる行動である。そこで、作成した図表を幹部に持参した時、彼らがどんな言葉を口にするか、そこからスタートしよう。「問題は明確になりましたか？」そしてつぎに、「見込みのありそうな解決法を思いつきましたか？」

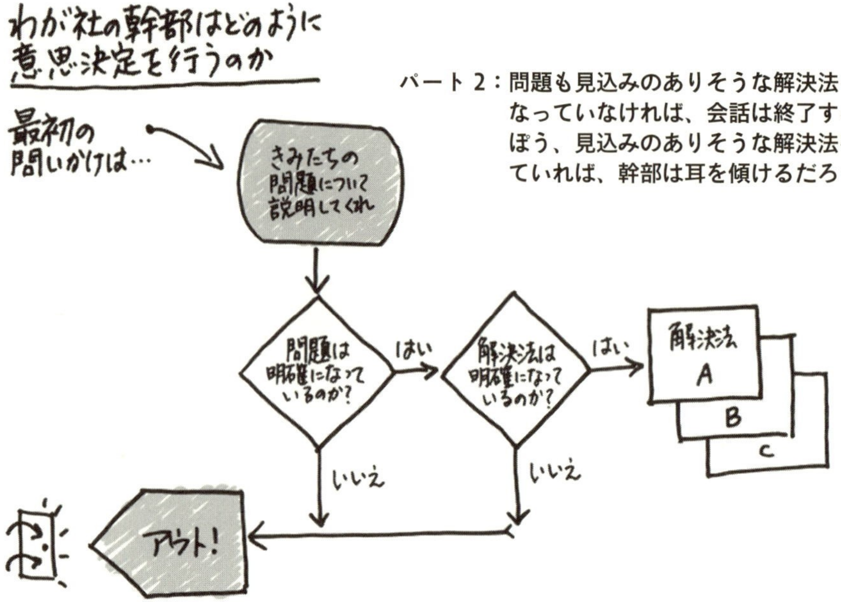
わが社の幹部はどのように
意思決定を行うのか
最初の問いかけは…
きみたちの問題について説明してくれ
問題は明確になっているのか？
はい
解決法は明確になっているのか？
はい
解決法
A
B
C
いいえ
いいえ
アウト！

パート２：問題も見込みのありそうな解決法も明確になっていなければ、会話は終了する。いっぽう、見込みのありそうな解決法を用意していれば、幹部は耳を傾けるだろう。

それから解決法をめぐって討論が始まる。その方法は技術的に可能なのか？　可能でなければ、却下。可能であれば、資金的に穏当なものなのか？　ここでふたたび、こたえがノーであれば、ふりだしに戻る。こたえがイエスならば、最終的な考査へと進む。「直感による判断」である。わが社の幹部たちは長年ソフトウェア業界に身を置き、なにが実際に通用するかという感覚にすぐれている。そんな彼らは自分自身に問いかける。「ここで自分が見ているものは、ほんとうにこの問題を解決できるだろうか？」そうして彼らの思考が本格的に始まる。

わたしたちが提案した解決法が技術的に、そして資金的に実行可能でなければ、却下される。そこで門前払いにならなくても、さらに厳しい試練が待っている。つまり「直感による判断」だ。

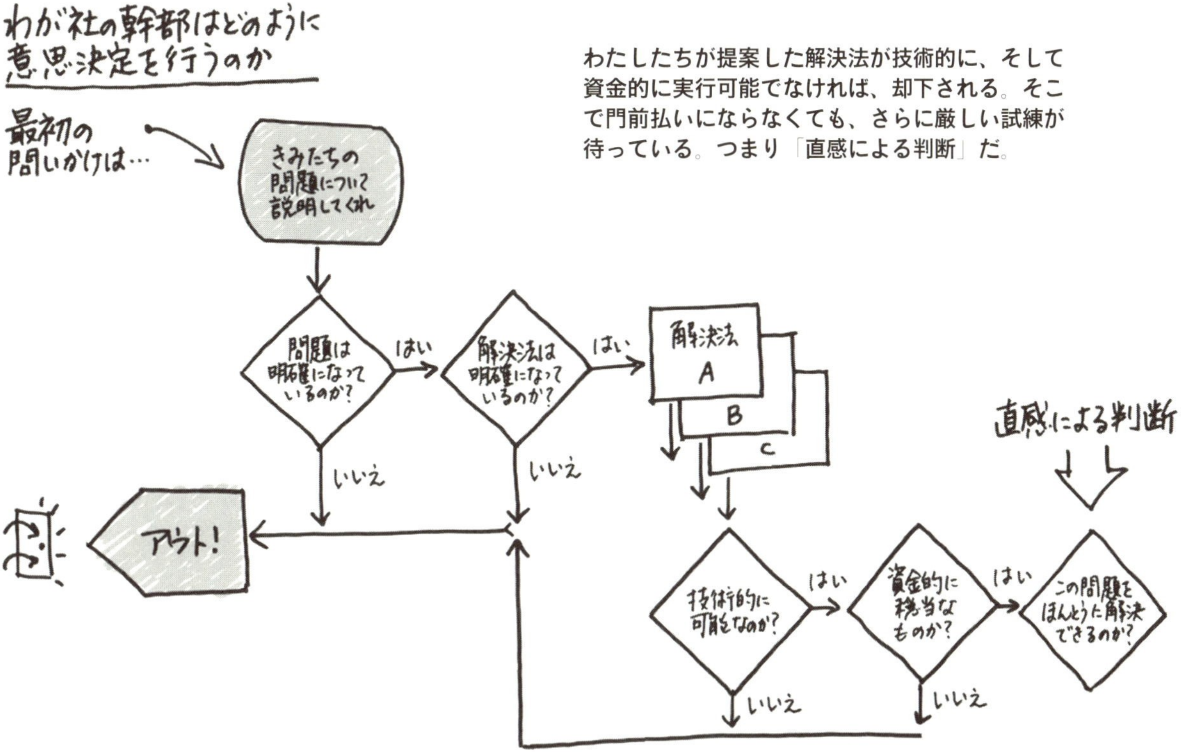

わが社の幹部はどのように意思決定を行うのか
最初の問いかけは…
きみたちの問題について説明してくれ
問題は明確になっているのか？
はい
いいえ
解決法は明確になっているのか？
はい
いいえ
解決法
A
B
C
アウト！
直感による判断
技術的に可能なのか？
はい
いいえ
資金的に穏当なものか？
はい
いいえ
この問題をほんとうに解決できるのか？

成功するチャンスは４分の３以上と幹部の直感が告げれば、ゴーサインが出て、わたしたちは本格的に動き出す。

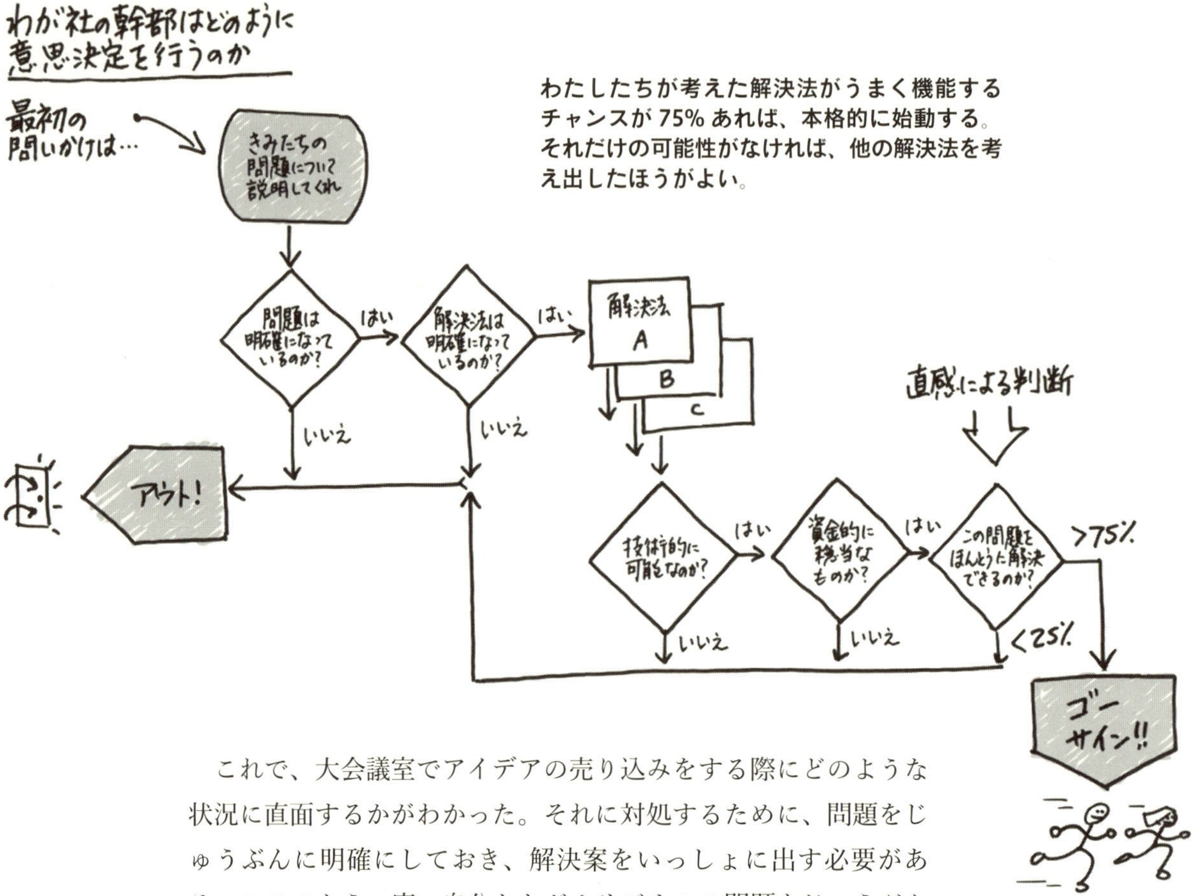

わたしたちが考えた解決法がうまく機能するチャンスが 75% あれば、本格的に始動する。それだけの可能性がなければ、他の解決法を考え出したほうがよい。

これで、大会議室でアイデアの売り込みをする際にどのような状況に直面するかがわかった。それに対処するために、問題をじゅうぶんに明確にしておき、解決案をいっしょに出す必要がある。ここでもう一度、自分たちがオリジナルの問題をじゅうぶんに理解しているかどうか、同じフローチャートのプロセスを利用して描いてみよう。といっても今回はずっと複雑だ——しかもスタート地点は売上が横ばい、という、うれしくない状態である。

売上が伸び悩んでいる理由は、少なくとも3通り考えられる。第一に、わが社のクライアントが成長していない（それは真実ではない。過去2年間、どのクライアントも少なくとも年間20%売上を伸ばしている）、あるいはもはやわが社のソフトウェアを必要としていない（これも真実ではない。業界は成長しておりわが社の商品はもっとも包括的な内容である。ライバル企業がこれに匹敵するサービスをフル装備した商品を出すには最低1年はかかるだろう）。もうひとつ考えられるのは、わが社のソフトウェアが顧客の創造性を刺激しないという理由。

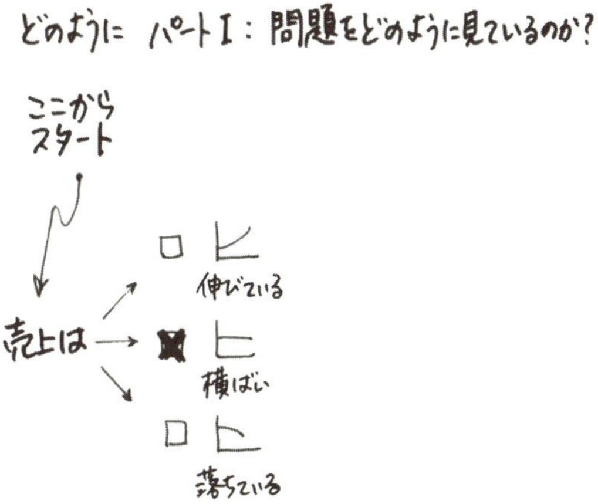

自分たちの問題を明確にしておく。このケースでは問題は大きく、そしてはっきりしている。売上が伸びていないが、落ちてもいない──横ばいなのだ。

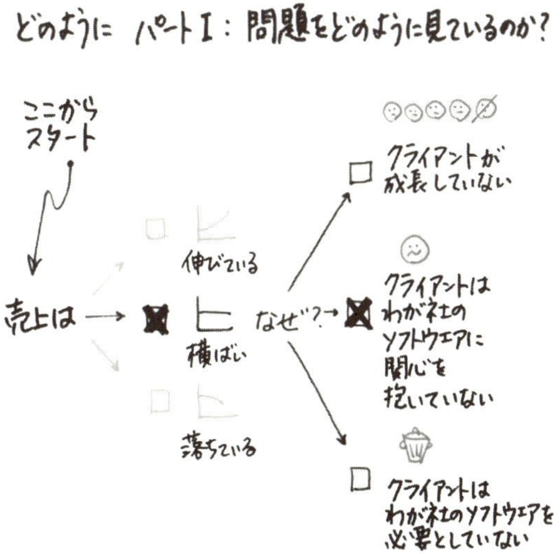

売上が伸び悩んでいる理由としてもっとも可能性がありそうなのは、顧客がわが社の商品によってもはや創造性を刺激されていないという理由である。

なぜクライアントはわが社の商品に飽きてしまったのか、2つの可能性が考えられる。わが社のソフトウェアが彼らをハッピーにしていない、あるいはわたしたちが正しいクライアントをターゲットにしていない、の2つである。両方ともが真実かもしれない。どちらに取り組むにしろ、じつはやることはいっしょだ——わが社の顧客についての理解を深め、なにを求めているのかをくわしく知ることだ。

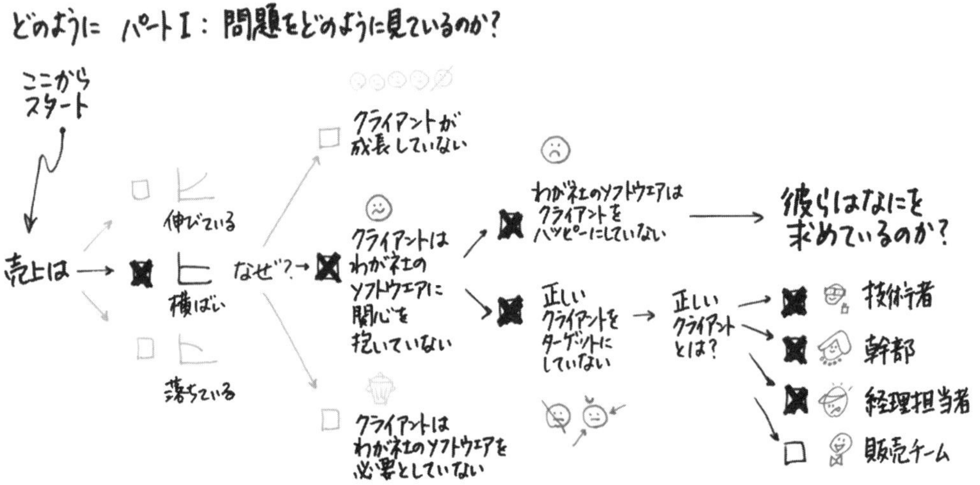

クライアントはわが社の商品に満足していないのかもしれない。あるいは適切なクライアントにターゲットを絞っていないのかもしれない。クライアントについて理解を深めれば、彼らが求めているものについても理解が深まる。これはいい兆《きざ》しだ。

顧客のポートレートとしてすでにたくさんの絵を作成している。そこからどの顧客が影響力を発揮しているのか（技術者、とりわけジェイソン、そして幹部。経理担当者たちは少々重要度が落ちる）、彼らが会計ソフトになにを求めているのかが判明した。彼らは柔軟性、安全性、信頼性を求めている。ここから見込みのありそうな解決法が出てくる。わが社のソフトウェアのその3つの点のどれかを改善すれば――ジェイソンがいちばん関心を注ぐのは柔軟性なので、とくにそれに重点を置く――売上はふたたび伸びるだろう。

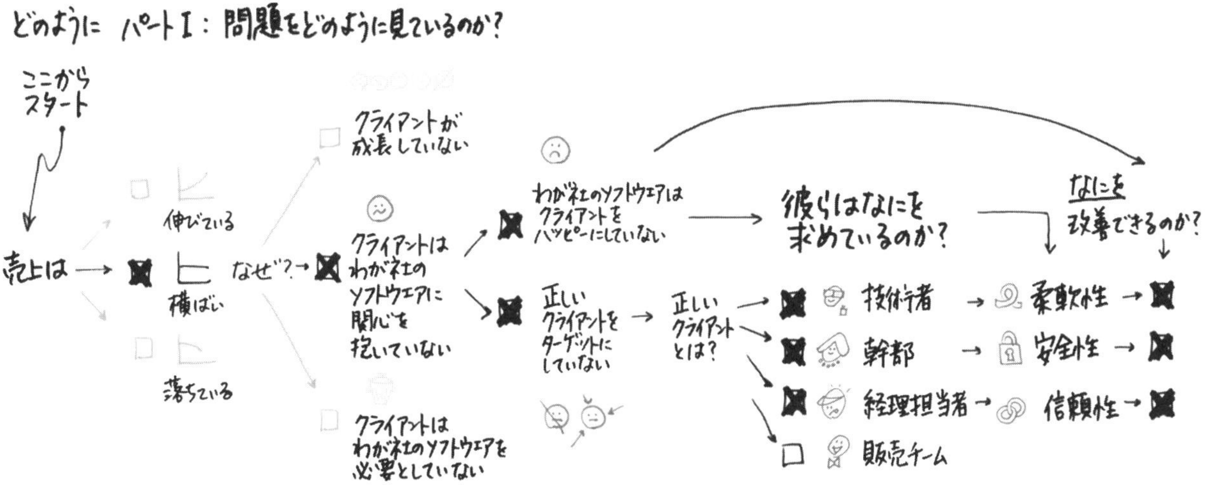

可能性のありそうな解決法が出てきた。わが社のソフトウェアの柔軟性を高めれば、ジェイソンはもっとたくさん買おうという気持ちになるだろう。

幹部を説得するための第一のステップは整った。問題を明確にし、見込みのありそうな解決法も準備した。唯一の難点はその解決法におそらく900万ドルの費用がかかるということ。いまやらなくてはならないのは、それだけ投資する効果を幹部に納得させることだ。

第14章

なぜ、その必要があるのか？〈なぜ〉の問題を絵で解決する

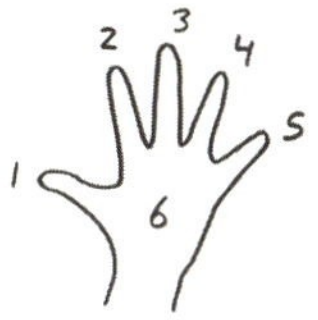

フレームワーク6：〈なぜ〉の問題を見せるために〈多変数プロット〉を利用する

なぜお金をかけるのか？

売上をふたたび伸ばすための最善の方法は、900万ドルを投じてわが社のソフトウェアのプラットフォームを再構築することである、とわたしたちは確信している。ゼロからのアプローチとなるが、もっとも影響力のある顧客がソフトウェアに求めるものを実現するにはこれ以外はない。確かに、既存のプラットフォームの小規模な改良だけにとどめれば、費用ははるかに抑えられる。このところわが社の幹部は収支に神経をとがらせているだけに、彼らが小規模な改良という選択肢を選ぶ可能性はおおいにある。

なぜ費用のかけ方をどちらかに決めなければいけないのか、それは業界全体を見てゆけばわかってくる。わが社のライバルを見極め、彼らの成長、顧客と売上

の傾向の変化、プラットフォームを築く技術上の変化が売上に与えるインパクトを見るのだ。こうした情報すべてを結びつけることで、ようやく必要とする絵を描くことができる。ではどのようにして、その情報すべてを見ることができるのか。すべてをいっしょに、効果的に見せることは果たして可能なのだろうか？

コーデックスを見ると、3つ以上の変数から構成される座標系は多変数プロットとなる。ここでは取り扱う変数は5あるいは6となるだろう。それらをひとつの絵に重ねるとどうなるだろうか。〈精巧〉〈量〉〈比較〉〈構想〉〈現状〉〈かもしれない〉のプロットを描くと、それはそのまま業界という密閉された箱の窓となる。窓をつくることで、いま〈なぜ〉費用をかける必要があるのか、誰にも顕著で説得力のある理由が明らかになるはずだ。

思い出そう：多変数プロットは〈なぜ〉を見せる

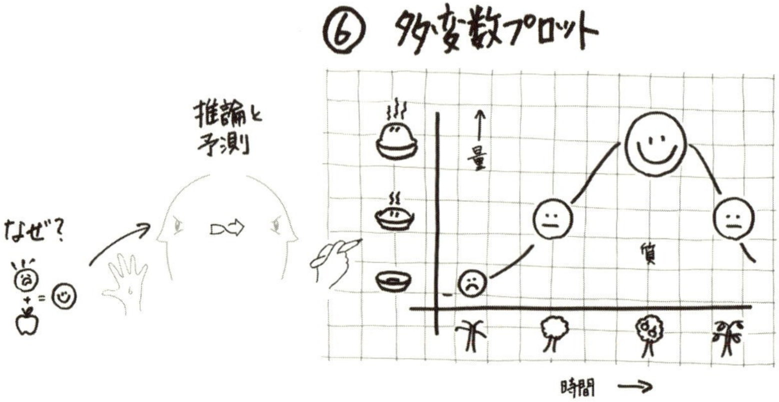

フレームワークの種類	なにを見せるか	座標軸	対象同士の関係	スタート地点	例
6. 多変数プロット 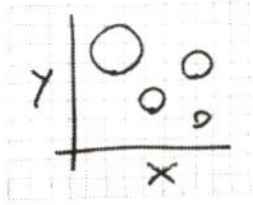	なぜ	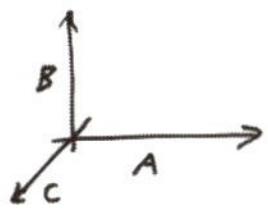	上記の2種以上の関係を含む対象同士の相互作用	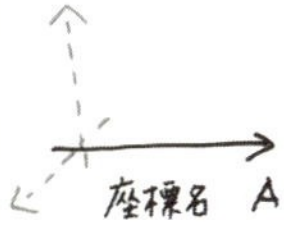	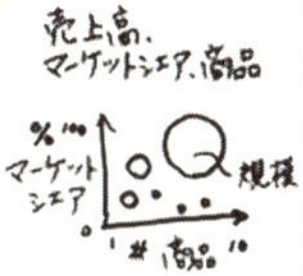

〈誰〉〈なに〉〈どれだけの量〉〈どこ〉〈いつ〉〈どのように〉を見た後には、理由（場合によって複数の理由）を見ることができる。相互に影響し合うすべてのものを長く見れば見るほど、そして因果関係に注意を集中させるほど、〈なぜ〉ものごとが機能しているのかをよく理解できる。そのような〈なぜ〉を他者にわかってもらうために、そして今後ふたたびものごとが機能するようになるのかを予測するために、多変数プロットを作成するのである。

第5章では、視る方法を複数組み合わせて心の目で視た時に、ようやく〈なぜ〉を視ることができると述べた。多変数プロットを作成する際も同様だ。ただし今回はすべてを1枚の紙の上で組み合わせる。まずは〈誰／なに〉でスタートし、それから〈どれだけの量〉を描き、さらに〈どこ〉と〈いつ〉を加える。すでに描いたものばかりなので、復習のような作業が多い。だが、大きく異なる点が2つある。第一は、すべてをひとつの絵に重ねてゆく。つまり同一の紙面上だ。第二に、〈誰／なに〉のスタート地点はわが社の顧客のポートレートではない。わが社のライバルのポートレートで始める。

多変数プロットのコツ

1　**多変数プロットづくりは難しくはない、が……。**　忍耐、練習、そしてなによりポイントを押さえることが必要だ。じゅうぶんに構想を練り明確に描いた多変数プロットは、じつに説得力があり深い洞察を与えてくれる。6つのフレームワークや何百種類もの絵のタイプのなかでもこれに匹敵するものはないだろう（その理由についてはこれから話してゆきたい）。しかしながら、その描き方についてわたしはこれまで〈ビジネス〉書で読んだ憶えがない。簡単な説明すら見た記憶がない。だから少々アドバイスをしておこう。まずはシンプルなx軸とy軸のプロットから始める。手元のデータのうち、〈どんなものでもいい〉2種類の質的変数を座標として使う（ただし、それが使えないと判明すればいくらでも変えることができる）。手元のデータから〈どんなものでもいい〉量的変数を適切な大きさの円であらわし、一度にひとつのポイントに関して描き入れてゆく。それから同じ質的変数をふたたび円の形で加えてゆく。手順としてはこれがすべてである。こうして仕上げた多変数プロットは最終的な絵に、あるいはさらに変数を加えてゆくための土台になる。

2　**中濃スープがベスト。**　多変数プロットは、ビジネス全体あるいはビジネス上の問題の縮尺図として機能する。自分たちの業界（あるいは問題）の限られた側面をよく見るために、側面と側面が多大な影響を与え合う〈かもしれない〉部分を見るために、わたしたちは多変数プロットを作成する。注目すべき側面だけを取り出し、他の変数が邪魔しないようにすべて排除した状態で比較検討するのだ。変数が少なすぎると、簡単な棒グラフで終わってしまう――それ自体は多くの意味で便利ではあるが、ほんとうに洞察を深めるには適切とはいえない。変数が多すぎると、もとの問題に逆戻りだ。つまり見るものが多すぎてなにも達成できない。「ちょうどよい」数は、プロットづくりをスタートし、活用できるアイデアが生じた時に初めてわかる。

3　**どんなものでも互いに重ねて描くことができる、が……。**　多変数プロットはさまざまなタイプのデータを重ねることができてしまう。それがもたらす最大の危険は、実際にはなんの関係もない変数のあいだに、あまりにも簡単に関係を「発見」できてしまうという点だ。これは統計と基礎科学に関する大きな課題である。「因果関係」（ひとつの変数の他の変数への直接の影響）と「相関関係」（異なる変数のあいだに類似の傾向があらわれたもの）はつねに一線を画しておく必要がある。地球全体の気温の変動と人気テレビドラマ『ベイウォッチ』の再放送の頻度の関係を解読するのは魅力的かもしれない――ひょっとしたら高い相関関係につながるかもしれない――が、いっぽうが他方を引き起こすとは限らない。

SAX社の話に戻ろう。この業界で、わが社のライバルは2つに分けることができる。保守派（わたしたちと同類。SAX社、SMソフト社、ペリドックス社など過去10年間競《きそ》ってきた企業）と新規参入の企業（ユニバース社とマネーフリー社は2年前に新規に参入してきた）。2つのグループを分ける基準は他にもある。わが社を始め大手3社は

10年以上この事業に携わり、どの社も独自仕様のコードとプラットフォームでソフトウェアを設計している。そしてどの社もそろって機能の豊富なソフトウェアを提供し売上は製品の販売から、アップグレードとサービスは無料で提供している。規模の小さい2社はオープンソフトウェアのコードを使って限られた機能のソフトウェアを提供し、サポート契約のみから収入を得ている。つまり彼らはソフトウェアを無料で提供し、アップグレードとサービスを有料で行っている。

5社、3つのタイプのプラットフォーム、ビジネスの形態も2種、というわけだ。つぎに数字だけを比較する。各社は前年それぞれ〈どれだけの量〉の売上を記録しているだろうか。規模に応じて企業を描く（各社の売上高に比例した円を描く）と、もうひとつの特徴が見えてくる。保守派はまとまった売上を記録している。いっぽう新規参入派はほとんど売上がない。SAX社の売上は2500万ドルで群を抜いている。それに続くのがSM

わが社の競争相手のポートレート。創業後の年数、市場へのアプローチのしかたで2つのグループに分かれる。

ソフト社で2000万ドル、そしてペリドックス社が1800万ドル。いっぽうユニバース社は300万ドル、マネーフリー社は25万ドルというささやかな数字だ。

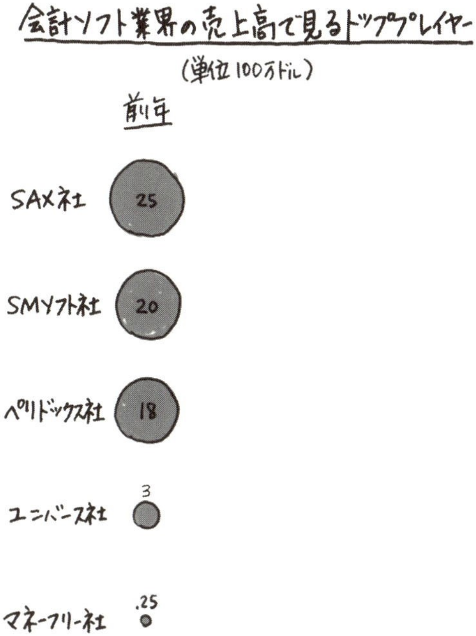

さらに先を見てみよう。アナリストの報告書、ウォール街の予測、業界の噂《うわさ》をもとに、翌年、各企業の売上はどうなるのかを予測してみる。自社の売上が現状維持であることはすでにわかっている。じつは新しい情報がある。SMソフト社はペリドックス社を買収する交渉に入っている。実現すれば、合併後の売上高は4000万ドルと見込まれる。さらにアナリストの予測では、3年前には存在すらしていなかったユニバース社は、わが社の予想売上高3000万ドルを100万ドル以上も上回りそうだ。これではわが社は1位から3位に転落してしまう。存在感のないマネーフリー社ですら1800万ドルの売上が見込まれる。これはどうしたことか?!

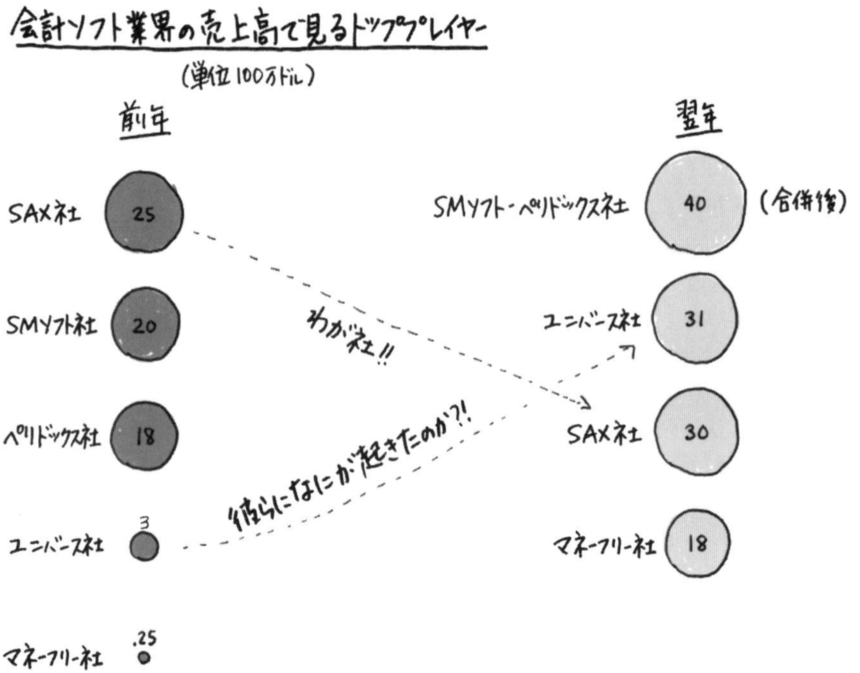

わが社のライバルの翌年度の売上高の予測。

短期間に業界ががらりと変わってしまうということだ。大きな統合以外に、いったいどういうことが起きるのだろうか？　明らかに、このシンプルな〈どれだけの量〉のグラフが示している以上のことが進行している。各社の規模を視るだけではじゅうぶんではない。顧客、プラットフォーム、技術面で各社は互いにどのような関係に位置しているのか、〈どこ〉を視る必要がある――ポートレートで特定した各社の変数を。わたしたちがほんとうに必要としているのは、業界マップなのである。

さっそくつくってみよう。バラバラの情報をいっしょに表示すれば、つながりがあらわれるだろうか。そのための情報はすでにそろっている。ライバル企業の名前、プラットフォームのタイプ、ソフトウェアの機能の範囲、売上高、時間。3種類以上の基準を重ねる絵といえば多変数プロットである。最初の軸を複数設定し、それに名前をつければ描き始めることができる。たとえば、「独自のスタンダード」対「オープンスタンダード」を、「多機能」対「限られた（少ない）機能」に対して表示する。

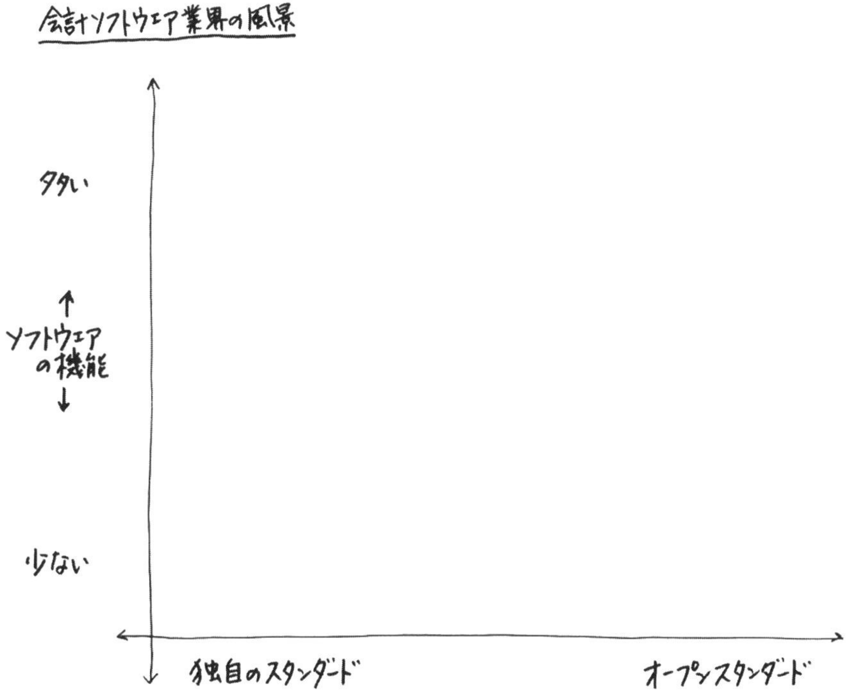

まず水平軸を描くことから始める。このケースでは、ソフトウェアのプラットフォームのタイプ、それから垂直軸としてソフトウェアの機能。

さて、これで最初の座標系を描いた。ちょうど風景ができあがったようなものだ。そこに必要なものを配置してゆく。前年の売上高を示す円はすでにつくっているので（3つ目の変数）、それを座標を頼りにふさわしい場所に配置する。SAX社、SMソフト社、ペリドックス社は独自仕様の側に、残りはオープンの側にという具合に。垂直方向では、機能の数に従って配置する（SAX社はもっとも多機能、つぎがSMソフト社）。

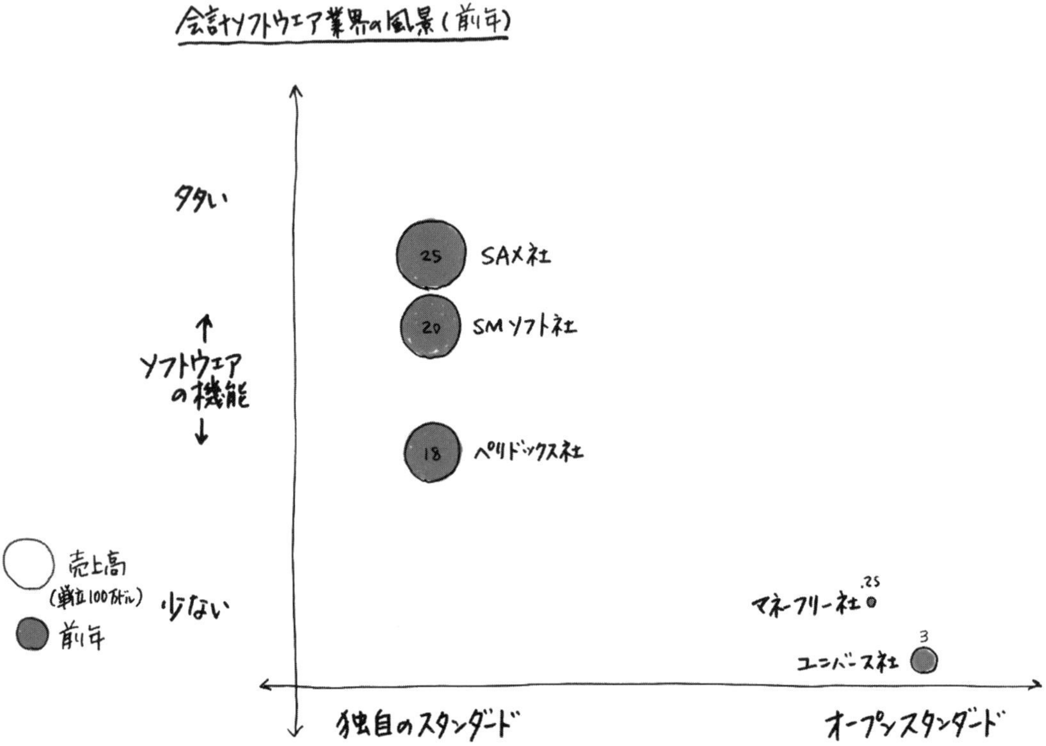

座標軸が描けたら、必要なものを描き込む。このケースでは、わが社とライバル企業の空間的な位置を。

いまのところ、新しい発見はなにもない。前年は、機能が豊富で独自仕様のプラットフォームの会社が大きな円（売上高が多い）となっている。それは絵を視るまでもなく、明らかだ。ここで翌年の予測データを描き入れてみよう。様相が変わったではないか――〈大幅に〉。

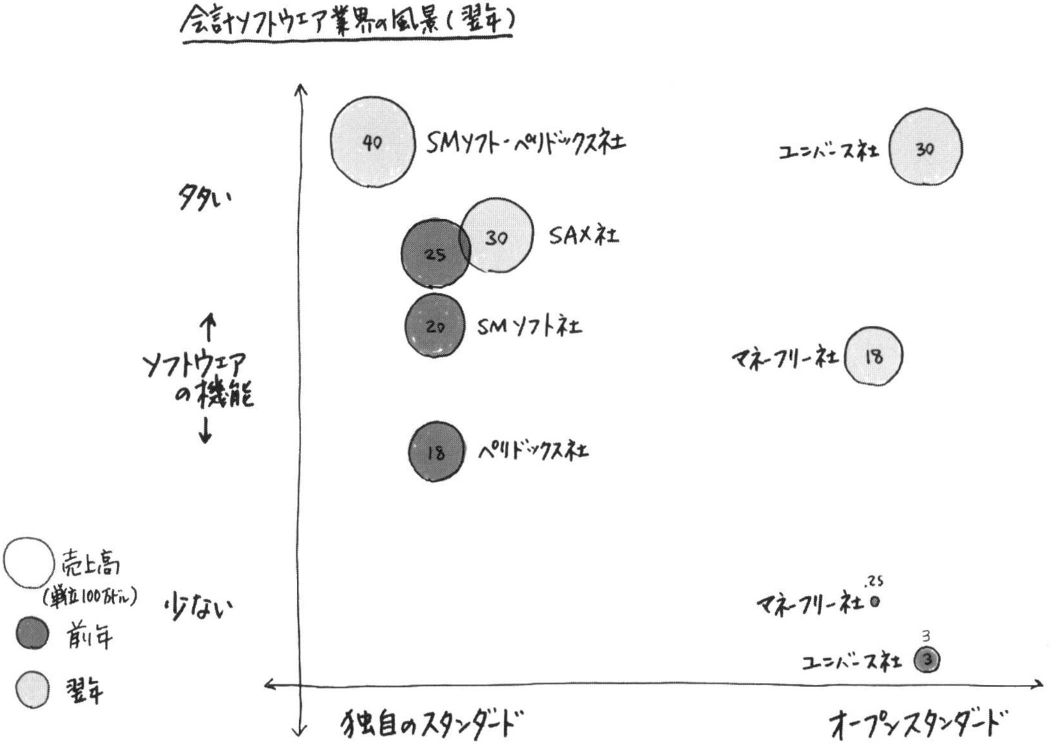

それから翌年の売上高予測を重ねると、
すべての円がジャンプした。

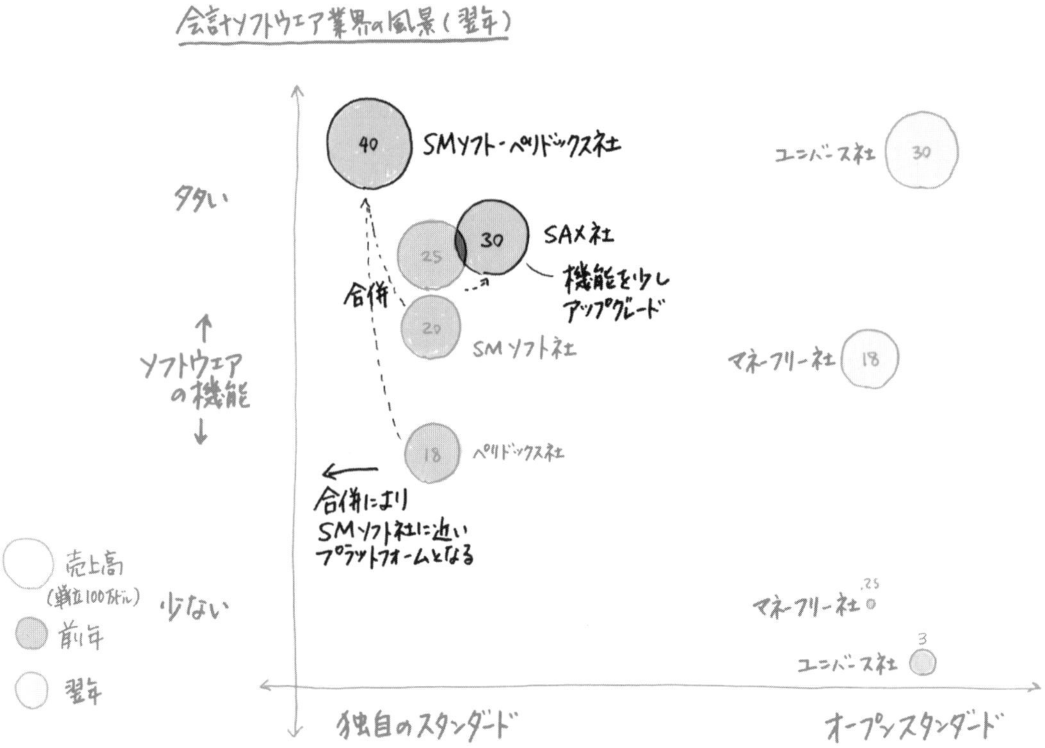

SM ソフト社とペリドックス社合併後は売上高と機能の数でわが社を追い抜くが、より独自の（クローズな）システムとなる。いっぽう、わが社はわずかに機能を増やしプラットフォームはわずかにオープンになる。

これで変数は5つとなった。〈企業名〉〈プラットフォーム〉〈機能〉〈前年の売上高〉〈翌年の売上高〉の5つだ。さらに増やす前に（すぐに増やすことになる）、なにを視ることができるのか確認しよう。第一に、SMソフト社とペリドックス社の合併でわが社の売上高は抜かれる（彼らの円は大きくなる）。そして合併後のソフトウェアの機能の多さはわが社をしのぐ（彼らの円は上に行く）。同時に、その合併で2種類の独自仕様のプラットフォームが結合するので、以前よりもさらに独自性が高まる（彼らの円は左側に寄る）。わが社の売上高はほんの少し伸びる（ほんの少し大きな円になる）。継続的なソフトウェアの調整によって少しだけ機能がアップする（わが社の円の位置が上がる）。当初計画通り、プラットフォームに応急措置をする程度の手直しをすれば、ほんの少しオープンになる（円は少し右側に寄る）。

さて、オープンスタンダードの側ではなにが起きたのかを見てみよう。売上高は一気に増え、保守派の機能のアップグレードが色あせて見えるほどだ。翌年の終わりまでには、ユニバース社がわが社の売上高を上回るだけではなく、機能の数においても上回るだろうと予測できる。それはどのように可能なのか？

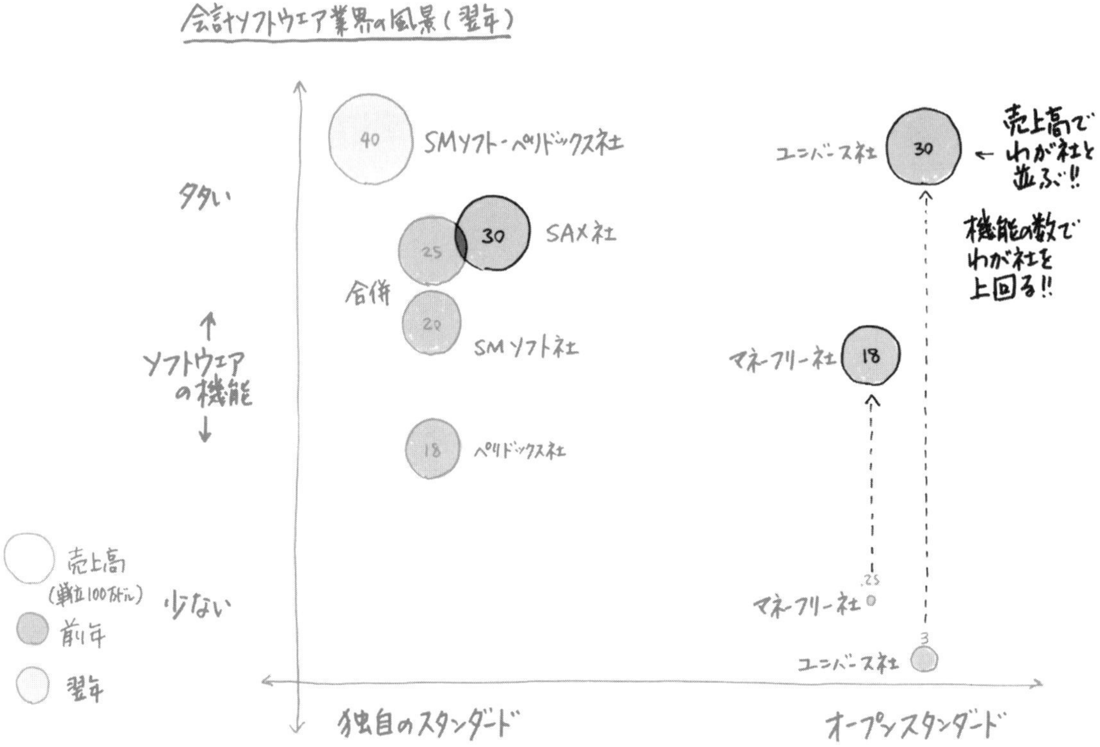

翌年の保守派の成長は、新規参入派のユニバース社とマネーフリー社と比較すると見劣りする。彼らはわたしたちがかつて経験のないほどに突然、機能が増え売上高が増す。

なにが起きているのかを知るために、もうひとつのデータを描き入れてみよう。だが、そのためには少々スペースをつくる必要がある。これまでに積み重ねた詳細の一部を消し、ジェイソンがわが社のソフトウェアに望む改善点、つまり柔軟性、安全性、信頼性に的を絞って絵を整理してゆこう。以前はわが社のような独自仕様のプラットフォームはオープンのプラットフォームより安全で信頼できた。ただし柔軟性には欠ける。それをこのプロットで示すために、前年の風景をまんなかから分けてみる。保守派の側はより安全で信頼性が高い（左側）。新規参入企業の側（右側）はより柔軟性に富んでいる。

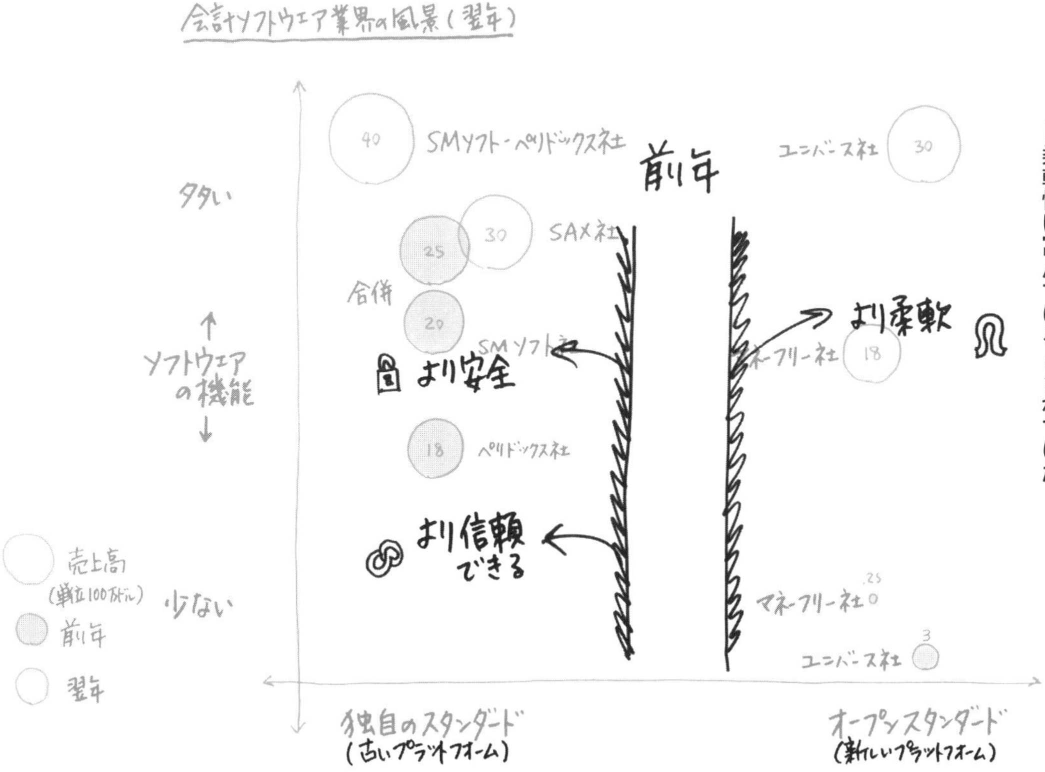

以前は、独自仕様のプラットフォームはより安全で信頼が置けるものだった。いっぽうオープンプラットフォームは、より柔軟性に富んでいるとされていた。

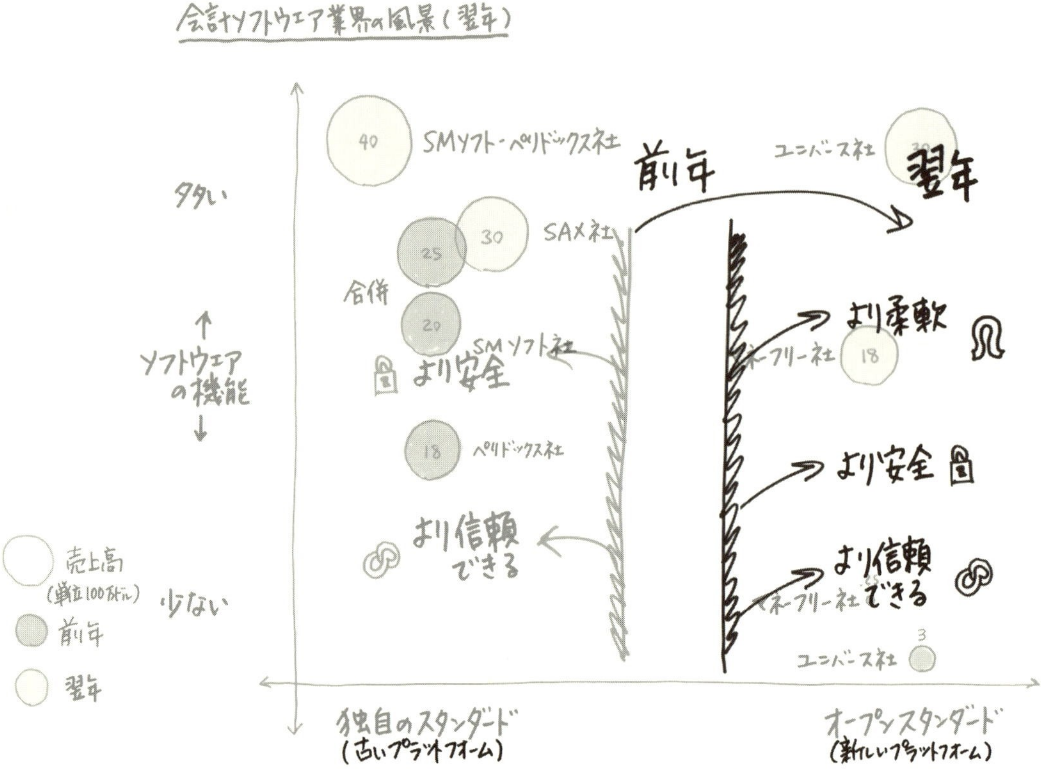

オープンプラットフォームが向上するとともに、翌年は業界全体の風景が変わるだろう。オープンプラットフォームはわれわれクローズドプラットフォームと同等の安全性と信頼性を提供し（われわれを上回ることはなくても）**、しかも依然としてすばらしい柔軟性を維持する。**

こうした理由から、プラットフォームへの応急措置でわが社のソフトウェアの柔軟性を高めれば、安全性と信頼性が低くなっていくだろうと思われる。そこで、わが社の円を、安全性／信頼性の路線を失うことなく右側に動かしてゆく。いっぽう、つぎの2年間でオープンプラットフォームは大幅に改善されるだろう。その結果、わが社の今日のシステムに匹敵するほどの安全性と信頼性を獲得するだろう――柔軟性はそのまま維持しながら。要するにオープンプラットフォームを基盤としてシステムを築いている企業は柔軟性で上回っているのに加え、安全性と信頼性の点でわが社のようにクローズドシステムで構築している企業と肩を並べるようになるだろう――上回るまではいかないとしても。

われわれの業界でいったいなにが進行しているのか、ようやく見ることができる。早ければ翌年には新規参入派が――参入してからの歴史が浅く、オープンスタンダードを基盤としてシステムを築いている企業――、より高い安全性を提供できるようになり、わが社のように社歴が古く自社の独自のクローズドプラットフォームを基盤とする企業と同等、あるいはそれを上回る可能性がある。そこでふたたび最初の問いかけに立ち戻る。つまり、既存のプラットフォームに適度に改善を加える程度なら費用は抑えられるのに、なぜ900万ドルもかけて新しいオープンプラットフォームを築く必要があるのか？

〈なぜ〉を示すために必要なものは、じつはすでにすべて集まっている。本章はシンプルな問いかけで始まった。〈わが社の売上が伸び悩んでいる理由をつかむために、顧客についてもっとたくさん知ることは必要なのか？〉ビジュアルシンキングの6つの基本フレームワークを使うことでわたしたちはその問いかけにこたえた（こたえはイエス――ジェイソンの希望に沿っていないと判明した）。さらに、顧客に今後も満足を提供する具体的な方法を見極め（安全性、信頼性、柔軟性を向上させる）、業界でリーダーの位置に留まるにはどうすればいいのかについても見極めた（オープンプラットフォームに移る）。問題は、それを実行するには費用が900万ドルかかるということ。つまり、まだ難題がひとつ残っているということだ。作成した絵の数々をわが社の幹部に見せ、わたしたちが絵から理解したことを理解してもらわなくてはならない——〈なぜ〉を理解してもらう。

いよいよつぎは本書の最後、第IV部である。ここでは幹部向けの短いプレゼンテーションを体験してみる。これまでに作成した絵を見せることが中心となる。それはまた、ビジュアルシンキングについての残りの2つの「大きな」問いかけにこたえることでもある——絵を利用した問題解決法について話をするたびに投げかけられる問いかけだ。第一に、絵を見せるいちばん効果的な方法は？第二に、問題解決のための絵はつねに一目瞭然のものであるべきなのか？

第IV部
アイデアを売り込む

第15章

ビジネスについてわたしが知っていることは、すべてショー・アンド・テルで学んだ

ショー・アンド・テルってなに？

ビジュアルシンキングに関して、2つの大きな問いかけが残っている。絵で問題解決することについて話をするたびに投げかけられる難しい問いかけだ。どちらも、絵を使ってアイデアを売り込むことに関係している。作成した絵を他の誰かと共有しようとする際に出てくる第一の問いかけは、プレゼンターとしてのわたしたちに関するものだ。1枚の絵を言葉で表現するベストの方法は？ 第二は、絵そのものについて。説明を必要とする絵は「できの悪い」絵なのだろうか？

6歳児が学ぶ教室に入って（もちろん先生の許可を得てから）、歌が歌える人は手を挙げて、ときいてみよう。全員の手が挙がるはず。じゃあ、ダンスができる人は？ これも全員。絵を描ける人は？ 全員だ。今度は、字が読める人は、ときいてみよう。2人ほど手が挙がるかもしれない。それから10年生のクラスに移り、16歳の子どもたちにそっくり同じことをたずねてみる。歌が歌える人は？ 1人、あるいは2人くらい手が挙がる。ダンスができる人は？ 数人。絵が描ける人は？ 2人。今度は、字が読める人は、とたずねてみよう。全員が手を挙げるだ

ろう。

誤解しないでいただきたい。学習して字が読めるようになることは悪いことではない。断じて悪いことではない。しかし歌うこと、ダンスすること、絵を描くことはいったいどうなってしまったのか？　かつて自分ができると信じていた――実際に幼稚園の年ごろの子どもといえば、毎日楽しそうにそういうことをしている――なのに10年後、なぜ多くの人が、かつて知っていたことを忘れてしまうのだろうか？　忘れてしまった（あるいは、忘れてしまったと考えている）ことで、本来備わった問題解決能力の基本的なものを手放してしまったのだろうか。ビジネスの世界では、白か黒か、正しいのかまちがっているのか、数値がものをいうが、手放したものはそこで役立つはずのものではなかったのか。

本書もそろそろ終盤にさしかかってきた。ここである物語を披露しよう。問題解決の絵を〈見せなかった〉格好の例として。とてもおそろしい物語で、表面的には、ここでこれまで話してきたことの大部分が台無しになったとしか思えない――少なくとも、その時にはわたしはそう感じた。が、ふり返ってよくよく考えてみると、これはビジュアルシンキングへの信頼を強めるにはもってこいの物語であるとわかった。というのも、その件をきっかけにわたしは原点に戻り、ビジュアルシンキングへのアプローチについてもう一度見つめ直すことができたのだ。

1年前、わたしはビジネスコンサルタントのチームに加わり、大規模な技術プロジェクトのプレゼンテーションに取り組んだ。チームのメンバーはそれぞれ専門を持ち、その分野での能力を買われて起用されていた。これまで世界中でプロジェクトを指揮し、売り込みに成功した実績の持ち主ばかりである。初めて彼らに会った日、会議室に足を踏み入れたとたんにわたしは彼らの優秀さを肌で感じた。会社の命運をかけた新規テクノロジーシステムに1億ドルを投じるなら、ぜひとも欲しい人材ばかりだった。これ以上のメンバーは望めない、まさに〈正解〉という言葉がふさわしかった。

わたしはチャートに関してのみ手助けするということでチームに加わったのだが、じつにすばらしい経験だった。プレゼンテーションの重要な部分で箇条書きにした項目を見せるという従来の手法ではなく、絵を活用しようというわたしの提案が採用された。箇条書きの項目を見せる方式では2枚目に入ったあたりで聴衆が居眠りを始める、という実体験の持ち主ばかりだったので、みな大賛成だった。ほぼ3週間をかけて作業に打ち込んだ成果は、自分たちでも惚《ほ》れ惚《ぼ》れするようなすばらしいものだった。100ページの素材を、わずか6つのプリントと1ダースのスライドにまとめ、しかも核となる素材はどれひとつ妥協せず、提案全体の流れは完璧だった。

プレゼンテーションで見せる絵は多変数プロットで、SAX社のケースでつくったものによく似ていた。クライアントの業界を視るために複数の変数（競争相手、マーケットシェア、業界のワークフロー、時間の経過による売上の変化）をいっしょに描き込んだ。聴衆は、すでに知っている個々の情報を初めて同時に見るわけだ。これは多くの洞察を提供する絵であり、クライアントのビジネスモデルでは業界での地位は安定していないことがわかった。ある側面では他社より上位にいるが、他の側面では立ち遅れていることが絵から読み取れた。また手強いライバルはいずれも、ひとつの側面に絞ってトップの位置につこうとしていることがわかる。要するに、実りある話し合いを引き出す可能性に満ちた絵だった。クライアントの意思決定プロセスにとってその絵は重要な役割を担っており、チームは絵について説明する準備を整えた。

わたしはあくまでもチャート作成の担当者であり、プレゼンテーション当日は聴衆席の後部という、いささかなじみのない場所に陣取ることになった。そこで聴衆の反応を観察し、後の報告会のためにメモを取るという役割である。会場にわがチームが登場し、いよいよプレゼンテーションが始まった。あっと驚くものになるはずだった。確かに、わたしはあっと驚いた。ただし、予想とはまったくちがう意味で。

チームリーダーのロレーンは流暢《りゆうちよう》な語り口でプレゼンテーションを始めた。卓越した話しぶりだった――魅力的で、聴く者を引き込み、そして〈声が大きい〉。まずは愉《ゆ》快《かい》なエピソードで、クライアント企業の幹部、技術者、経理担当者で満杯の会場を沸《わ》かせた。これ以上の出だしはない。

そして彼女は「つぎのスライド」のボタンを押して多変数プロットを見上げ……凍りついた。4つの変数を手際よく統合したプロットであり、ぱっと見て直感的に理解できる座標系である。

それはまるでアニメーションのマンガを見ているようだった。ロレーンの口はあいていたが、言葉はなにも出てこない。彼女の視線は幅4.5メートルのスクリーン上をさまよっているが、なにも見えていない。ロレーンはその場に立ち尽くし、両手はジェスチャーを中断したままの状態。会場の人間は息を殺して、自分たちの視線の先にあるものについて彼女が説明するのを待っていた。それがなにを意味するのか、なぜそれを重視する必要があるのかを。しかし声はまったくきこえてこない。わたしは座ったまま身をよじらせた。ひどく苦しく、叫び出すのをこらえるのに必死だった。「ロレーン！　このチャートを指さして意味を説明してくれ!」と。

さいわい、わたしはなんとか声を押し殺し、ロレーンは――熟練のプロのコンサルタントである――チャート上の色とりどりの大量の円に圧倒されたものの、すぐに気を取り直した。彼女は深呼吸して冷静さを取り戻し、こういったのだ。
「みなさんが業界内でどこに位置しているのかを理解していただくために、わたしたちはこのチャートを作成しました。つぎのスライドをお願いします」
　わたしたちはそのプロジェクトの受注を逃した。
　報告会では、事の顚末《てんまつ》について全員で考えを整理した。ロレーンとチームのメンバーは問題解決のための絵を作成する方法はマスターした。が、それについて〈話す〉方法については一度も検討していなかった。満を持して壇上にあがったロレーンは、背後のスライドに言葉も映っているものと内心期待していたのだ。それまでに何百回も話していた言葉も。しかし、ふり向いた彼女の目に映ったものは色づけされた大量の円と文字と線と矢印。彼女は頭のなかが真っ白になった。どこからスタートすればいいのか？　なにをいうべきなのか？　読み上げるものといえば、座標の見出しと項目だけ。箇条書きの項目も要約も、どんな〈言葉〉もなかったのだ。
　そこでわたしは悟《さと》った。これは絵で問題解決する際の最大のチャレンジなのだと。誰でも〈見る〉〈視る〉〈想像する〉〈見せる〉方法はよく知っている。けれど自分が視ているものをどのように〈話す〉かについては、幼稚園以来教わった憶えがない。歌ったりダンスをしたり絵を描いたりするように、かつては難なく〈ショー・アンド・テル〉をやっていた。箇条書きのリストなど必要なかった。が、いまやそうではない。
　ショックだった。今後、プレゼンテーションのツールとして使うのはシンプルな表、ベン図、棒グラフに限られてしまうということなのか？　しかしリサーチの積み重ねと個人的な経験から、自分は絵の力をひじょうに評価していたはずではないのか。そこで頭に浮かんだのは英国式朝食、半ダースの国で何十社もの企業とともにチームを組んで作成した無数の絵だった。たった1枚のチャートを使ってプレゼンテーションを成功させたこともあった。CEOはひと目見るなり「理解した」のである。自分たちが直面した問題を詳細なガントチャートにしてじっくりと見た時に、ようやく解決法を発見したプロジェクトチームの数々。そうだ。問題は絵にあるのではない——問題は〈ショー＝見せる〉と〈テル＝話す〉をべつべつのものとして考えているところにあるのだ。

そして突然悟った。自分たちはすでにこたえを知っているではないか。誰もがつねに、意識することもなく行っているではないか。そう、絵について話すことはビジュアルシンキングのプロセスなのである。具体的に説明するために、いったんSAX社の話に戻り、900万ドルの予算承認を求めて幹部に最終的なプレゼンテーションをしてみよう。

絵を使ってアイデアを売り込むための4つのステップ

これまでの経緯をざっとふり返ってみよう。わがSAX社は自社製品である会計ソフトの売上横ばいという問題に直面しており、その解決法を探るために一連の絵を作成した。絵をもとに導き出した解決方法とは、900万ドルを投じてソフトウェアのプラットフォームを全面的に築き直すというものだった。よし、これで一件落着。かと思いきや、新たな問題が生じた。売上が伸び悩んでいる時期に900万ドルを投じて大規模なプロジェクトに踏み切ることを、どのように説得するのか？　その問題に取り組むために、さらに複数の絵を作成した。わが社の幹部の意思決定プロセスを図であらわし、原因と結果をフローチャートで明らかにし、自分たちは幹部になにを見せる必要があるのかを視ようとした。それから全体図を幹部に説明するために〈精巧〉〈量〉〈構想〉〈比較〉〈展望〉の絵を用意した。

いよいよ幹部にプレゼンテーションをすることが決まったと想像してみよう。開会の30分前にわたしたちは会議室に集合し、準備をして幹部がそろうのを待つ。心配や不安はない。絵をつくるのとまったく同じことをすればいいのだ。つまりビジュアルシンキングの4つのステップを幹部とともに体験する。情報の風景を〈見て〉、そのなかでもっとも重要なことを〈視て〉、それがなにを意味するのかを〈想像し〉、その結果を〈見せる〉。ひとつだけちがうのは、今回の情報の風景はわたしたちが作成した絵であり、見せるものをあらかじめ知っているという点だ。

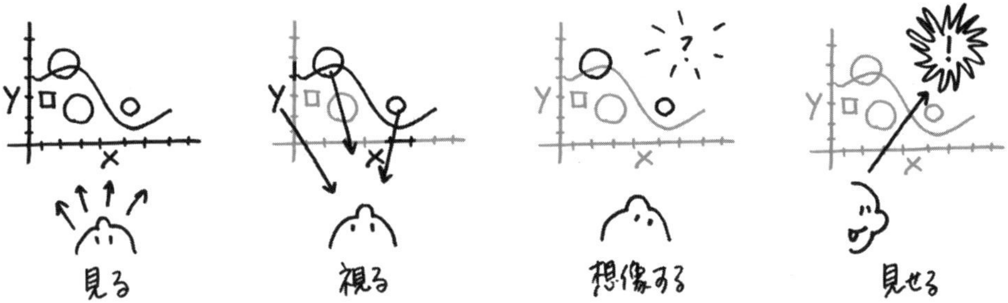

〈見る〉〈視る〉〈想像する〉〈見せる〉。すでに体験ずみのことをもう一度やってみる。

幹部がそろうまでの時間、コンピュータを起動させたり無線の状態を確かめたりすることはない。正しい解決法をもたらしてはくれないプロジェクターを取りつけることもない。といっても、見せるべき絵はちゃんとある。それぞれの席の前にカラープリントの資料を積み上げたりはしない。ただし、適切な時に書類やデータを渡さないということではない。わたしたちがなにをしているかといえば、ホワイトボードに自分たちの絵を描いている。それも可能な限り大きく。座標軸を描き、最初の４つの変数（〈競争相手〉〈プラットフォーム〉〈機能〉〈昨年の売上高〉）を描き入れ、わが社の幹部に〈なぜ〉を納得してもらう準備をする。彼らを巻き込んで双方向の（実際に行ったり来たりしながら）、ライブで（しかし行き当たりばったりではない）、基本に忠実な（といって、単純化してはいない）ビジュアルシンキングのセッションを行うのだ。

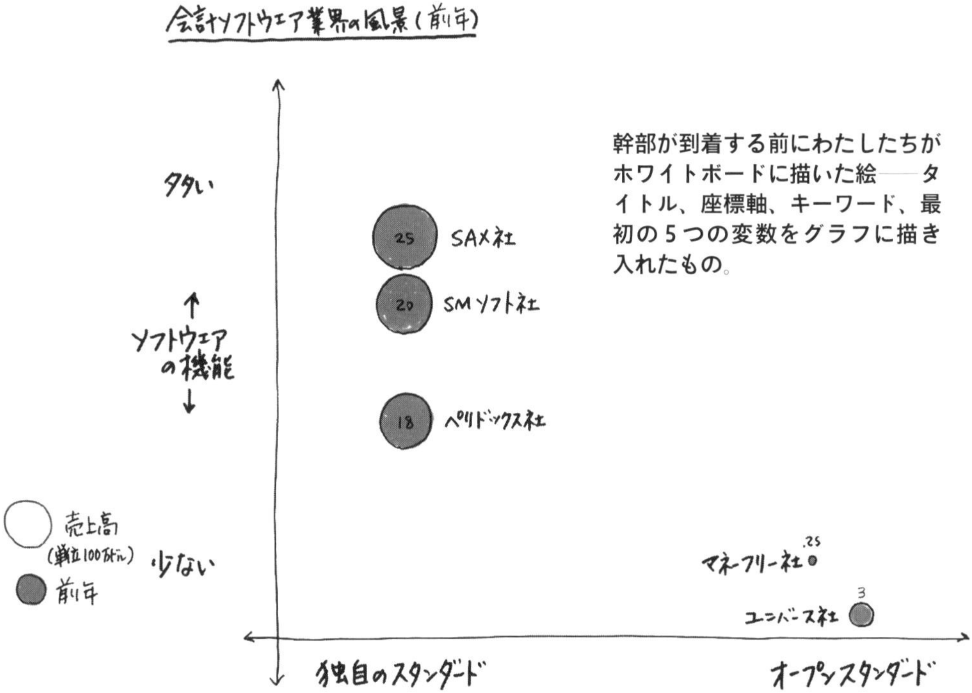

幹部が到着する前にわたしたちがホワイトボードに描いた絵――タイトル、座標軸、キーワード、最初の５つの変数をグラフに描き入れたもの。

描き終えてからわたしたちは腰を下ろし、深呼吸をひとつした。時間通りに幹部がそろった。最近は幹部たちが雑談を好まないとわかっているので、わたしたちは立ち上がり、ただちに彼らの関心をホワイトボードへと引きつけた。
「みなさんご承知の通りわが社は大きな問題を抱えており、それを解決しなくてはなりません。SAX社の売上は伸び悩んでいます。翌年、売上を伸ばさなければ市場でのトップの位置を奪われることを余儀なくされます。その解決法をわたしたちは特定したと確信しています。そこで、この絵で業界の概観を理解していただき、解決法をご紹介したいと考えています」
あらかじめホワイトボードに精巧な絵を描いておいた効果はすでにあらわれている。わたしたちがじゅうぶんに考え抜いたことを幹部はただちに理解する。だが、描かれている内容はじゅうぶんには理解できないので、わたしたちの話への興味を募《つの》らせる。こうなると、説明が核心に至るまでに少々時間がかかっても辛抱してくれるので、わたしたちには有利だ。さあ、声に出して〈見る〉ことをスタートしよう。

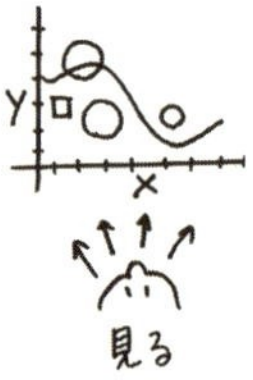

声に出して〈見る〉ことをスタートする

〈見る〉。いったいなにについての絵なのか？　そこにはなにが含まれ、なにが含まれていないのか？　この座標軸とそこにあるものの意味は？

声に出して〈見る〉とは、たとえていうと、わが社の幹部をいきなりボウリング場に放り込まないということだ。彼らの手を取って歩かせ、足を進めながら、その場所の座標軸とそこの様子を指し示し、いまいる場所を把握する時間を与え、この状態でなにをすべきであるのかを把握する時間を与えるということだ。

そういうアプローチを念頭に置いて、絵のツアーを開始する。「わたしたちがこのモデルを作成するにあたってめざしたゴールは、この業界のベースラインを築くことでした。そのために必要となるのが複数の重要な要因です。つまりプラットフォームの種類、機能の種類、売上高など。ビジネスをこのように統合した形で見ることでわが社の問題に新しい光を当て、新しいそして意外なアプローチで解決できると信じています」

「ここにはたくさんのことが描かれています――さらに多くのことを加えることもできます。手短にご説明しましょう。まず、わが社のライバルはどんなタイプなのかを考えました。独自仕様なのか、それともオープンシステムで構築しているのか、それをこの下の部分で示しています」〈水平軸を指し示す〉

「つぎに、それぞれの企業のソフトウェアはどんな種類の機能を提供しているのかを考えます。フル装備なのか、機能を絞っているのか。それをここの縦方向で示しています」〈垂直の軸を指し示す〉

「さらに昨年の売上高を、チャート上の適切な位置に金額に応じた大きさの円として描き入れました。ごらんのように首位のわが社の昨年の売上高は2500万ドル。独自仕様のプラットフォームの上に築かれたフル装備のソフトウェアです。マネーフリー社は下のほうのここです。同社はオープンプラットフォームの上に築いた限られた機能のソフトウェアです。売上はほとんどありません」〈目盛りのいちばん端のほうの円を指し示す〉

そこで幹部たちがうなずくのを確認する。彼らはいまのところ、いっしょに歩いてくれている。ここで彼らの手を放し、一歩退いてみよう。爆弾をひとつ落とそうというわけだ。

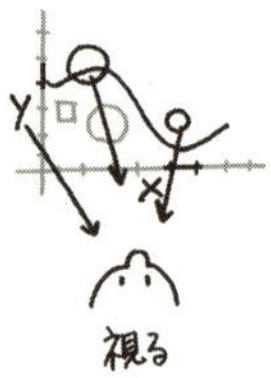

声に出して〈視る〉

〈視る〉。もっとも重要な3つの対象とは？　それは互いにどのように影響するのか？　なにかパターンがあらわれてきているだろうか？　わたしたちがまだ視ていない重要なことがあるだろうか？

〈視る〉とは、絵のなかでなにがもっとも重要であるか——しかも、まだ描かれていない——を理解することである。そこで「これが同じ企業の翌年見込まれる売上高です」といいながら、翌年の各社を示す円をわが社に近いほうから描いてゆく。同時にSMソフト社とペリドックス社の合併などについて説明を加える。マネーフリー社を描き入れ、最後にユニバース社を描き入れる。

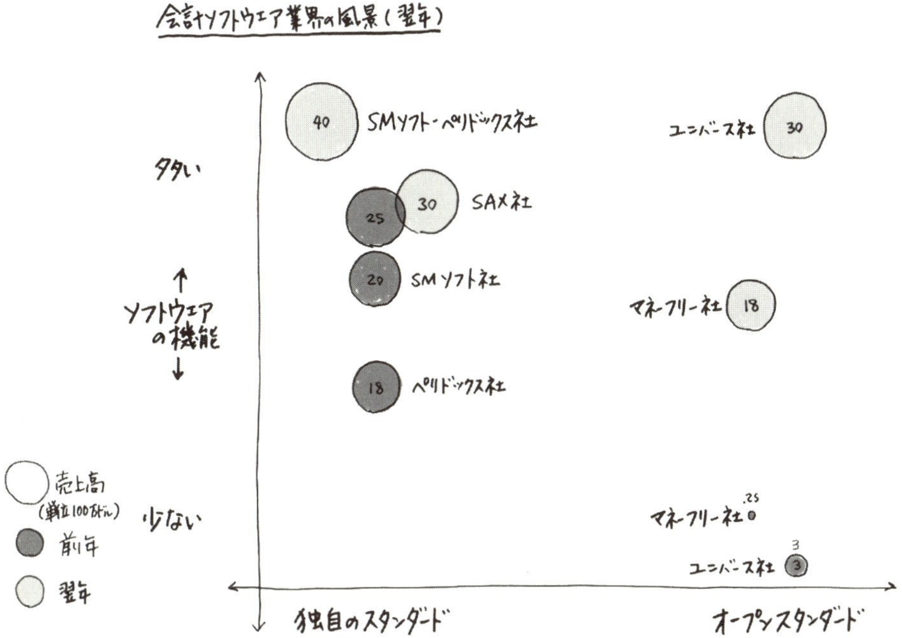

翌年の各社の売上を示す円をひとつひとつ描いてゆく。わが社に近いところからスタートしてしだいにユニバース社へ、という順で。

「ユニバース社は売上高が10倍伸びると見込まれ、さらに機能においてもわが社を追い抜く可能性がひじょうに高いのです。提供する内容においても会社の規模においても、わが社は3位に下がると思われます」〈ドカーン！〉

幹部が事の重大さを理解し、質問が飛び始めた。「そんなはずはない。そういう数字をいったいどこで入手したのかね？」という防御的な質問もあれば、「ユニバース社はいったいなにをたくらんでいるんだ？」という攻撃的なものもある。

「うーむ……、われわれにできることはあるのだろうか?」という慎重な姿勢の問いかけもある。

最初の質問には正確に回答する。数字の出所がはっきりしているからだ。ここで、絵のプランを練る時に作成した詳細なデータの表を配る。第二の質問には、オープンプラットフォームのソフトウェアは翌年は安全性と信頼性が増し、それがただちに売上に反映されるはずだと説明する。第三の質問――「われわれにできることはあるのだろうか?」――にも、あらかじめ対応策は立てている。「適切なご質問に心より感謝します」と反応し、「わたしたちが特定した2つの有望な選択肢をご紹介しましょう」とこたえる。

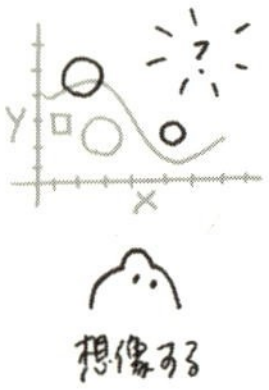

声に出して〈想像〉する

〈想像する〉。そこにあらわれるパターンをどのように扱い、どのように活用するのか？　可能性を見出すことはできるのか？　ここにあらわれていないものは、あるのだろうか？以前これを見たことはあるだろうか？

声に出して〈想像する〉とは、絵があらわす選択肢について話し合って理解し、空白部分を埋めていくことだ。選択肢のひとつ――費用を抑えた応急措置――を紹介しながら、言葉で説明していることを絵に描き入れてゆく。プラットフォームを換えずにこのまま継続すれば、サービスと機能は少々改善できる――SMソフト社とペリドックス社の合併後の会社よりも、しばらくは優位を保てる程度だろう――と説明する。

　幹部からはさらに重要な問いかけがあるだろう。「わかった。きみたちは長い時間をかけてこの絵をつくった。それで、きみたちはわれわれがどうすべきだと考えているのかな？」

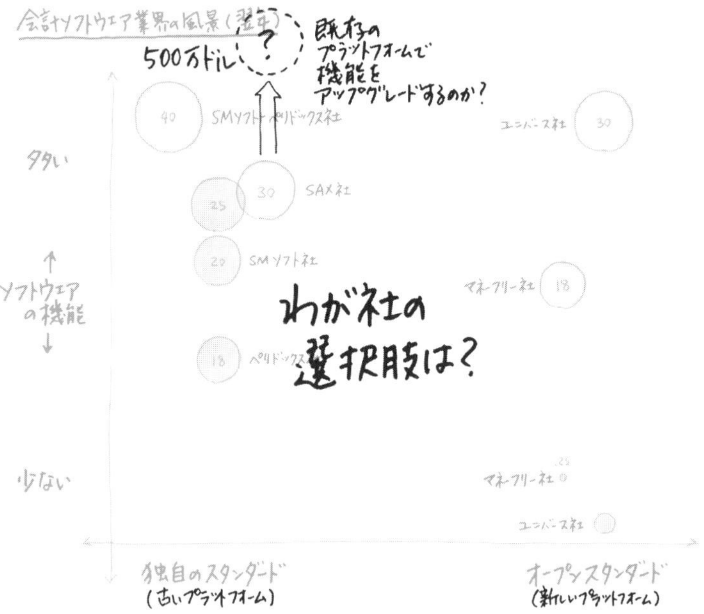

選択肢　その1：少額の費用をかけてプラットフォームのアップグレードをすれば、機能の数においてトップの座を回復できる可能性はあるが、ソフトウェア全体の安全性、信頼性、柔軟性については部分的な改善に留まるだろう。

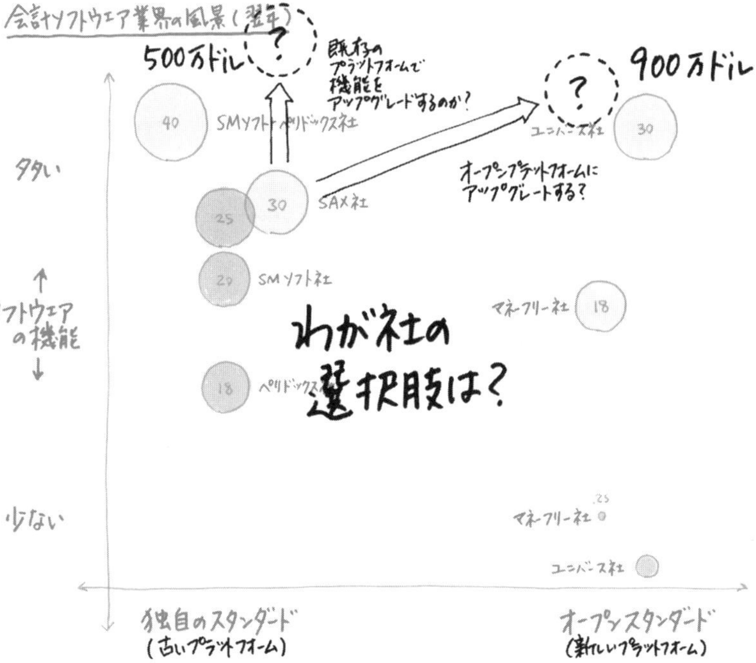

選択肢　その2：900万ドルかけてオープンスタンダードを利用したプラットフォームにすれば、絵のなかの成長の早い側で首位に立てるだろう。

見せる

声を出して示すことで〈まとめる〉

〈見せる〉。わたしたちにとって重要なこととは、相手が同じものを見ているかどうか。そして、わたしたちが示すつぎの選択肢に賛成してもらえるのか？

ようやく、〈なぜ〉わが社が選択肢その2を選び大金を投じる必要があるのか、というところまで来た。いま現在わが社は市場でトップのポジションにあるが、現在のプラットフォームのままで柔軟性、安全性、信頼性においてライバルとの競争に勝ち抜く可能性はない。いずれオープンプラットフォームのソフトウェアに打ち負かされる。過去10年間、わが社はこの業界をリードしてきた。この先もトップの座を維持しようというのであれば、選ぶべき道はひとつだけ。つまり、オープンスタンダードを使って土台からつくり直すしかない。それは自明の理であるとわたしたちは判断する。

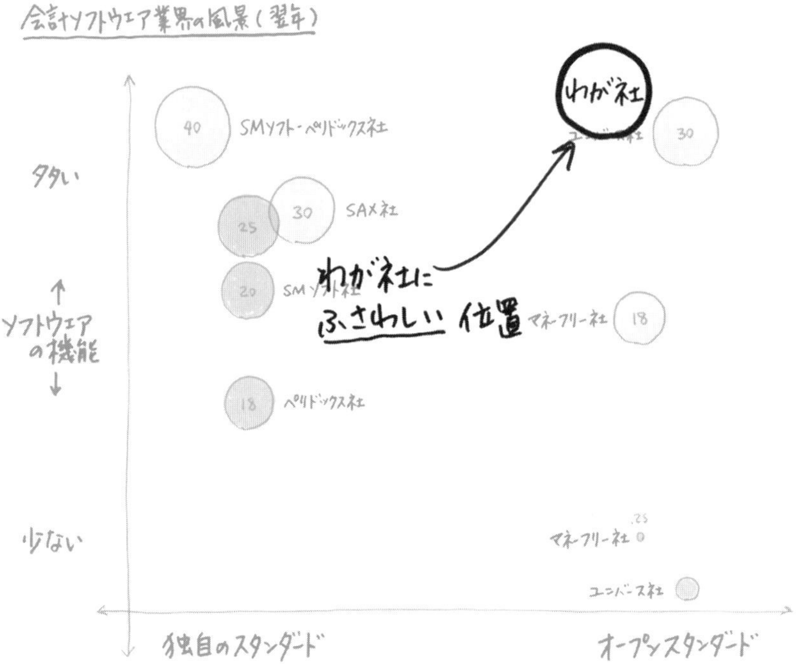

業界トップの地位に留まることを望むのであれば、オープンプラットフォームの上に新たにシステムを構築する以外の選択肢はない。

これで伝えたいことはすべて伝えた。会議はここで終わるわけではない。が、わたしたちの絵は目的を果たした。言葉だけではこれほど多くのコンセプトをすみやかに伝えることはできないはずだ。絵を活用することでコンセプトは見やすく、理解しやすく、そして記憶しやすくなった。さらにこの絵をビジュアルなフレームワークとして、わたしたちは幹部とともにそれから１時間かけてさらに矢印と選択肢を描き入れた。大きな決定が下されようとしていた。自分は絵を作成する責任をまっとうしたと誇りを持とう。

1枚のピザでじゅうぶんな場合もある。そうでない場合もある

ロレーンが満を持して望んだプレゼンテーションで自作の絵を見せようとして失敗したことと、SAX 社の会議室での様子を比べると、明らかに大きなちがいがある――そしてそれにともなう結果も。それでもつきつめていけば、どちらも同じことをわたしたちに示している。つまり、絵を使ってプレゼンテーションをする場合は、絵について話す準備を整えておくことだ。

さて、ここからが本書の最後の問題だ。問題解決のために絵を作成し、その絵は説明を必要とするならば、それは「できの悪い」絵なのだろうか？「絵は 1000 の言葉に値する」という古い諺《ことわざ》があるように、いい絵とはつねにそれ自体で独立しているべきものなのか？

こたえは、ノーだ。いい絵が必ずしも一目瞭然である必要は〈ない〉。が、それについて〈説明できる〉ようにしておく必要はある。問題解決に絵を使う場合、絵そのものが明快なメッセージをあらわし、パワフルな意味を伝え、いっさい説明がないままで深い洞察を引き出すというケースはめったにない。むろん、基礎

的なポートレート、棒グラフ、シンプルな時系列表は見てすぐに理解できないようでは困る。いっぽう、洞察力を引き出す精巧な絵は〈いつ〉〈どこで〉〈どのように〉〈なぜ〉の複雑な相互作用を示す。ここで重要なのは、〈すべて〉の言葉を絵に置き換えることではない。それよりも、言葉よりも〈視覚〉に訴えることで効果的に伝わり、理解され記憶されるような部分を絵にすることが大切だ。

　具体的にピザを例に出して考えてみよう。お客さんに出す料理としてピザが最高の場合と、お客さんが着席しているところに正式なコース料理を出すのがふさわしい場合がある。同様に、ビジネスの場で日々行われているレベルの会議の大部分は、参加者の期待はあまり高くない。いつものメンバーで、相手がいいたいことはこれまでにさんざん聴いている。他に片付けなくてはならない仕事は山積《やまづ》みだ。そういう会議を仮に「ピザ会議」と呼ぼう。ちょうど、近所の人がたくさんやってきて、みなでテレビでスポーツの試合を観るようなものに近い。これはドレスアップして高級料理に舌鼓《したつづみ》を打つような集まりではない。ただ、どちらにしても料理は出さなくてはならない。ピザ会議で求められる食べ物とは、お腹いっぱいになり、おいしく、後片付けが簡単なものだ。

　ビジネスの場で求められる絵は、たいていピザだ。シンプルで、簡単に飲み込めて、消化不良を起こさないようにあまり多くの材料を盛り込みすぎないようにする。こうしたピザ的な絵は説明が多すぎてはいけない。誰もが可能な限りすばやく満足のゆく情報を得て、会議が滞《とどこお》りなく進行する助けとなるような絵が必要なのである。

　顧客データはたくさん収集できているのか？　よし。それを棒グラフにして見せてくれ。プロジェクトに新しいラインと締め切りが加わったのか？　いいだろう。単線でのスケジュール表はどこだ？　それか？　すばらしい、よくわかった。ありがとう。じゃあ、また後で。

そしてまた、会議にはさまざまな種類の期待が寄せられているというのも事実だ。たとえば新しく管理職になり、就任後90日間の成果を役員会で報告する場合、新たに買収したばかりの会社の上級社員に今後のビジネスモデルについて伝えなくてはならない場合、クライアントを前に、わが社始まって以来の大々的なプレゼンテーションをする場合。こうした会議の出席者は、感心するような報告、まったく新しい知識、斬新な情報……などを期待している。ピザ的な絵ではじゅうぶんではない。

こちらは本格的な着席式のディナーのようなものである。そこで見せる絵はじゅうぶんな洞察をもたらし、興味深い会話を引き出し、重要な意思決定をサポートするためのものである必要がある。つまり、じゅうぶんな情報を提供するだけでは足りないということだ。求められているのは、コース料理に匹敵する絵である。そこで〈どのように〉と〈なぜ〉の絵を活用して本日のスペシャル料理を提供する。その絵にはたくさんの要素が盛り込まれ、見せるべきものもたくさんある――ちょうどSAX社の会議室で見せた絵のように――そして、たくさんの説明が必要だ。

これは不都合なことではない。比喩としての着席式のディナー会議では、ゲストはじゅうぶんな時間的余裕がある。詳細にわたる話し合いを期待し、こちらが見せるものから最大限に吸収するために時間とエネルギーをたっぷりかける意思がある。

〈つまりきみたちは、わが社が新しく海外市場に進出することを検討する必要があるといいたいのかね？　おもしろい。どこからそのような発想が出てきたのだろうか？　いま、新製品の開発に投資しようというのか？　本気かね？　そのために900万ドルが必要だと？　なぜそうなるのかを示してくれたまえ〉

このように出席者の期待が高く、参加しようという意欲も高い場合は、大掛かりな絵を見せなくてはならない。精巧なマップ、比較に重点を置いた時系列表、数量を示すバリューチェーン、構想を見せるプロットを。そして、その絵を土台としてアイデアを発展させるところに問題解決の本質がある。わたしたちは1000の言葉を節約するために絵を作成して洞察に結びつけようとするのではない。絵は1000の言葉を引き出し、その言葉こそがほんとうに問題を解決するのである。

第16章
結論を描く

ビジュアルシンキング：携帯可能なすぐれた問題解決のツールキット

あの日の朝、シェフィールド行きの列車のなかでわたしが学んだのは、紙ナプキンの威力だけではなかった。誰もがほんとうに必要としているものはなにか、ということも学んだのである。それはどこにでも持ち運びできて、信頼の置ける問題解決のツールキットである。そのツールキットはポケットからさっと取り出して使えるものでなければならない——問題を見る、その問題はどうして引き起こされているのかを視る、解決する方法を想像する、解決法を人に見せるために。そう、普遍的なビジュアルシンキング・ツールキットがぜひとも必要だ。いつでも使えるように憶えやすいものがいい。

3、4、5、6 で憶えるビジュアルシンキング
アーミーナイフにたとえてみる

最後にもうひとつ、エクササイズをしてみよう。空港のカフェに座り、フライトを待っていると想像してみてほしい。2 人の友人あるいは同僚が通りかかったので、手を振ってみた。彼らは足を止め、あなたのテーブルに同席しておしゃべりを始めた。まずは近況報告から。

「絵で問題解決をしているんだ」とあなたはいう。「ビジュアルシンキングをもっといいものにしようと学んでいるところだ」
「へえ」彼らがいう。「ビジュアルシンキングってなんだろう？」
「実演して見せよう」あなたは紙ナプキンを取り上げ、バッグからペンを取り出す。

まずはスイス・アーミーナイフの輪郭《りんかく》をおおざっぱに描いてみる。「ビジュアルシンキングをスイス・アーミーナイフにたとえてみよう。このナイフには複数の刃があり、ほぼあらゆる種類の問題を解決するのに役立つ。しかも刃の使い方はとてもシンプルなので、簡単に憶えることができる」

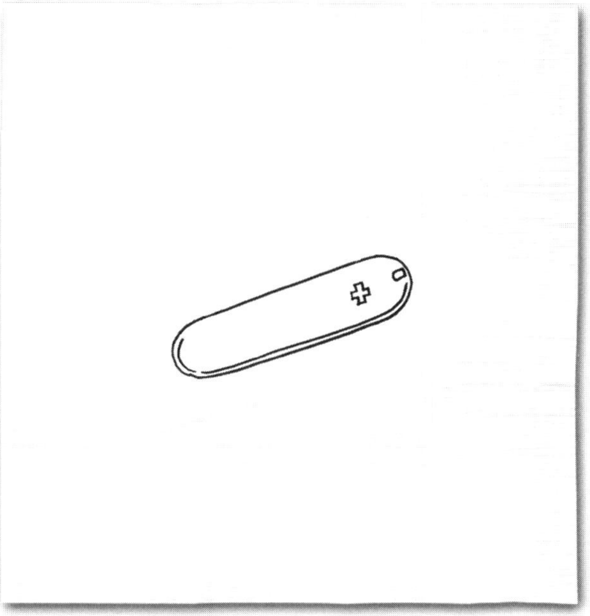

「ビジュアルシンキングの３つの基本的なツールはわたしたちの目、心の目、手の目だ」

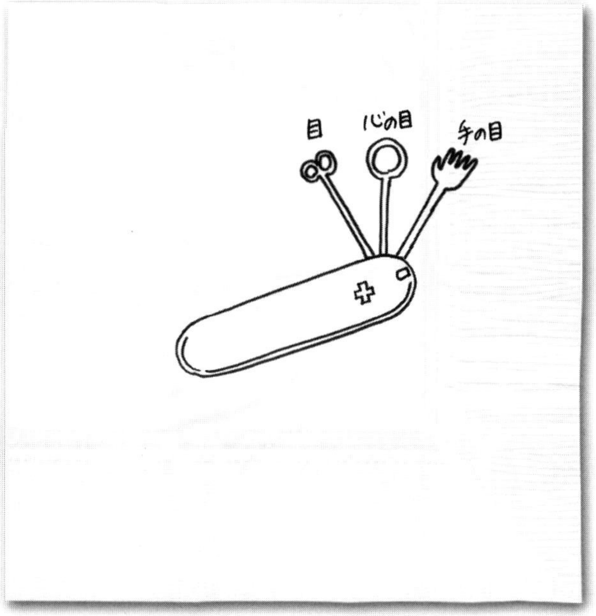

「つぎはビジュアルシンキングの４つのステップだ。４つとも、誰にでもできることばかり。つまり〈見る〉〈視る〉〈想像する〉〈見せる〉だ」

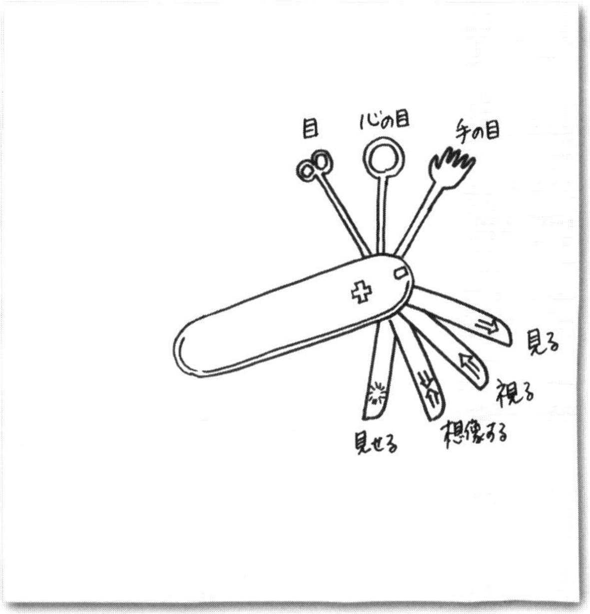

「それからSQVIDだ。これは5つの質問で、心の目を開くのに役立つ。簡潔か精巧か、質か量か、構想か実現か、個性か比較か、変化か現状かを問うんだ」

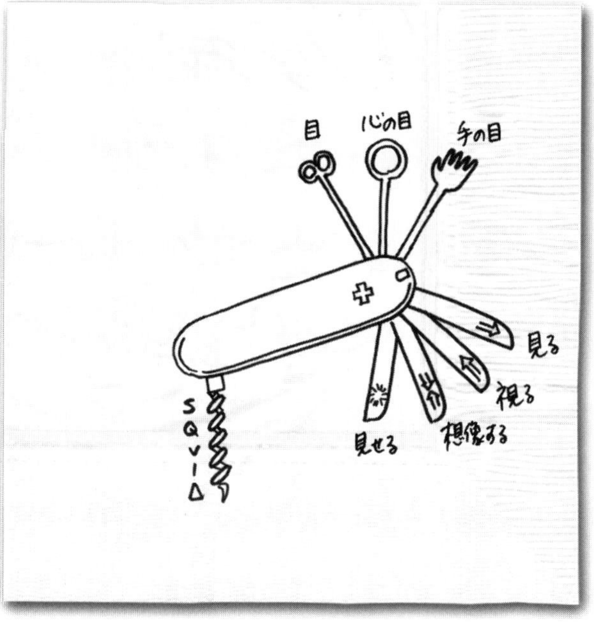

「最後は６通りの視る方法だ。そしてそれに対応した、６通りで見せる方法。つまり〈誰／なに〉〈どれだけの量〉〈どこ〉〈いつ〉〈どのように〉〈なぜ〉だ」

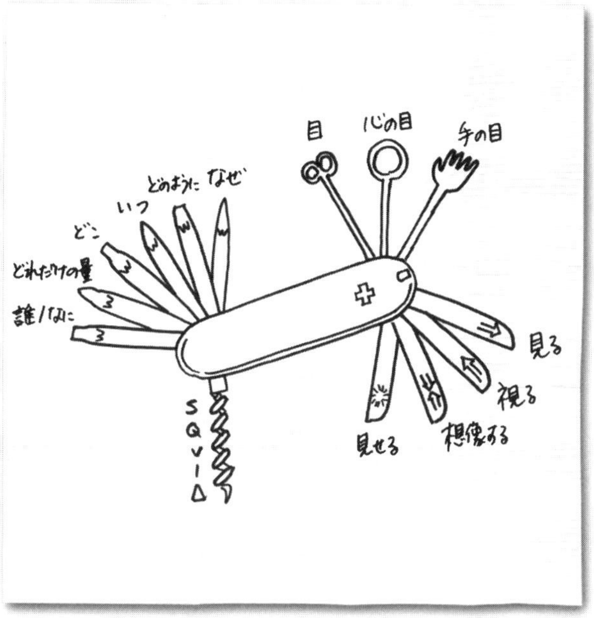

「これがわたしのビジュアルな問題解決のツールキットだ。憶えておくのはこれだけでいい。どんな問題でも、どんな時でも、どこででも、有効に使える」
「すごくおもしろい」同僚の１人がいう。「少し時間があるんだ……もう少し教えてもらいたいな」
「いいとも」そういってあなたはもう１枚紙ナプキンに手を伸ばす。
「確かに興味をそそられる」もう１人の同僚がいう。「もっと考えてみたいな。だがもう時間がない、走らなくちゃ間に合わない。この紙ナプキンをもらってもいいかな？」
「どうぞどうぞ」あなたはにっこりして紙ナプキンを渡す。
　ほんの２分のあいだに、あなたは自分の考えを形にして人に見せて、伝えることができた。これがビジュアルシンキングである。絵で問題を解決しアイデアを売り込むとは、まさにこういうことなのだ。

付録A ビジュアルシンキングの科学

ロシアンルーレット

本書の内容はすべて、科学者流に表現すると実証済みである。わたしはここで紹介したアイデアを発見し、ビジネスの現場で実践し観察し、現実に通用することを確かめた。最初は、この問題は絵を使って解決できると直感したことを試し、つぎには日々のビジネスの問題の解決に絵がほんとうに有効であると実証したのである。あるアプローチが「機能する」と気づくと――より質の高いアイデアとコミュニケーションが実現した、あるいは売上、生産性、効率性のアップが数値に出る――それを磨いた。そうして完成したのが、本書に登場するツールである。結果的に機能しなかったアプローチは、ここには登場していない。問題解決への絵の使い方は、まさに勘と経験、実地訓練の成果といえる。わたしにはそれ以外の選択肢はなかった。1990年代前半、わたしはなぜかロシアでマーケティングコミュニケーションの会社を経営していた。ロシア語などひとことも話せなかったこのわたしが、だ。矛盾している（その土地の言葉を話せない人間がどのようにしてコミュニケーションをつくり出すことができるのか？）のは確かだが、だからこそ、ビジネス上の問題に〈言語によらない〉新しいアプローチ法で取り組まざるを得ないという独特の状況だった。

忙しい数年間だった。わたしはけっきょくロシア語を話せるようになったのだが、言葉の壁を突破した後でも、絵を使ってアイデアを共有することの効果をひしひしと感じた。絵の威力は抜群だった。複雑なビジネスの問題をたちどころに明確にする絵があった。かと思えば状況を悪化させるだけの絵も。その科学的な根拠を解明しようと考えたことは一度もない。わたしはただ、「視覚的な感覚」に従った。1990年代後半にアメリカに帰国した時には、効果的な絵に共通する視覚的なテーマをかなり把握していたので、問題を明確にする絵をすみやかに描いて人に見せることができるようになっていた（英国式朝食の際に紙ナプキンに描いたように）。が、そうした絵が〈なぜ〉効果を発揮するのかについては、まだわかっていなかった。

同僚やクライアントが問題解決のための絵を作成する手伝いをするに当たり、自分のアプローチ法を微調整するようになった。そこでようやく、自分が直感を頼りにつかんだことと、人間の視覚の働きについての神経科学者の研究にはなにか関連性があるのではないか、と考えるようになった。

視覚について書かれた科学の教科書を何冊も読み、どうやらなにか関連性がありそうだと感じ始めた。が、わたしが大学で学んだ生物学はあまりにも時代遅れとなっていて、それ以上はつきとめることができなかった。そんな折り、クライアントからV・S・ラマチャンドランの著書『脳のなかの幽霊』という本を教えられたのだ。ある日、その本を手に取って視覚を理解する章を開いてみた。タンブラー錠が差し込まれて、ウィーンという音とともに〈カチャッ〉という手応えがあった。ビジュアルシンキングに神経学のカギがようやくぴたりと合ったのだ。

著者ラマチャンドラン（カリフォルニア大学サンディエゴ校の脳認知センターの教授お

よび所長）は脳のすばらしい働きを述べ、驚くべき例を紹介していた。しかしわたしの目をとらえたのは、〈視覚路《しかくろ》〉を描いた図だった——それは神経の通路で、視覚信号がそこを通って目から視覚野に送られる。ラマチャンドランがこの本を執筆した1998年にはすでにいくつかの発見がなされており、こうした経路と、視覚信号が個々の要素に分解されて脳で処理される際にその経路が果たしていると思われる役割を図に描けるようになっていたのである。図にはこうした経路のうち3つが描かれていた。わたしはそれを見て仰天した。なんと6つのWのうちの3つに一致しているではないか。

わたしはそのずっと前に、ひとつの問題を視覚的に6つのW（〈誰／なに〉〈どれだけの量〉〈どこ〉〈いつ〉〈どのように〉〈なぜ〉）に分解し、それぞれについてひとつずつの絵をつくれば、ほぼあらゆる問題を視覚的に明確にできると理解していた。新しく発見された視覚路の名前と直面した時、自分の目が信じられなかった。経路そのものも興味深かったが、なにより仰天したのは、なんとも非科学的な名前だった。〈なに〉経路、〈どこ〉経路、〈いかに〉経路。これでは、わたしがつねづね信頼を置いていた「視る方法」と同じではないか。しかもそれは目で見える世界で探し求める抽象的なアイデアではなく、脳の特定の領域へとダイレクトにつながる実物の経路として存在しているのだ。

「待て」わたしは自分にいった。「そんなにシンプルであるはずがない。人間の肉体が6つのWに従って〈誰〉〈なに〉〈いつ〉〈どこ〉という方法で〈視る〉はずがない。それではあまりにも簡単すぎる。それはあくまでも伝えるためのおおまかな定義だ。複雑な物語の本質を理解し伝えるためにわたしたちがつくりあげたものに過ぎない。そうだろう？」

そうではなかった。引き込まれるようにして、視覚／視力の働きについて片っ端から読んでゆくと、早々に2つのことがわかった。ひとつは、ビジュアルシンキングのモデルの正当性を裏づける科学的な根拠はじゅうぶんにあるということ。それは6つのWがわたしたちが視る方法にそのまま対応し、世界を見る方法として「理想的」であるから。2つ目は、科学である以上〈完璧な〉真実はあり得ないということ。

わたしたちはどのように視ているのか パート1：視覚路

第4章の冒頭に、〈見ること〉は、目を通じて視覚的な情報を収集するという手段であると述べた。わたしたちの目から光が入り、それが電気信号となって視神経を通り脳のさまざまな領域に届き、そこでなんらかの処理によって絵となり、わたしたちは頭のなかで〈視る〉という説明をした。これは視覚系についての基礎としては不足はないが、表面をほんのわずかにひっかいた程度、ともいえる。視覚は謎めいたプロセスであり、神経科学者が研究するほどに驚嘆すべきことが明らかになり、しかも今日なお基本的には謎のままである。

はっきりとわかっているのはつぎの事実だ。わたしたちが目をあけているすべての瞬間、何百万もの視覚信号が光の粒子として入り、網膜によってたちまち電気信号に変換され、それから視神経の100万もの神経繊維を通って脳に入る。視《し》交叉《こうさ》で右目と左目の信号が交差した後、信号の10%は3億歳の経路に入ってそこから脳幹の上方に位置する上丘《じょうきゅう》に行く。

古い経路

脳幹《のうかん》は〈は虫類《ちゅうるい》脳〉とも呼ばれる。これは脳幹がわたしたちの脳のなかでは虫類と共通のもっとも古い中核部分であるからだ。脳幹は「闘争か逃走か」という基本的なサバイバル技術をつかさどる部分である。比較的少ない視覚信号が上丘でとらえられ、視床枕核《ししょうちんかく》に送られ、すみやかに1回目の処理をされた後、頭頂《とうちょう》葉《よう》でもう一度処理される。この一連の流れは古い経路と呼ばれ、進化的に古い〈どこ〉経路ともいえる。ここで処理される信号はわたしたちにただひとつのこと、つまり対象が〈どこ〉にあるのかを教える。

わたしたちがボウリング場に足を踏み入れた時、そしてわたしたちの心が瞬間的に「部屋を読んだ」時に座標、方位を確認し、自分と周囲の対象物の位置を確立したことを憶えているだろうか？ 進化的に古い〈どこ〉経路はまさにその部分を受け持つ。が、わたしたちが見ている〈どこ〉についての情報はいっさい提供しない。なにかを名前で特定することすらない。〈どこ〉経路の仕事は、自分は直立している状態かどうか、なにかが自分に向かってすばやく動

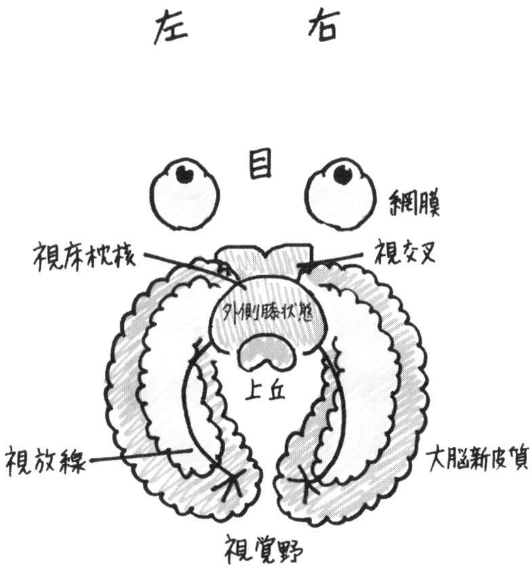

視覚野
わたしたちの〈見る〉システムには目と脳のさまざまな部位が関与している。進化的に古い上丘(SC)は脳幹の上部に位置している。より新しい外側膝状体（しつじょうたい LGN）は大脳新皮質にまたがるように位置している。

いてきているのかを知らせることだけだ。なにかがなにであるのかすら、頓着《とんちゃく》しない。なにかが迫ってきていれば行動を起こす、というシンプルなものだ。

は虫類があまり賢く見えないのは、道理である。彼らに備わった唯一の視覚系は〈どこ〉の情報だけなのだ。彼らは見ているものを視覚的に認識してそれに「名づける」ことを学ぶ能力がない。たとえば、スポンジボールを友人（人間）の頭に向かって投げてみよう。最初の数回、彼はひょいとかわすだろう。が、ボールが自分に危害を与えないとわかれば、当たるのもかまわずそのまま立っているだろう。同じことをワニで試してみよう。ワニは人類よりも3億年も前からこの地球上に存在しているというのに、スポンジボールに身をかわす必要がないと発想することができない。だから何度スポンジボールを投げても、ワニはそのたびにたじろぐ。たとえなにを投げたとしても、ワニはあなたを食べようとするだろう。

スポンジボールへのこの反応のちがいは、人間の目に入ってくる視覚信号の残りの90%の説明へとつながる。

新しい経路

残りの90%の視覚信号は新しい経路つまり外側膝状体（LGN）を通る。LGNは脳の上部のしわのある大脳新皮質の右葉と左葉の前に位置する中央「視覚トリアージ・ステーション」だ。大脳新皮質は人間の脳のもっとも新しい部分であり、もともと数千万年前にほ乳《にゅう》類の脳にあらわれた。そして人類の大脳新皮質だけがこの100万年あまりで急速に成長してきた。大脳新皮質は意識的思考、分析的な意思決定、名前をつける、ハイレベルの処理をつかさどる。つまり基本的なサバイバル（脳幹がつかさどる）と情動（は虫類脳と大脳新皮質のあいだの層である辺縁系がつかさどる）以外の大部分をつかさどっている。

LGN で初回の分類をされた視覚信号は視放線を通って後頭葉にある第一次視覚野に運ばれる。そこでさらに厳密な照合手続きを経て 2 つの経路に分かれる。〈なに〉経路で側頭葉に運ばれたものは対象を認識し識別する情報として処理される。進化的に新しい〈どこ〉経路で頭頂葉に運ばれたものは対象の位置、配置、方位の詳細な情報として処理される。

より新しい〈どこ〉経路はわたしたちの運動系にとって視覚的ガイドとして機能していることが明らかになっている。これは興味深い。おかげで、自分の位置を知り、自分との関係で対象物がどこにあるのかを知り、手を伸ばしてそれをつかむことが可能となる。このように 2 つの働きを兼ねているので——対象物がどこにあるのかを教え、その対象物とわたしたちが空間的に相互作用するように導く——この 2 つ目の経路は〈いかに〉経路ともいわれる。

視覚信号は〈なに〉経路と〈どこ／いかに〉経路で視覚野の 30 の領域のどこかへと送られる。そこでさらに精密な処理が行われ、そこから……その先は誰にもわからない。いまのところ、つぎにど

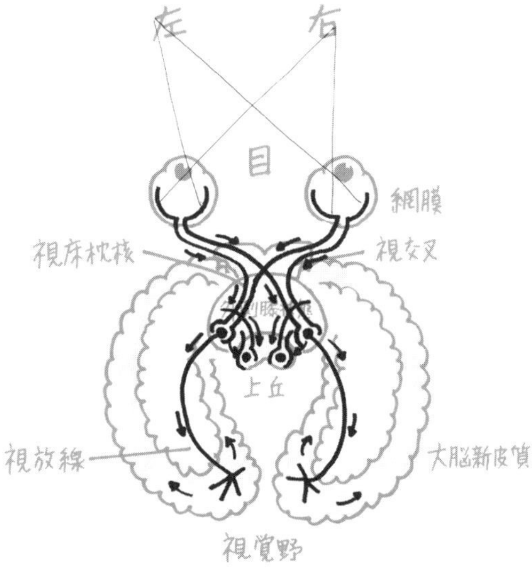

わたしたちの目から入ってくる視覚的データの 90% は LGN 経由で視覚野に到達する。10% は SC 経由で別の方面に向かう（これは興味深い事実だ）。

うなるかは誰も正確にはわからない。これをビジュアルシンキングに置き換えてみると――ここがじつにおもしろい――ある場面を見る時にわたしたちの視覚系は瞬時に〈どこ〉と〈なに〉に情報を分割し、それぞれをすみやかに処理する。その後、信号は脳のより高次元の処理センターに移動し、〈どれだけの量〉〈いつ〉〈どのように〉そしてついには〈なぜ〉が明らかになる。

わたしたちはある問題を〈誰／なに〉〈どれだけの量〉〈いつ〉〈どこ〉という要素に分解して絵にすることで〈どのように〉と〈なぜ〉を導き出したわけだが、じつはそこには神経学的な裏づけがあると考えられるのではないか。それは、わたしたちの脳が機能する基本的な方法に即しているからなのかもしれない。それを強調しておきたい。

わたしたちはどのように見るのか パート2：右脳対左脳

第6章でSQVIDを紹介した際、5つの質問を投げかけることでわたしたちは脳の「両方の側」を強制的に働かせていると述べた。右脳と左脳とでは情報の処理のしかたが異なるというコンセプトは、すでにおなじみのものだろう。左脳は〈分析的〉で、少量のデータをつなぎ合わせてゆくことで合理的思考をする。左脳には、書かれた文字と話された言葉、数学的計算の大部分を処理するセンターが置かれている。いっぽう右脳は、〈総合的〉で、イメージ、パターン、空間定位といったあまり緻密《ちみつ》に定義されていない情報の大きな塊《かたまり》を処理する。右脳は複雑さとあいまいさを得意とし、創造性をつかさどるセンターもあるらしい。

こうしたちがいを初めて明らかにしたのは1970年代の前半の、ロジャー・W・スペリーという神経心理学者の研究とジョセフ・ボーゲンという神経外科医が行った「左脳と右脳を分離する手術」である。一般にまで広まったのは、2人の女性の業績に負うところが大きい。1人は作家、もう1人はアーティストだった。ガブリエル・リコ博士はボーゲンの研究をスタート地点として『Writing the Natural Way』という画期的な本を執筆し、右脳の創造的な傾向を利用して左脳の書く能力を高める方法を提案した。いっぽう、ベティ・エドワーズ博士の有名な著書『脳の右側で描け』も同様に、分析的な傾向の強い人は描くという行為で創造的な能力を伸ばすことができると述べている。

どちらの本も世間の注目を浴び、瞬《またた》く間に右脳／左脳のたとえは芸術の理解から株式市場の変動の理解まで、あらゆるところに使われるようになった。そしていまやビジネスの問題解決のモデルも右脳派と左脳派の2派に大きく分かれる。世界を合理的、量的な視点に従ってとらえている人々と、情緒的で質を重視する視点に立って視ている創造的な人々に分かれるのだ。

なにより興味深いのは、ものを見るという作業には脳の両方の側が等しくかかわっているらしいということであり、それはつまりビジュアルシンキングの実践は（能動的に見る、6つのWで視る、SQVIDと〈6-6〉のルールの活用など）分析的な能力と創造的な能力の両方を活性化させる可能性があるということだ。話すだけ、書くだけ、描いたりいたずら書きしたりするだけでは、とうていかなわないほどに。

わたしたちはどのように視るのか パート３：わたしたちが知らないこと

これに関しては、この付録のなかでもっとも長くなってしまってもおかしくはない。視覚についての専門書を読むたび、そして神経学の教授と話をするたびにあらためて感じるのは、わたしたちはまだ視覚の働きについて、表面をひっかく程度のことしかわかっていないということだ。とはいうものの、神経科学者、医師、認知心理学者、コンピュータビジョン研究者、人工知能技術者、視覚以外を専門とする人々の絶え間ない研鑽《けんさん》により、日々すばらしいスピードで理解は深まっている。

こんなふうにもいえるのかもしれない。どのように視ているのかがほんとうに「わかった」といえるのは、わたしたちとそっくり同じように視る機械が完成した時なのだろう、と。研究所で、リサーチセンターで、大学で、ビジネス街で、至るところの倉庫で、世界でトップクラスの頭脳を持つ人々がいまこの瞬間もそれを実現するために働いている。いまからわずか数年のうちに、ある場面を見て即座に〈誰〉〈なに〉〈どれだけの量〉〈どこ〉〈いつ〉を見極め、目にした世界について〈どのように〉と〈なぜ〉を導き出すことができる、そんなコンピュータが出てくるかもしれない。それが実現したあかつきには、コンピュータが描く絵は紙ナプキンに描かれたスケッチにさぞや似ていることだろう。

付録 B ビジュアルシンカーのための情報源

ソフトウェア

本書を通じてわたしが強調してきたのは、ペンを手にして問題を解決することの威力である。ビジュアルシンキングのスキルを向上させるには、ノート、紙ナプキン、ホワイトボードをツールとして選ぶべきだ。とはいうものの、コンピュータは情報処理、保存、編集、情報伝達の機能において抜群であり、いまやたいていの人にとってコンピュータは仕事に欠かせなくなっている。

タブレット型パソコンのハード面とソフト面がじゅうぶんに進化を遂げ、画面に自由に絵を描いたり楽々と映像操作と編集ができたり、それを他者と瞬時に共有できるようになるまでは、ビジュアルシンカーをめざして旅を始める人々にお勧めしたいのはデジタルカメラかポータブルのフラットヘッドスキャナだ。どちらかを旅行鞄《かばん》に詰めておけば、どこでも、ほぼどんなものでも描くことができる。そして瞬時にそれをデジタル処理で記録し、そして――もっとも基本的な画像処理ソフトウェアまで使えば――ほんの数分のうちに絵を整理し、修正し、注釈をつけ、保存し、プリントし、電子メールで送り、提示することができる。

ビジュアルシンキングのすぐれたツールとして感圧式のデジタル作画タブレットを推薦できればと思うのだが、数種類を試してみた経験から、個人的にはスキャナだけを持ち歩くよりも面倒であるとわかった。洗練された画像を作成する以外には紙とペンを上回る利点はなく、それどころか不利な点がたくさんある。

本書で描いたような絵をソフトウェアだけで作成しなくてはならないという場合（量を重視した絵、大量のデータを扱う、重層的な絵を作成するといった場合はやむを得ないだろう）のために、いくつか候補をあげておきたい（それぞれのケースに応じて、平均的なビジネスパーソンが手っ取り早く使えるものからより高度なものまで並べた）。

1　ポートレート

Microsoft PowerPoint, Apple Keynote, Adobe Illustrator

2　チャート

Microsoft Excel, Microsoft PowerPoint, Apple Keynote, Adobe Illustrator

3　マップ

Mindjet, Microsoft PowerPoint, Apple Keynote, Microsoft Visio, Adobe Illustrator

4　時系列表

Microsoft PowerPoint, Microsoft Project, Graphus

5　フローチャート

Mindjet, Microsoft Visio

6　多変数プロット

Microsoft PowerPoint, Apple Keynote, Adobe Illustrator

書籍

ビジュアルシンキングをさらに極めるために書店あるいは図書館に行こうと考えるみなさんのために、わたしがおおいに刺激を受け洞察を深めることができた書籍を参考文献として、そして情報資源としてご紹介しよう。どれもアイデアを展開させるのに役立った本ばかりである。

創造的な問題解決

- トニー・ブザン、バリー・ブザン『ザ・マインドマップ』（神田昌典・訳 ダイヤモンド社 2005年）
- Asaf Degani, *Taming HAL: Designing Interfaces Beyond 2001*（New York: Palgrave Macmillan, 2004）
- マイケル・J・ゲルブ『ダ・ヴィンチになる！』（リードくみ子・訳 TBSブリタニカ 2000年／『ダ・ヴィンチ　7つの法則』中経出版 2007年）
- Temple Grandin, *Thinking in Pictures: and Other Reports from My Life with Autism*（New York: Vintage Books, 2006）
- トム・ケリー『発想する会社！——世界最高のデザイン・ファームIDEOに学ぶイノベーションの技法』（鈴木主税、秀岡尚子・訳 早川書房 2002年）
- Robert and Michèle Root-Bernstein, *Sparks of Genius: The 13 Thinking Tools of the World's Most Creative People*（New York: Mariner Books, 1999）
- R. Keith Sawyer, *Explaining Creativity: The Science of Human Innovation*（Oxford: Oxford University Press, 2006）
- トム・スタッフォード、マット・ウェッブ『Mind Hacks——実験で知る脳

と心のシステム』(夏目大・訳　オライリージャパン 2005年)

- スコット・ソープ『実践！　アインシュタインの論理思考法』(宮崎伸治・訳　PHP研究所 2002年)
- ロジャー・フォン・イーク『頭脳を鍛える練習帳——もっと“柔軟な脳”をつくる!』(川島隆太・訳　三笠書房 2005年)

神経生物学と視覚科学

- Leo M. Chalupa and John S. Werner, *The Visual Neuroscience* (Cambridge, MA: MIT Press, 2004)
- ジェフ・ホーキンス、サンドラ・ブレイクスリー『考える脳　考えるコンピューター』(伊藤文英・訳　ランダムハウス講談社 2005年)
- Stephen E. Palmer, *Vision Science: Photons to Phenomenology* (Cambridge, MA: MIT Press, 1999)
- V・S・ラマチャンドラン、サンドラ・ブレイクスリー『脳のなかの幽霊』(山下篤子・訳　角川書店 1999年)

アーティストではない人々のための視覚的なエクササイズと洞察
(そしてもちろんアーティストのためでもある！)

- Rudolf Arnheim, *Visual Thinking* (Berkeley: University of California Press, 1969)
- Michael A. Dispezio, *Visual Thinking Puzzles* (New York: Sterling Pub. Co., 1998)
- ベティ・エドワーズ『脳の右側で描け』(第三版 北村孝一・訳　エルテ出

版 2002 年）
- Stephen Few, *Show Me the Numbers: Designing Tables and Graphs to Enlighten*（Oakland, CA: Analytics Press, 1983）
- Edward R. Tufte, *The Visual Display of Quantitative Information*（Cheshire, CT: Graphics Press, 1983）
- Howard Wainer, *Graphic Discovery: A Trout in the Milk and Other Visual Adventures*（Princeton, NJ: Princeton University Press, 2004）
- ジーン・ゼラズニー『マッキンゼー流図解の技術』（数江良一、菅野誠二、大崎朋子・訳　東洋経済新報社 2004 年）

その他の情報源について

- オリット・ガディーシュとベイン・アンド・カンパニーのロゴの由来の物語は『エコノミスト』誌（2005 年 10 月 20 日号）に掲載された記事「オリット・ガディーシュ、正しい方向をめざすコンサルティング」を参考にした。
- ハーブ・ケレハー、ロリン・キング、サウスウエスト航空の紙ナプキンの物語は、サウスウエスト航空のウェブサイトを参考にした。

訳者あとがき

自分のアイデアを100パーセント正確に理解してもらうために、相手の想像力をかきたて後々まで記憶に留めてもらうために、わたしたちは会話で、会議での発表で、大勢の聴衆を前にした講演でさまざまな工夫を凝らす。

　その際に発想を変えて、「絵を描く」という手段でビジュアルシンキングを利用してはどうだろう。ビジュアルシンキングつまり視覚的思考を利用して、もっとすばやく、直感的に理解し、もっと自信を持って問題に取り組み、自分の発見を他者に迅速に伝えてみてはどうだろう。

「見る」という行為と、それにともなう心の動きを利用し、直感に忠実な方法で脳を活性化させて問題の核心をとらえる。それを過不足なく伝える。相手の記憶に刻みつけて、ともに考えてもらう。そのためのツールとルール、そしてじっさいの利用法を紹介しているのが本書『THE BACK OF THE NAPKIN』である。

　発端は1枚の手描きの絵だった。当時コンサルタント会社に勤務していたダン・ロームは仕事で大ピンチに陥り、紙ナプキンの裏に描いた1枚の絵でみごとそれを切り抜けることができた。その経験がきっかけとなってあらためて手描きの絵のパワー、そして視覚的な思考に目覚め、ビジュアルシンキングを活用した問題解決法に関心を深めた。以来、自らビジネスの現場で絵を問題解決に利用しながら仕組みをつくりあげ、現在は独立してマネジメントコンサルティング会社を率い、ビジネス界のエグゼクティブを対象としてビジュアルシンキングで複雑な問題解決をしたり、講演活動をしたりするなど活躍中である。

斬新な発想としかもわかりやすい内容が評価され、本書はアマゾンの2008年ビジネス＆投資部門のランキングでは第5位を獲得、『ビジネス・ウィーク』誌ではBest Innovation & Design Books of 2008に輝いた。また、アメリカの経営者やビジネスパーソンが読むべきビジネス書を紹介するブログとして有名な800-CEO-READ Blogでも、2008年3月に取り上げられるなど注目度は高い。

生まれもった「見る能力」を生かしてさらにスキルを磨けば、もっと創造的になれる。絵を使ったビジュアルシンキングはそれを可能にしてくれる。

アイデアを発見する。アイデアを発展させる。アイデアを売り込む。ずばりと問題の核心をとらえて建設的な提案につなげるには、こちらと同じ視点で相手に考えてもらうことが必要だ。問題を同じ視界でとらえることに成功すれば、どこをどうすればいいのかという問題を共有できる。そのために「見る」「認識する」というシステムをとことん利用しよう、というわけだ。

人間がどのように「見る」のか、どのように「わかる」のかという部分をロームが丁寧に追うのは、伝えようとするアイデアを他者が「どう見るのか」「どう理解するのか」を知るためのたいせつなステップといえる。

絵を活用して問題解決しようというだけに、本書には手描きの絵がたくさん登場する。が、絵心があるかどうかは問題ではない。なにを絵にするかが肝心なのである。ロームは「真にすぐれたビジュアルシンキングは、複雑なものを視覚化して理解させることであり、すべてを簡潔にして理解させるものではない」と述べている。また、必ずしも一目瞭然の絵にする必要もない、とも強調する。

ビジュアルシンキングとは「見えにくい部分のつながりに注目して問題を解決する」というものであり「そのつながりを絵で明確にしていく」ものである。ともに考え納得し、長く記憶に留めてもらうことをめざし、さっそく紙とペンを用意して試してみてはどうだろう。

本書を活用して文字通り新しい視点に立ち、ビジネスにおける日々の問題解決にぜひとも役立てていただければと思う。

最後に、講談社学芸局の柿島一暢氏には本書との出会いから完成まで、大変お世話になりました。この場をお借りして心よりお礼申し上げます。

2009年4月

小川敏子

ダン・ローム

経営コンサルタント会社 Digital Roam 社長。独自のビジュアルシンキングというユニークなアプローチで、難問山積する企業の幹部に問題解決策を指南してきた。それらの企業のなかには、グーグル、イーベイ、GE、ウォルマート、アメリカ海軍、HBO、ニューズ・コープ、サン・マイクロシステムズなどがある。また、ロシアの企業のコンサルタント業務を引き受けた当初はロシア語が話せなかったが、このビジュアルシンキングの手法を用いたところ大成功。言葉に不安がなくなった今でも、この方法を利用している。本書は、2008 年度 amazon.com（米国）の BUSINESS BOOK OF THE YEAR で 5 位になるなど、絶賛を浴びた。

小川敏子

翻訳家。慶應義塾大学文学部英文学科卒業。主な訳書に『フォレスト・ガンプ』『ぼくは考える木』『スシエコノミー』などがある。

描《か》いて売《う》り込《こ》め!
超《ちょう》ビジュアルシンキング

2009年5月18日　第1刷発行
2009年6月19日　第2刷発行

著者　ダン・ローム

訳者　小《お》川《がわ》敏《とし》子《こ》

発行者　鈴木 哲

発行所　株式会社講談社
東京都文京区音羽2丁目12－21　郵便番号112－8001
電話　編集03－5395－3808
販売03－5395－3622
業務03－5395－3615

印刷所　慶昌堂印刷株式会社

製本所　株式会社若林製本工場

定価はカバーに表示してあります。

落丁本・乱丁本は購入書店名を明記のうえ、小社業務部あてにお送りください。送料小社負担にてお取り替えします。
なお、この本の内容についてのお問い合わせは学芸局（翻訳）あてにお願いいたします。

ISBN978-4-06-214690-6